高校美育课程
实践探索与教学创新

GAOXIAO
MEIYU KECHENG
SHIJIAN TANSUO YU JIAOXUE CHUANGXIN

罗枫 著

中国水利水电出版社
www.waterpub.com.cn

·北京·

内 容 提 要

本书聚焦高校美育课程和教学研究，探讨基于美育独特视角的身心和谐发展的"全人教育"。第一章和第二章从"课程论"角度研究分析高校美育课程的范畴和基本原理；第三章从"教学法"角度探索创新高校美育课程教学方法；第四章运用"课程论"和"教学法"，把握"时代特点"提出"五育融合"下高校大美育生态体系建设；第五章介绍高校美育课程教学实践创新。试图通过上述理论和实践，强调美育既是一种"美"的形式教育，又是一种"德"的价值引领，即从美育特有的审美之"意"和人文之"境"出发，阐述其所具有的对"真善美"自由人格的追求和全面发展时代新人的塑造之功能。

本书可供高校美育课程和教学研究人员参考，也可供广大高校师生使用。

图书在版编目（CIP）数据

高校美育课程实践探索与教学创新 / 罗枫著. -- 北京：中国水利水电出版社，2023.2
ISBN 978-7-5226-1372-7

Ⅰ.①高… Ⅱ.①罗… Ⅲ.①美育－教学研究－高等学校 Ⅳ.①G40-014

中国国家版本馆CIP数据核字(2023)第034771号

书　　名	高校美育课程实践探索与教学创新 GAOXIAO MEIYU KECHENG SHIJIAN TANSUO YU JIAOXUE CHUANGXIN
作　　者	罗枫　著
出版发行	中国水利水电出版社 （北京市海淀区玉渊潭南路1号D座　100038） 网址：www.waterpub.com.cn E - mail：sales@mwr.gov.cn 电话：（010）68545888（营销中心）
经　　售	北京科水图书销售有限公司 电话：（010）68545874、63202643 全国各地新华书店和相关出版物销售网点
排　　版	中国水利水电出版社微机排版中心
印　　刷	清淞永业（天津）印刷有限公司
规　　格	170mm×240mm　16开本　13.25印张　210千字
版　　次	2023年2月第1版　2023年2月第1次印刷
定　　价	68.00元

凡购买我社图书，如有缺页、倒页、脱页的，本社营销中心负责调换

版权所有·侵权必究

引　言
——新时代美育

　　高校美育是审美教育、情操教育、心灵教育三者的融合，对提升大学生审美素养、道德情操、人格修养、精神境界有重要的意义。溯古观今，从"教育之宗旨"中"'人'的教育"审美启蒙，"复兴民族之'觉悟'"的审美救亡，"社会主义精神文明建设"中"素质教育"的审美补缺，到"和谐社会"下"全人教育"的审美本体，美育贯穿人生教育始终。2018年9月10日，在全国教育工作会议上，习近平同志强调要全面加强和改进学校美育，坚持以美育人、以文化人，提高学生审美和人文素养。新时代在"五育融合"背景下，如何增强美育熏陶，弘扬中华美育精神，构建高校美育新生态体系，已经成为落实立德树人任务的重中之重，需要我们迎接新挑战，找准构建着力点。

　　"真善美"引导自由人格。席勒提出，要使感性的人成为理性的人，首先要使他成为审美的人。美让人走向自由，达到"真善美"，即真（正）人、善人和美人。"真"，即正，西方求真，中国求"正"。庄子曰："古之真人，不逆寡，不雄成，不谟士。"真人应真诚、率直，非贪婪自大。"善"，善良，是老子《道德经》"上善若水，水善利万物而不争"中的"宽容隐忍"，也是苏轼"孜孜称善人"中"道德"之意。善人应是道德仁义之人。"美"，以"真"和"善"为基础，把两者品质"内化于心"，并"外化于行"充盈于外在令形体"生色"。孟子谓完美人格六重境界"善、信、美、大、圣、神"。通过"美"的"充实而又光辉""大而化之"达"至大至刚"，实现"天人合一"的"浩然之气"。"美人"是具有高雅审美情趣、先进审美理想和高尚道德情操之人；若进而"广博易良"，用自身人格之美去感染和影响身边之人、感化万物即是美的更高级形式，即心灵万物之美。它是个体人格"崇高"化，是"主体的道德人格、精神超越与大自然以及整个宇宙"同一化。

"美育精神"塑造时代新人。2018年8月，习近平总书记给中央美术学院老教授的回信中，对于如何做好美育工作提出，做好美育工作，要坚持立德树人，扎根时代生活，遵循美育特点，弘扬中华美育精神，让祖国青年一代身心都健康成长。2020年，中共中央办公厅、国务院办公厅印发的《关于全面加强和改进新时代学校美育工作的意见》中明确指出，新时代学校美育的创新发展要扎根中国大地，彰显文化自信，深植中华传统优秀文化沃壤。以"诗书礼乐""琴棋书画"等美育物态为载体，感受"仁近于乐，义近于礼""吾民同胞"的华夏文艺精髓，理解"浩然之气"的道德生命力量，体验"天人同构"的传统美学极致，领会"游于艺"而"成于乐"的"从心所欲不逾矩"人生理想和人性自由……在浸润中华美育精神的经典优秀作品中感受中华文明的意象美、境界美和哲思美。扎根时代生活，"传"优秀经典文化，"承"时代审美精神，"融"社会主义核心价值观，加强社会主义先进文化、革命文化教育。通过"美"的感性教育浸润心灵，净化人格，达到"杂念去除，趋向崇高"自我教育之效；通过"德"的理性塑造行为，教化追求人性自由。正所谓"美育者，与智育相辅而行，以图德育之完成者也。"

"大美育观"走向浩瀚人生。新时代下的美育，并非简单知识传授和专业技能教育，更是"以美育人"文化层面的引导以及对学生审美和人文素养提升的要求。以"大美育"为引领构建育人新格局，形成课堂教学、课外实践、校园文化多元化的机构、平台、师资、资源合力育人有机生态体。融美育于学科教学，以美"兴"人。实现美育"跨域融合"，践行"五育"并举；提升教师美育素养，把握时代命脉更新教育理念；探索现代化信息技术手段，推进美育教学改革与手段创新；通过自然美激发学生美的情感、社会美培养美的心灵、艺术美塑造美的灵魂。融美育于校园环境，以美"化"人。美育重在熏陶和浸染，需多聆听和多欣赏。打造校园显性文化之美，优化自然环境浸润心灵，达到"不言而教"之效；发挥校内场馆美育功能，营造格调高雅、富有美感的文化环境。塑造校园隐性文化之美，通过高深之美的学习氛围、健康积极的文体活动、乐观向上的精神风貌的濡染，引导学生形成正确审美观，促进身心和谐发展。融美育于实践养成，以美"立"人。"实践与时间"是审美主体意义生成的必要条件。依托专业特色协同第二课堂开展美育实践活动，培养打造美育品牌化；促进学校美育和社会美育联动，利用馆藏展览引导学生了解中华文化变迁，触摸中华文化脉络，汲取中华文化艺术精髓；通过社会实践激发学生用"美"塑造城市乡村，践行美就是创造力。

美育以情感人、以美引善，有"润物细无声"潜移默化之效。美育者，应用美学之理论于教育，以陶养感情为目的者也。通过美的情操陶冶，体验美的崇高力量，实现人的全面发展，获得生命自由境界，构建"大人"之理想，培养"生活的艺术家"。没有美育的教育是不完全的教育，"择一事，终一生，不为繁华易匠心。"美育任重道远，尚需吾辈砥砺前行！

本书为浙江省教育科学规划2022年度一般规划课题（高校）（2022SCG100）"'融时代精神，道工艺文化'——思政教育融入高校美育课程模式研究"；宁波市教育科学规划重点课题（2022YZD027）"五育融合导向的高校美育课堂教学体系研究与实践"；浙江省教育厅第一批省级课程思政示范课程"传统工艺美术鉴赏"；宁波城市职业技术学院2021年课程思政重点课题"基于文化自信的高校美育课程思政教学研究"；宁波城市职业技术学院慕课课程"传统工艺美术鉴赏"的建设成果。

目 录

引言——新时代美育

第一章 高校美育课程的范畴 ………………………………… 1

第一节 高校美育课程的定义 ……………………………… 1
一、课程 ……………………………………………………… 1
二、高校美育课程 …………………………………………… 2

第二节 高校美育课程的基础 ……………………………… 4
一、美——主客体身心"和谐" ……………………………… 4
二、美育——"从心所欲，不逾矩" ………………………… 6

第三节 高校美育课程的本质 ……………………………… 13
一、自然美——激发美的情感 ……………………………… 13
二、社会美——培养美的心灵 ……………………………… 23
三、艺术美——塑造美的灵魂 ……………………………… 36

第二章 高校美育课程的基本原理 …………………………… 50

第一节 高校美育课程的目标 ……………………………… 50
一、高校美育目标——真善美的全面自由发展 …………… 50
二、高校美育课程目标——审美之"意"和人文之"境" …… 53

第二节 高校美育课程的内容和类型 ……………………… 65
一、高校美育课程——基于审美"认知—行为—情感" …… 66

二、认知类美育课程——补偿与发展 ……………………… 68

　　三、实践类美育课程——习得与创造 ……………………… 74

第三节　高校美育课程的评价 …………………………………… 81

　　一、评价内容和方法——综合化和多样性 ………………… 81

　　二、核心素养本位评价——基于人的成长与发展 ………… 85

第三章　高校美育课程的教学方法 ………………………………… 90

第一节　沉浸式教学法 …………………………………………… 92

　　一、沉浸体验和沉浸式教学——目标清晰的身心投入 …… 92

　　二、沉浸式教学融入高校美育教学方式——基于沉浸体验要素 …… 93

第二节　愉快教学法 ……………………………………………… 95

　　一、愉快教学法的本质——"悦志悦神" ………………… 95

　　二、愉快教学法的审美要素——认知和情感 ……………… 96

　　三、愉快教学法在美育课程中的运用——感知、体验和行为 …… 98

第三节　混合式教学法 …………………………………………… 101

　　一、混合式教学法的内涵与设计 …………………………… 102

　　二、混合式学习投入体系构建和要素分析——深度学习视角 …… 104

　　三、混合式"三位一体"教学实践框架——保障、载体和实施 …………………………………………………………… 114

第四章　"五育融合"导向的新时代高校美育体系 ……………… 124

第一节　新时代高校美育形式 …………………………………… 124

　　一、思想认识——加强美育理论研究 ……………………… 124

　　二、课程设置——优化美育课程体系 ……………………… 125

三、师资建设——统筹美育师资队伍 ………………………………… 126

　　四、功能发展——协同美育社会资源 ………………………………… 127

第二节　"五育融合"的基本原理 ………………………………………… 128

　　一、"五育融合"的概念提出 …………………………………………… 128

　　二、"五育融合"的理论基础 …………………………………………… 129

　　三、"五育融合"下的各育——各美其美 ……………………………… 131

第三节　"五育融合"下的美育建设 ……………………………………… 138

　　一、美育在"五育"中的地位 …………………………………………… 139

　　二、以美育为视角推进"五育融合"——美美与共 …………………… 140

　　三、高校大美育平台载体搭建——大同之美 ………………………… 145

第五章　高校美育课程的教学实践创新 …………………………………… 157

第一节　实践背景 …………………………………………………………… 157

　　一、"五育融合"赋予时代新使命 ……………………………………… 157

　　二、教育数字化改型提出新需求 ……………………………………… 158

第二节　教学理念和课程价值取向 ………………………………………… 159

　　一、教学理念——深度学习，知行合一，全人教育 ………………… 160

　　二、课程价值取向——政治引导，思想引领，道德熏陶 …………… 163

第三节　教学设计与实施——以"传统工艺美术鉴赏创作"课程

　　　　　为例 ……………………………………………………………… 168

　　一、课程基本情况 ……………………………………………………… 168

　　二、教学逻辑思路 ……………………………………………………… 171

　　三、教学环境资源 ……………………………………………………… 171

四、教学过程 …………………………………………… 177
五、课程教学评价 ……………………………………… 187
六、课程特色创新 ……………………………………… 192

参考文献 ………………………………………………… 194

第一章 高校美育课程的范畴

第一节 高校美育课程的定义

审美教育的关键问题集中体现在教学、活动、师资、教材和反馈等方面,作为一种情感性教育,它贯穿学生成长始终,需要循序渐进的浸润和滋养,引导帮助大学生形成正确的世界观、人生观和价值观。要实现高校美育的目标,高校美育课程是最直接也是最关键的载体。

一、课程

"课程"一词在我国始见于唐宋期间,唐代孔颖达为《诗经·小雅·巧言》中"奕奕寝庙,君子作之"句作疏:"以教护课程,必君子监之,乃得依法制也。"宋代朱熹在《朱子全书·论学》中也多次提及"课程",如"宽着期限,紧着课程""小立课程,大作工夫"等。意思指"功课及其进程"。因其仅仅指学习内容的安排次序和规定,没有涉及教学方面的要求,因此称为"学程"更为准确。在西方,课程(Curriculum)一词最早见于英国教育家斯宾塞(H. Spencer)所著的《什么知识最有价值?》一文中。它是从拉丁语"Currere"一词派生出来的,意为"跑道"(Race - course)。

"课程"是教育学中含义最复杂、分歧最多的核心概念之一,施良方教授将课程定义为六种类型:教学科目、有计划的教学活动、预期的学习结果、学习经验、社会文化再生产和社会改造;并认为下定义前都应该以其社会背景、认识论和方法论为基础。给予其自身蕴藏的哲学假设和价值取向,选择课程定义要"依据所有解决问题以及实践方式进行综合取舍和抉择"。[1]

课程定义有广义和狭义之分。《中国大百科全书·教育》将广义的课程定义为所有学科（教学科目）的总和，或学生在教师指导下各种活动的综合；狭义的课程定义则是指一门学科或一类活动。[2]

广义上看，课程是一种教育性经验，对主体产生积极影响的各因素总和，即"学校为实现教育目标而设定的学习科目以及校内外一切影响学生学习成长的教育因素综合"。[3] 它包括"课"和"程"，"课"即"修建跑道"，确定方向、选择建构知识内容和体系；程即"跑道引导"，给予正确有效地在"跑道"上"跑"的方法。

狭义上看，"课"即课程建设，"程"即课程实施过程和办法，又称"教学过程与方法"，它包括课程目标、课程内容、教学实施和效果评价等方面，大学课程"是一个旨在适应与促进社会、大学生发展的包括课程目标、课程内容、课程实施、课程评价在内的有机的、动态的体系"。[4]

对高校课程的功能划分上，可以分为两个层次：①专业性和探究性为主的高深知识学习，高友华认为的大学课程"以专业为基础，知识是高深的、复杂的，与社会经济政治文化发展联系紧密"[5]，季诚钧提出大学课程"具有专业性、前沿性的特点，更注重大学生科学方法论的训练和探究性的学习"[6]；②通过学习和实践促进个体身心和谐，实现人的全面自由发展。薛天祥指出，"高等学校的课程，一方面是知识传播的媒体，另一方面更是知识生产、创新的'胚芽'，涉及人的、教育的、发展的各个方面。"[7] 袁振国提出大学课程旨在"学生个性的全面发展"[8]。

二、高校美育课程

美育是审美教学与美感教学的结合，通过教育提升人们认识美、理解美、欣赏美和创作美的能力。高校美育集美学和教育学于一体，是美学在高校教育中的贯彻和运用。学术界研究者从不同角度赋予其意义，如下所述：

首先，将高校美育视作促进其他各育的实现手段，认为它"是通过文学、艺术和借助大自然、现实环境中的美，对青少年进行的教育，形成他们正确的审美观点，发展艺术才能和进行思想道德教育。"[9] 叶学良等以审美心理实验研究为基础，提出高校美育的主要内容是美与审美规律，美育主要特性是对德智体育的渗透与统领，基本任务是让学习者获得幸福和智慧。[10]

其次，认为高校美育主要任务是个体审美能力的培养。即"以培养审美的能力，审美情操和对艺术的兴趣为主要任务的教育"。[11] 将美育看作审美教育，认为"是运用艺术美、自然美和社会生活美培养受教育者正确的审美观点和感受美、鉴赏美、创造美的能力的教育。"[12] 美育是"有目的、有计划、有组织地，通过各种美的事物，培养学生的审美欣赏、审美表现、审美创造能力，同时促进他们德智能体美劳等素质全面和谐发展的教育。"[13] 钟仕伦等结合审美形态内容，提出"高校美育是利用自然美、社会美、艺术美等美的形态对高校学生进行情感净化、性情陶冶，并提高学生感受美、鉴赏美、创造美的能力，培养其正确的审美观念、审美理想、审美情趣的教育。"[14]

另外，在审美能力提升基础上，通过高校美育实现全人教育途径，即"通过美的规律塑造自我和追求人格完美的教育"。叶碧以马克思审美理论和人的全面自由发展理论为指导，以审美生成、审美价值理论为基础，分析审美在高校人才培养中促进科学教育和人文教育达到互动、专业目标与人的全面发展目标实现互通原理。[15] 姚军从美育对学生审美能力和人格塑造双重协同作用，认为大学美育培养能帮助大学生形成正确的审美观念、审美情趣、审美想象和审美情感，使之形成崇高的审美境界和审美理想；提高大学生的文化素质，使之成为品德高尚、知识渊博、体魄强壮、人格完美的高层次复合型人才。[16]

我们可以将高校美育视为一种全人教育，它将自然美、社会美和艺术美为审美形态内容，以高校教学方法为载体，传授学生审美理论知识，培养其认知美、体验美、表现美和创造美。在新时代背景下，旨在提升学生审美能力，实现陶冶情操、树立信仰、塑造人格以及促进个体全面发展的目的。高校美育包括具体内容、手段、途径和目的，过程包括个体感知、理念、信仰、行为和人格。高校美育课程，是为实施美育而建构的课程，主要包括美学课程、艺术鉴赏与创作、生活审美认知课程组成的系列课程。义务教育的音乐、美术、绘画、舞蹈等艺术教育课程以及高等教育的美学规律、艺术赏析、艺术创作或其他专业类的鉴赏课程囊括在美育课程范围内。对美育课程的认识，要避免对美育的过度虚化，如"通识教育"，将高校美育以"知识化"的方式被纳入通识教育中；避免过度实化，如艺术教育取代美育，简单将绘画等单一艺术形式替代美育；避免过度专业化，不宜用深奥艰涩的美学或哲学原理替代美的形象性和情感性。

综上所述，新时代背景下的高校美育课程应是以社会主义核心价值观为引领，以大学生审美经验和知识为基础，通过感知美、表现美、体验美和创造美，培养审美态度、审美能力和审美趣味，提高审美水平、专业素质和人文素养，促进身心协调，实现个体自由全面发展。高校美育课程包括课程目标、课程内容、教学实施、考核评价，是以学生为中心的资源、环境、文化和家校社会一体化的有机动态体系。

第二节　高校美育课程的基础

一、美——主客体身心"和谐"

事物的本质是指对事物的性质、特点和发生、发展产生影响的事物本身所具有的属性。我们首先要厘清美是什么，法国艺术大师罗丹说过："美是到处都有的，对于我们的眼睛，不是缺少美，而是缺少发现。"美的本质，它是一个可以称为美的事物本身所具有的质的规定性，即美的事物各方面属性的综合。

朱光潜在《西方美学史》中，对美的本质问题提到："西方美学史源远流长，著名的美学家、著作和流派极多，影响遍及世界。近现代中国美学也受到它的影响。主要可以分为内容与形式的关系、理性与感性的关系分析：一是古典主义，美在物体形式，代表人物有毕达哥拉斯、亚里士多德、西塞罗、圣奥古斯丁、霍加兹、博克、康德等；二是新柏拉图主义和理性主义，认为美在完善，与物体形式关联，代表人物有莱布尼兹、伍尔夫、鲍姆嘉通等；三是英国经验主义，强调感性经验的重要性，美感即快感，美即愉悦，代表人物有休谟、博克等；四是德国古典美学，美在理性内容表现于感性形式，代表人物有康德、席勒、黑格尔；五是俄国现实主义，美是生活，代表人物有别林斯基、车尔尼雪夫斯基。"[17] 蔡仪认为美的产生来源于自然，故其本质是客观的；吕荧和高尔太认为美是主观的；李泽厚则认为美是客观性和社会性的统一，他在《美学四讲》中，谈到美的产生源于"人的主观情感、意识和对象结合起来，达到主客观在意识形态即情感思想上的统一"。包括"'羊大则美'的感官愉快的强形式""'羊人则美'的伦理判断的弱形式""审美对象的审美判断"。在美学范围内，"美"这个词可以分为好几层含义，第一层含义是审美对象，第二层含义是审美性质（素质），第三层含义则是美的本质、美的根源。"美的本质"是"从根本上、根源上、从其充分而必要的最后条件上来追究美"。美的创造的根源是"人类总体的社会历史实践这种本质力量"[18]。叶朗在《美学原理》中提出："不存在一种实体化的，外在于人的'美'；不存在一种实体化的，纯粹主观的'美'。美在意象，美（意象世界）不是一种物理的实在，也不是一个抽象的理念世界，而是一个完整的、充满意蕴的、充满情趣的感性世界。美（意象世界）不是一个既成的，实体化的存在，而是在审美活动的过程中生成的。"[19]

综上所述，历史上对美的本质阐述不一，学术界目前总体来说更倾向于苏格拉底的名言，即"美是难的"，到底什么是美，是一个令人费解的难题。但不置可否，美是一种主客体之间产生的效应，我们应该寻找美的规律和美的本质，而非美的现象和美的东西。它主要体现在客观论、主体论、主客观统一论等观点，主客观统一论又可归在前面两大类之内。客观论中又可分为两类：其一，认为美的物质对象的形式规律或自然属性，诸如事物的某种比例、秩序等；其二，认为美在对象中体现着某类客观的精神、理念等。主观论把美归结为心灵活动产物，也有很多学派，主要是阐述了美在于表现了人的主观意识、意志、情感、欲望和快乐等，认为美是由人的美感、意识、感情和直觉创造的。虽然各派论述不一，但有一种比较公认的美，即"和谐"，指万事万物"配合适当；和睦协调"，如"感性对象形式、内容、内容与形式以及审美对象和审美主体之间"[20]和谐状态。

从古至今，中西方对于"和谐"的论述有很多：毕达哥拉斯认为的"整个天就是一个和谐"，赫拉克利特认为的"产生于对立的东西"，文艺复兴后许多思想家把"和谐"视为重要的哲学范畴，西方美学"多样统一"原则，马克思提倡"社会和谐"。

我国传统思想"和而不同"具有差异性的不同事物的结合和统一共存，

遵循事物发展客观规律的人和自然的和谐等。总的来说，和谐是对自然和人类社会变化、发展规律的认识，它是人们追求美好事物和处事的价值观和方法论。和谐的事物让人感受到身心愉悦，包括身体上的快感和心理上的愉悦感，即李泽厚先生所说的感官"悦耳悦目"、心灵"悦心悦意"、灵魂深处"悦志悦神"。通过身心愉悦实现自我个人完美塑造。马克思主义认为，任何人和事物都由内容和形式两个方面组成，内容和形式是辩证统一关系，内容决定形式，形式反作用于内容。美也是形式与内容相互依存、相互作用、辩证统一的有机体，美的本质即美的内在品格，它是美的内容，内容要通过形式体现，才能让主体感觉美。美之感性形式之所以吸引人，在于其内容肯定和确立了人的本质力量。美的内容如果能让人感觉自豪和愉悦，它就会与人的主观情感、意识和对象即相结合，达到主客观在"意识形态"上的统一。它的存在方式会让人感到赏心悦目，即产生美。

二、美育——"从心所欲，不逾矩"

（一）美育的诞生和发展

美育最早是18世纪90年代末，席勒在《美育书简》中第一次提出，标志着美育作为一门思想、内容多元化且范畴繁杂的独立学科诞生。"美"作为人类最古老的文化传统，伴随着人类的发展历程不断跟进。从原始奴隶社会的图腾崇拜和文字象形，到封建时期的宗教信仰；从资本主义的"物化"审美，到社会主义的"实践"创美，在潜移默化中完成了人与社会对"完美人格"的塑造，因此对美育历史发展的梳理是十分必要的。

1. 西方美学思想——发轫于西方的"美育"观

首先，美伴随着人类的历史发展和文明兴起。追溯人类起源的原始时代，原始人类从石器打磨的实用到骨器首饰制作的装饰，从岩石壁画无意识地图案到图腾崇拜有意识地种族语言符号，美的诞生经历了从实用性向非实用性即装饰性的转化，这个过程是人们在不自觉的非理性意识中完成着自我与他我的实践。旧中国自有文字记载以来，美育已经出现，且与政治、宗教有密切关系。相同时期是以希腊和罗马为代表的西方人类思想文化史重要阶段，以"身心既美且善"的美育教育得到发展，柏拉图的"美具有引人向善的作用和力量"，亚里士多德的"美是一种善，其所以引起快感正因为它是善",古罗马贺拉斯"寓教于乐"的名言,他们虽然在不同发源地,却有着相同的人类文明,从美的外在形式丰富美的内在善的本质,即"美"具有浸润心灵、育化人格的属性,人们开始尝试脱离生存的外部环境,转而追求内在具有思想理性的价值塑造。总之,在历史舞台上,从美育的诞生之时就被赋予了"以美育人"的功能,且不断扩充和丰富。美育已然成为人类文明文化传承重要部分,出现在人类的原始探索和实践活动中。

其次,文明兴起后美学开始出现并得到了一系列发展。对美的研究以主、客体关系的研究理论为基础,到了18世纪中叶,德国哲学家鲍姆加登把"美学"从哲学中独立出来,提出"aesthetic"一词,并将其定义为三个部分,即感觉的"情"、理智的"知"和行为的"意"。自此美学摆脱传统附庸地位走向独立学科体系,为后续美育实践的独立地位打下了坚实的理论根基;后续的哲学研究者也继承了该理论,并进而将其限定在对美进行研究的框架中,由此"美学"体系建立,并作为独立的学科诞生于世。此后欧洲哲学着重于对"美"的感知与心灵反响。"美"的本身被赋予"育"的功能,这一哲学研究角度为"美育"的到来打下了良好的理论基础,主要包括德国启蒙运动先锋莱辛,把人的动作提到首位,提出"身体的最高美就是艺术的最高目的",建立美学中人本主义的理想;侧重情绪和情感的感性经验代表博克,从"生理-心理"角度提出新兴浪漫主义审美趣味;调和理性与经验的康德,阐释了美是道德上善的象征;重视创作实践的歌德,强调美产生于实践创作。各派先哲形成各自的代表派别,并通过其研究领域表述了对美的理想,为后期通向本体论形而上学打下了基础。他们普遍的问题是强调于人的主观认识,对于人的主体能动性欠缺,造成了研究过程中美育所具有的育人效果的弱化,为后续研究者提供了理论参考和改进提升的空间。

再次,美学的发展促进了美育的诞生。18世纪前,学术界对"美"的研究内容主要包括两方面:一方面是"美的本质"的学理性探索;另一方面是对"审美心理"的形而上探究。这两点研究主要以人的主观认识来源为出发点。后起的德国浪漫主义和古典主义从调和经验论和唯理论入手,推动自然哲学所强调的审美意志,"美"的研究内容开始发生史无前例的转向,从外化内容中归回至人的主观能动性方面,美学的研究开始朝人本主义方向演进,并定位在对美育人的本质内在的关联性研究上。在这一学术背景下,德国古典美学家席勒对美的本质和人的本质的直接相关性提出深刻阐述,并从人的活动和需求中寻找美的根源,扩充了美学研究的维度和领域。其著作《美育书简》(又译为《审美教育书简》)中提出:"要使感性的人成为理性的人,除了首先使他成为审美的人,没有其他途径。"[21] 他认为"游戏冲动是感性冲动和理性冲动的集合体",人只有实现感性和理性统一发挥,才能获得人性的圆满。席勒在西方美学体系中开辟出新的方向,将对"美"的本体的关注转移到"人"上,并基于"美"与"人"的联结,创立以审美来恢复人性的美育思想,首次提出"美育"一词。席勒对"美育"下的概念,是康德分析人性思想和"自我"概念的延续,认为"美"能够激发人的各种能力,"美育"旨在强调如何发挥美在育人中的功能,引导人们走上恢复完整人性道路,最终使人达到自由和全面发展。

最后,作为德国古典主义集大成者的黑格尔在其巨著《美学》中提出:"我们一般可以把美的领域中的活动看作是一种灵魂的解放,而摆脱一切压抑和限制的过程。"这一点较好地传承了席勒"人本论"观点思想,随后,对于美育研究开始了思辨研究和审美活动规律的研究,典型的包括以费舍尔、卢格等为代表的内容美学派;以齐迈尔曼、侯巴特为代表的形式美学派;有英国著名哲学家"游戏说"的提出者斯宾塞,有"快乐说"的提出者格兰·阿伦、马夏尔;还有"实验美学"的提出者费希纳。以上美育领域的不同派系和美育研究转向,拓宽了美育的研究内容,为之后的马克思主义美育观的继承和发展提供和积累了宝贵材料。

2. 中华美育精神

尽管"美育"概念属于舶来品,但我国的美育思想却可追溯到几千年前,且具有深厚丰富内涵。我国最早的美育意识和实践来源于原始宗教和祭祀。远古部落葛天氏发明"乐舞",草创道德规范"礼",并通过传授乐舞将其赋予教化大众。殷商之始,美育从宗教祭祀中脱离,并分化成"诗教""乐教"和"礼教"等形式,尧舜时期《尚书·尧典》记载的通过"典乐"实现"教胄子",体现了美育的育人功能,即使人"正直而温和,宽大而坚栗,刚毅而不粗暴,简约而不傲慢";《周礼·大司乐》中的"以乐德教国子，中和祗庸孝友；以乐语教国子，以乐舞教国子……"亦如此。西周时期的"六艺"是各级各类学校教育的基础学科，分为"礼、乐、射、御、书、数"，可见周礼的范围已经涉足政治、伦理、道德和礼仪等方方面面。其中"乐"就是美育，它是各门艺术的总称，融合德、智、体、美多种教育因素，足以见证当时对美育的重视。孔子"志于道，据于德，依于仁，游于艺"等人文情怀之名言，皆体现了以美之教化融于心从而为乐的要求；他提出的"兴于诗、立于礼、成于乐"的教育理论，这种"始于美育、终于美育"的理论奠定了中国古代的美育基础；主张"性善论"的孟子和"性恶论"的荀子，虽然观点对立，却对美育的社会作用均做出肯定：孟子认为"道德人伦修养"，即我们现在所说的人格美，荀子提出了"君子知夫不全不粹之不足以为美"，"全"和"粹"指人的学问和道德，认为通过学习和实践，保持优良品德，使自身道德礼仪达到完善、纯粹的境界，即是一种人格之美。这里需要指出的是，我国美育中对于完整人格和健全人格不是西方思想中的"自我实现"，也非康德思想"自由"只存在"现象世界"的看法，而是体现在无形的"道"的本体和天地间有形的万物现象的和谐，"形而上"的"道"与"形而下"的"器"彼此统一，即我国哲学崇尚的"天人合一"境界。汉代的"罢黜百家，独尊儒术"政策，使儒家艺术观点和美育思想得到新的发展，占据重要位置；武帝时期成书的我国第一部美育思想专著《乐记》标志着美育走向成熟；直至东汉，美育进入鼎盛时期。后期"魏晋风度"中魏晋时期名士们超越人生态度的至美追求以及唐宋诗词书画中"以形写神"的美学思想等都在一定程度上丰富了美育思想内涵。明清出现的启蒙思想家，诸如清代哲学家王夫之认为的"私欲之中，天理所寓"，充分肯定了人的情感欲望和私立的合理性，体现了人性的觉悟。

美育贯穿中国古代教化几千年实践中，是中国古代美育精神的综合体现，大致思想分为以孔子为代表的儒家美育精神，以老子、庄子为代表的道家美育精神和唐宋时期兴起的禅宗美育精神，前两者是我国美学的开端起源，禅宗美学是我国美学走向成熟的标志。以孔子为代表的儒家主张"游于艺"，即"个体精神自由畅行于人间事物"中，儒家试图以"艺"塑造其理想人格"文质彬彬"君子，体现了美育对人的修养以及心灵陶冶方面的作用；道家美育精神提倡"游心"，即心灵和精神的自由对理想人格的培养和塑造。其中的"游"更多是"游心"和"神游"，即"心与天游谁得知"之境，旨在使自己的心灵得到净化超脱并在畅游中获得"至美"之乐和自我超越。正如鲁迅先生所言"致人性于全，不使之偏倚"，体现出对人文精神的倡导。"游于艺"和"游心论"两者和而不同，是异曲同工的美育思想。在审美主体上，儒家要求审美主体通过艺术主题的外化形式深入分析，进而了解其内在思想和对社会规范所发挥的功能；道家则提出需要挖掘艺术创作的本质规律，对艺术鉴赏提出了更深层次的要求。在美育实施上，儒家倡导以"六艺"提出礼乐育人作用，"礼"塑造人格，进而"乐"完善人格，在艺术熏陶中能让人得到身心愉悦的体验，进而得到人格升华；道家提倡"道法自然"，强调客观规律的重要性，通过在大自然中自由游历，塑造审美能力，陶冶情操。如果说这两种美育精神一种是提倡"从人群中超越"，一种提倡"回归天地"，那么第三种古代美育精神，即禅宗美育精神提倡"心性修养"和"空灵之美"，主张"道由心悟""由心悟道"，提倡个体通过心性修养摒弃对外界功利物质的欲望，达到空灵之境实现心性自由，通过"从心所欲不逾矩"善养"浩然之气"，实现"感性生命"与"天地宇宙"交流相通的自由境界，并进而引导他人乃至整个民族精神和境界的升华。"儒""道""禅"思想"和而不同"，均体现了美育对个体人格塑造的重要性；人生观、价值观培养的积极引导性和身心协调发展的功能性；对"万物相遇而不相害，道并行而不相悖"天人相和的社会和谐发展的促进性。返璞归真、天人合一的"美美与共"是中华美育精神的最核心思想。

  发展到近代，最早将西方美育思想引入我国的应是王国维和蔡元培两位先生，他们受到康德和席勒等人的思想影响极深。蔡元培在1901年发表的《哲学总论》一文中，首次明确使用了"美育"一词，将"审美"作为现代学术范畴加以确立，对美育相关问题进行了探讨，并在之后的《以美育代宗教》《美育实施的办法》《文化运动不要忘了美育》《美学的净化》等文都沿用了《哲学总论》对美育的界定，大力宣传"美育"思想理论以及实施办法。王国维在《王国维哲学美学论文辑佚》提出："美育者，一面使人之感情发达，以达完美之域；一面又为德育与智育之手段。"[22] 他认为

"美育者，应用美学之理论于教育，以陶冶感情为目的者也"，提出"以美育代宗教"，致力于为社会教育出"良好的个人"[23]。他首次提出"五育并举"教育方针，认为美育是陶冶净化心灵之育。王国维系统地对美育理论进行了介绍，他第一次将"美育"这个概念翻译并带进中国，将西方美育思想与我国所处之境实际结合，其所作的《孔子之美育主义》中提出："孔子之学说……始于美育，终于美育。"[24] 王国维在《论教育中宗旨》中说，"完全之人物，不能不具备真善美之三德""教育分为三步：知育、德育（即意志）、美育（即情感）是也"。在《教育家之席勒》《霍恩氏之美育说》等书中也比较系统阐述了他的美育观点，体现了其欲开辟思路用西方美育思想解决中国现实问题，为我国近现代资产阶级教育制度建立和教育思想的发展起到了重要作用。鲁迅先生亦是我国近代倡导美育并将其实践的先驱之一，他提出："凡有美术，皆是以征表一时及一族之思惟，故即国魂之现象；若精神递变，美术辄从之以转移。"充分体现了他以艺术启蒙国人、振兴国魂的美育思想。至此，美育已然成为中华民族教育兴国时代的重要选择。中华美育会作为我国教育史上第一个美育学术团体，其所出版的《美育》杂志对推动美育理论研究和发展起到了里程碑作用。教育家为中华之振兴提出己论，教育的发展与政治相连，美育亦如此，学者李石岑、丰子恺、郭沫若、宗白华等都进行了持续理论研究和教学探索。

中华人民共和国成立后，苏联及马克思主义美学、美育理论的引入为我国美育教学、文艺创作的发展提供了指导和借鉴，为逐渐形成的中国化的马克思主义美育观奠定了坚实的基础。美育成为社会主义事业精神文明建设的有力保障。2018年8月30日，习近平总书记在给中央美术学院八位老教授的回信中强调，"做好美育工作，要坚持立德树人，扎根时代生活，遵循美育特点，弘扬中华美育精神，让祖国青年一代身心都健康成长。"新时代的美育精神是以儒家美育思想中的道德精神和礼仪规范为导向来"立德树人"；以西方美育思想中感性和理性统一的方法论来"遵循美育规律"，以马克思美育思想中美的规律和人的全面发展来"扎根时代生活"，以三者相融合的"中华美育精神"作为参照表达生活的根本意义，新时代弘扬优秀传统文化，实现中华美育精神的时代性转化。

（二）"美"和"育"——审美和人文

"美育"一词引入我国后，蔡元培先生将其列为五种教育之一，认为纯

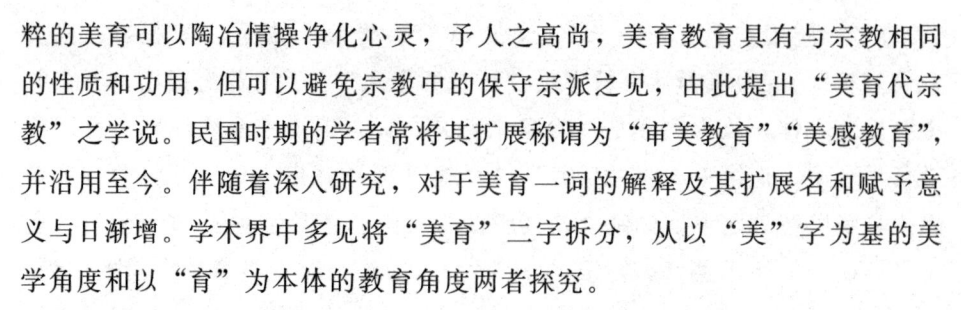

粹的美育可以陶冶情操净化心灵，予人之高尚，美育教育具有与宗教相同的性质和功用，但可以避免宗教中的保守宗派之见，由此提出"美育代宗教"之学说。民国时期的学者常将其扩展称谓为"审美教育""美感教育"，并沿用至今。伴随着深入研究，对于美育一词的解释及其扩展名和赋予意义与日渐增。学术界中多见将"美育"二字拆分，从以"美"字为基的美学角度和以"育"为本体的教育角度两者探究。

1. 美育中的审美维度

美学是研究"人与世界审美关系"的一门学科，研究对象是审美活动，包括人的一种以意象世界为对象的人生体验活动。鲍姆嘉通将西文 aesthetics 这个本来指感觉的希腊词，转向用于指感性认识的学科，从中文理解的角度来说，美学更可称为"审美学"，可以理解为是研究人们认知美、感知美的学科，它是人在活动中对于自身感性观念的特征规律研究、研习。美在自然中是普遍存在的，无论是专指艺术教育的狭义美，还是涉及人生境界的广义美，或是物化的自然对象、社会实践中的人，美始终遵循人类本性和规律进行审和立的实践，包括人的本质、价值、目标等终极性问题，如何提升个体情感、文化、素养等根本性问题，从这些实践活动中得到的对美本质的规律即是美育根本。美育中包括对美学高深理论知识的教育，即美学产生发展、美的本质特点、表现形态和存在领域等；美学研习，即审美感受本质特征等；美学实践，包括艺术审美属性、审美教育、艺术美的创作等。通过美学中三个客体关联定位，即审美客体、审美主体和审美实践，一方面实现美的知识普及和传播；另一方面通过美学中丰富的人文内涵实现美育的重新定位，构建美学角度的审美和立美，树立正向审美标准和审美养成。

2. 美育中的精神人文维度

美育中的"育"，即育教化人。美育不仅要满足个体审美需求，更应通过美的规律提升和感化人，使人的思想发生变化，进而影响人的行为取向和价值观塑造。美育的目的性是通过美学知识的普及来陶冶人类情感，进而塑造人的品格修养，解放人类思维，完善人类精神生活。

亚里士多德提出艺术具有教育、净化和快感三种功能，促进人们获得知识、陶冶情操和获得快感；贺拉斯认为艺术通过寓教于乐使个体获得感官满足和心理愉悦；席勒认为，"真正美丽的东西必须一方面跟自然一致，另一方面跟理想一致。"体现了美育对培养理想的人、完美的人、全面和谐发展的人的重要性。

我国古代先哲孔子提出"游于艺"而"成于乐"的"从心所欲不逾矩"的人生理想和人性自由，体现了美育中感性的心灵净化作用和理性的行为道德塑造作用；蔡元培先生提出"应用美学之理论于教育，以陶养感情为目的"。美育具有美感认识和情意养成的双重价值，即知情意行统一美育的重要作用之一，美育既是一门欣赏美、认知美和感受美的教与学，也是一门通过创造美、实践美和体验美发现世界和内在自我的学科。通过美的形象化符号认知和美的思维训练，使审美主体按照美的规律进行自我和他我的体验和实践，进而产生兴趣，它是个体认识、发展和完善的一系列有效途径。2020年10月，中共中央办公厅、国务院办公厅印发的《关于全面加强和改进新时代学校美育工作的意见》中指出新时代背景下美育的具体内涵，"美育是审美教育、情操教育、心灵教育，也是丰富想象力和培养创新意识的教育"。我们更加清楚地认识到，美育的根本问题，是培养什么的问题，新时代下的美育应该是反对和抵制各种腐朽、没落的意识形态，用科学、先进且真正美的东西来建立正确的审美观念，促进个体的全面自由发展。

第三节 高校美育课程的本质

一、自然美——激发美的情感

（一）自然美的本质

从自然美的本质来说，朱光潜提出"自然无美"，即美只是人类主观意识加上去的，亦有其对立面的蔡仪提出的"美是不依存于人的客观存在"，即美在其本身的自然条件，李泽厚认为美的本质来自客观的社会生活和实践，即美的客观性与社会性相统一，即"自然的人化"说。"自然的人化"可以分为广义和狭义两种含义，狭义的自然人化主要是指通过劳动、技术去改造自然事物；广义的自然人化是一个哲学概念，即天空、大海、沙漠、荒山野林等未经人类改造的，我们也可以是说"自然的人化"。因为"自然的人化"指的是"人类征服自然的历史尺度，即整个社会发展到一定阶段后，人和自然的关系发生了根本改变"。[18]81 狭义的"自然的人化"指人们的实践活动引起的自然现象的变化，诸如我们栽培的植物，有其特定的美感，随着社会的发展和人文精神的深化，人们越来越中意于原生态的、未经改造的自然现象和景物，也越来越能欣赏自然界的奇特美景，它们以一种感性美吸引着人们。人们发现，当他们在欣赏这些表面上看起来好像是与人抗争的感性自然形式中，能得到一种高昂的美感愉快。

在认识这两者关系中，我们要明确狭义的"自然的人化"，即通过劳动和技术改造自然事物，是广义的"自然的人化"的基础。"原始人为什么不能欣赏山水花鸟，就是因为当时狭义的自然人化水平即生产力水平，使他跟自然的关系不存在那广义的自然的人化。"[18]82 在生产力低下的远古时代，原始人类进行狩猎的对象不是所有动物，而只局限于某些特种种类的动物，这是受到了当时人类意识和实践局限性的影响。马斯洛需求层次理论将人的需求从低到高分为：一是生理需要；二是安全需要；三是归属与爱需要；四是自尊需要；五是自我实现需要。只有当个体的生理需要和安全需要得到满足时，狭义的"自然的人化"生产力水平达到某种程度后才会追求自我实现需求，广义的"自然的人化"，从"自然境界"上升到最顶端的"天地境界"，即"天人合一"。它和马斯洛需求层次中的最高境界不同，马斯洛需求层次中最高境界是实现自我的最高级需求，而我国传统思想中的人生境界论，即冯友兰提出的"第一层是自然境界，第二层是功利境界，第三层是道德境界，最高层则是天地境界"。"自然的人化"指出"美的本质的人类历史性格，它是山水花鸟、自然景物成为人们的审美对象的最后根源和前提条件"。我们可以这样理解，当个体身处狂风暴风、电闪雷鸣中，风雨的形、声、神、韵和惟妙惟肖的美感绝对不会成为他的审美对象；当个体在受到飞禽攻击时，也绝对感受不到王维诗中"漠漠水田飞白鹭，阴阴夏木啭黄鹂"的意境之美。只有当狭义的自然人化发展提升到一定程度后，人们才能进入广义的自然人化。

如上可知，具体的自然山水、花鸟鱼虫等是否能真正成为人们审美的对象，它受到了不同阶段的社会生活、制度、信仰、观念、文化传统等影响，这些人文社会因素制约甚至决定着某种自然景物能否或以何种形式成为在不同社会、时代、民族等背景下特定的人群的审美对象或者美学客体。比如说，在中世纪（476—1453年），我国文人对待山水自然的态度和欧洲文人迥然不同，自然美景、山水风貌历来是我国古代文人墨客最为中意欣赏的对象和美学客体，但是欧洲的僧侣和教士却为之相反，在他们眼里，上述景物是魔鬼的化身或诱惑。[18]83

（二）自然美的形成和内容

在人类社会出现后，人们开始进行审美实践活动，包括对自然美的欣赏、判断和认知等。我们所说的自然界中的美景，日月星辰、纷纷晚霞、辽阔草原、茫茫大海等气象万千的风光，让世界更精彩，但若是这些自然景色缺少了人的主观能动性，即用眼睛去发现美，那么它们的美的价值性就无法体现。只有当人类发展到一定历史阶段，当他们在解决了生存下去所需的食物和居所后，才开始产生欣赏自然和赞美自然的情愫。随着人类社会实践进步和生产力发展，人们在改造自然中运用自然规律，逐渐发现、开发推崇自然美，认识自然物性，并进而影响人的精神世界。从自然美到精神美的产生除了自然界本身的属性，还包括以下条件和阶段。

1. 人类通过生产实践赋予自然界万物以人的本质力量，进而拥有审美价值

这种条件即"人化自然力"，指人类通过生产实践活动改造自然界，留下人类历史发展的印痕。在这个过程中，人类得以实现自我，获得审美愉悦，这也是自然美所具有的价值所在。"自然界起初是作为一种完全异己的、有无限威力的和不可制服的力量与人们对立，人们同它的关系完全像动物同它的关系一样，人们就像牲畜一样服从它的权力。"[25] 原始社会中，自然事物皆是自在之物，本身不存在美与不美的概念，作为一种异己的对立现象，自然界中存在的神秘和威力不能让原始人类感受到美，洪水等自然灾害对生命造成的威胁让原始人类感受不到"飞流直下三千尺"的浪漫主义情怀，崇山峻岭阻碍了他们对更多资源的探取，无法让他们感受到"峰峦如聚，波涛如怒"的壮美感，这些生产力的低下使人和自然界处在对

立的位置,更不用说产生欣赏自然美的情感。只有在逶迤的大山中打通隧道,方便人类出行,人们才能消除对自然的恐惧。只有在"人化自然"中渗入人类意识智慧、实践能动,并结合科技的力量,体现出人类最本质的力量,我们才能感受到自然之美。

2. 人类运用自然规律,认识自然物性物态,获得审美经验,使自然物上升为审美对象,达到主客观意识形态统一

在远古社会,由于人类主观认知水平和客观生产力的限制,人类缺乏利用自然的能力,只能把它看作自身生活的一部分。随着生产力的发展,人的主观能动性和视野得到提升、拓宽,自然物进入人的生活范畴,人们逐步认识到自然物性物态,并使之上升为审美对象。人类与自然和谐促使我们对看到的景象兼具自然天成和情感融合,在欣赏自然美的过程中,充满了美好的情愫,形成了审美愉悦。正如文学作品表达手法中常用的"移情"二字,人们看待大自然也会不由自主地"移情",广袤的草原让人心旷神怡,潺潺流水让人怡情绵绵。人们会把自然物的发展和特定的生活情感联系在一起,自然物的某些特征同人的情感产生共鸣,给予审美个体无限的审美可能。正如法国大文豪雨果说,"世间有一种比海洋更大的景象,那便是天空;还有一种比天空更大的景象,那便是内心活动。"雨果用层层递进的手法,揭示了自然物向人性精神的升华之路。意味着人通过天然物性产生的基于感官愉悦的灵魂深处的审美解放和审美自由。这在我国传统诗词中表现较多,"举头望明月,低头思故乡"诗词中表现了在静谧的夜晚,明月当空诗人思乡情怀。我们可以将这个层面的天然之美分为两个层次:天然物性之美和天然物态之美。

(1) 天然物性之美。物性,事物的本性,自然界中的某个物种因为其特有的本性被赋予审美经验。正所谓"物各有性,得天然之意。"古人酷爱的"四君子"——梅兰竹菊,就是取其淡雅高洁的品性,梅花傲雪而开,体现了不畏严寒、正直不屈的形象;兰花洁白无瑕不艳丽,隐匿于幽暗处,体现了谦谦君子的形象;竹子挺拔有节,"咬定青山不放松,立根原在破岩中,千磨万击还坚劲,任尔东南西北风"的题诗,歌颂竹身处逆境而不屈不挠,赞誉有气节和傲骨的铮铮君子;菊花的意象美虽没有牡丹雍容华贵,但却有着素质高雅,隐逸超脱和坚贞不屈之品质。再比如,古人称"君子

如玉",体现了对君子的高度赞赏,也是数千年来中华民族对玉的无上推崇。北方红山与南方良渚为代表的史前文化遗址中玉石文物的出土,证明新石器时代的先民已经从对玉石的实用功能发展到精神需求,动物图腾装饰等体现了"玉"的审美观念和宗教意味;夏商玉的"神秘"色彩、周朝的"以玉节礼"赋予其以政治和人文色彩;管仲的"玉有九德"、许慎的"五德"之论赋予玉以道德观念、人文寓意和人格内涵;唐宋赋予玉文华浪漫飘逸的艺术气息和形神兼备的生活情趣;明清中赋予其象征身份地位的礼仪作用。纵观历史,人们通过审美经验使"玉"这一天然物种作为信仰物和道德信物在中华传统文化和思想中凝固下来,富有政治、道德、经济和宗教的色彩烙印,它既是中华民族审美观念的表现,也是优秀传统美德的物化,是中国特色文化中不可或缺的重要组成部分。

综上所述,天然物性之美是人们在实践改造自然过程中,将自然存在物成为审美对象,将其客观特性运用社会能动性加以认识,获取审美经验,达到对生命意义的深层认同。

(2) 天然物态之美。物态,事物的形态、表象,"然得物态,未得物理""山光物态弄春辉,莫为轻阴便拟归"它区别于"物性",强调的是"态",即自然物的状态中所内含的天然之美。同样是风,有微风、暖风、暴风、狂风、气旋等千变万化的形态,"忽如一夜春风来,千树万树梨花开"把人带入风雪弥漫、景物新奇的境地;"不知细叶谁裁出,二月春风似剪刀"显示了春风的神奇灵巧;"解落三秋叶,能开二月花",李峤以"风"为题,通篇无"风"字,却让我们感受到通过外物在风的作用下原质或原态的改变所体现的风之柔情与强悍。古人诗词中也不乏对自然物"雨"的不同物态描写,《春夜喜雨》的"好雨知时节,当春乃发生",对春雨的盛赞,从诗中我们能感受到春雨绵绵细密的形态,诗人赋予春雨以人的生命和情感;《十一月四日风雨大作二首》的"风卷江湖雨暗村,四山声作海涛翻""夜阑卧听风吹雨,铁马冰河入梦来"皆是对壮美暴雨的描写,体现作者深厚的爱国主义激情;《山居秋暝》中的"空山新雨后,天气晚来秋",对秋雨赋予山水淳朴风尚之感,表现作者寄情山水怡然自得之感,以自然美来表现人格美和社会美;杨超在《就义诗》中"满天风雨满天愁,革命何须怕断头",体现了英雄大无畏气概和对革命必胜的坚定信念。天然物态之美不仅体现在诗词中，在中国古典文艺绘画中亦有描绘。比如历代山水画家遵循的绘画原则"外师造化，中得心源"，它是中国美学史上"师造化"理论的代表性言论，从外部事物客观形态借鉴学习获取内心艺术源泉，它强调了美的客观性和社会性统一的原则，即人通过对审美对象自然形态美的获取，发挥人的主观情感意识，运用内心的情思构设，使两者融合达到主客观在意识形态上的统一。它强调了主体的抒情与表现，是主体与客体、再现与表现的高度统一。宋代画家郭熙认为的"身即山川而取之"、明代画家董其昌提出的"以造物为师"、文艺家袁宏道的"师森罗万象，不师先辈"等，都体现了师造化者，描摹自然之意，只有师法自然界中的物态之美，才能创作描绘出大美的艺术作品，这也是中国哲学"天人合一，道法自然"的核心体现。

3. 自然之美和精神之美融合，自然物成为人类精神的寄托和象征

人们在对自然界的实践改造中，从大自然和万物本质中汲取出来一种天然精神，让事物呈现其原有的特征和规律，即为大美，它是自然之美和精神之美的融合，是在遵循天然精神和规律的基础上，强调人的自然本性在实践中的重要性和存在性。

一方面，失去了天然精神的作品，就会失去生命力，正如李白所认为的"清水出芙蓉，天然去雕饰"，推崇美的质朴纯洁，毫无雕琢之感，其中体现了艺术创作中"天然美"的美学精神，渗透了中华民族特有的文化精神和哲学美学意识。苏轼的"大略如行云流水，初无定质，但常行于所当行，止于所不可不止，文理自然，姿态横生"，同样也变现了苏轼崇尚天然之美，重天然讲文采的文学观。

另一方面，在天然精神的指引下，强调发挥人的自然本性、精神自由和个性解放。Rush Benedict 将文化分为"酒神型"和"日神型"，前者表现为癫狂、自虐、恣意追求、漫无节制等，而后者讲求节制、适可而止、理智等，中国上古呈现即为如此，孔子在《礼记·经解》中，提及《六经》作用曰："絜静精微，易教也。恭俭庄敬，礼教也。……书之失，诬。乐之失，奢。……其为人也，温柔敦厚而不愚，则深於诗者也。疏通知远而不诬，则深於书者也。广博易良而不奢，则深於乐者也。絜静精微而不贼，则深於易者也。恭俭庄敬而不烦，则深於礼者也。"即主张冷静反思克制，

反对感性狂欢肆虐。这就造成了人的自然情感社会化和个体生命力量的局限性两种截然不同的结果，表现在外在的即是中国艺术和美学中特别看重"艺术的形式"美感，诸如《诗经》中的"一唱三叹"，传统绘画对线条疏密、墨彩之色的高度重视，建筑园林中的"路须曲折"，即是"中庸感"的"发乎情，知乎礼义"之意，也是李泽厚所说的"乐从和"为准则的远古传统。随着社会生活的发展和人的情感社会化提升，传统的伦理政教无法再禁锢人的个体情感和意志，"词、山水画、笔墨意趣这种与'载道'关系较远的艺术形式便成了政教伦理所鞭长莫及而能满足情感愉悦的新的安乐处了"，这时候，古代画匠等艺术家从人伦政教等要求下突破禁锢，通过艺术作品能"随心所欲"发挥其个体情感，但这种"随心所欲"不是上文所说的"酒神型"的"礼乐传统"，而是一种基于自然规律的社会化的情感内心的抒发，即中华传统文化中人格实现的"从心所欲不逾矩"。精神之美也是我国历朝历代文艺家碰到精神困顿时所强调的精神自由和个性解放的武器，清代文学家龚自珍在其散文《病梅馆记》中，托梅议政，形象地揭露和抨击清朝封建统治者对人们思想的束缚和压抑。作者欲"纵之顺之，毁其盆，悉埋于地，解其棕缚；以五年为期，必复之全之"。体现其欲摧毁精神枷锁的坚定斗争志向，以及追求个性解放获得自由的强烈愿望。

综上所述，自然美的构成是由两方面组成：其一是自然物自身所特有的自然本质属性，即自然物性和物态之美；其二是人的本质力量作用于自然物上所产生的社会实践活动。两者缺一不可，自然物和人们生活以及劳动实践活动密不可分，它是人类历史发展到一定阶段的社会化产物，即"自然的人化"过程。自然之所以具有审美内容成为审美客体，形成审美价值，正是因为人类在长期的生产实践和改造中，拥有审美力量，与之强化，逐步完善对自然美的赏析并形成精神社会化能动。

（三）自然美的美育途径

对于自然美的欣赏已经成为现代人生活的一部分，自然美不仅能协调身心健康，还能促进学生通过欣赏身边的一景一物，来陶冶情操、净化心灵，形成正面且积极的良好心态。作为教育工作者，如何教会大学生赏析自然美也成为了我们开展审美教育的重要工作，重中之重在于如何把中华传统美育精神转化为自然美的美育途径，可以从以下几方面着手。

1. 把握时机引导学生捕捉和发现自然美，发挥想象融情于景

罗丹说："美到处都有，对于我们的眼睛，不是缺少美，而是缺少发现。"在美育教学中，要引导学生用欣赏的目光去观察大自然，在欣赏自然美的同时，让心灵受到美的熏陶。首先，要选择特定时节去欣赏特定的自然风景，春的温情，夏的热烈，秋的丰富，冬的肃穆；对于特定时间出现的自然美景，诸如雨后彩虹、海市蜃楼等景观，我们要把握好时机欣赏。培养学生对自然美的热爱、欣赏和敬畏，抛开传统教育中的强制性和说教成分，用大自然的美打动学生心灵深处；其次，引导学生用不同的角度去观赏自然美。由于学生个体有不同的情感体验，所以每个人的既有经验参差不齐，且对美的事物的欣赏角度不同，会有不同的对美的收获和见解。正所谓"横看成岭侧成峰，远近高低各不同"，正是此意。自然界的鬼斧神工造就了很多审美的人间极品，美国科罗拉多大峡谷凭借其苍劲壮丽的自然美和多样地质岩层，被称作"活的地质教科书"，还有柏尔金字塔岛、彩色沙滩、天然瀑布等绚丽迷人的景观，令人浮想联翩又心存敬畏，通过对学生多方面引导，感受大自然中不可预估的自然美力量，帮助他们形成不同角度观赏自然美的思维意识，在此基础上充分发挥主观情感和能动性，感受自然的美妙魅力。

在发现和感知美的基础上，我们要通过想象力去感受自然美中的形式美，只有通过感官在头脑中先形成自然景观的浅层认知，再经过大脑深层次思维，运用联想等逻辑程序去感受自然美，才能最终达到身心共振的情感共鸣和升华。审美个体想象力不尽相同，因此，在审美教育中要有意识地对学生的想象力进行开发和启迪。可以通过三方面去进行想象引导：首先，借物喻人，从自然界中的某一个事物的特点，联想人的品格和情感，潜移默化物我合一。在进行自然审美教育时，要引导学生多方面形成创新性思维，这样能在欣赏美景美物的基础上，不仅获得美的感官认知，还能陶冶情操，最终得到心灵沉浸和情感升华。其次，引导学生进行幻觉想象，它是人们看到自然景观后所触及的主体独特心理，比如对未来的憧憬、美的冥想和过往回想。当代大学生是充满活力的群体，在进行审美教育时我们要抓住这一特征，引导观景的同时进行抒情、联想和感情升华。最后，引导学生进行形态联想，这是最有效的联想方式。以自然形态和物态为基

础，认知性思维基础上，充分运用逻辑性创造，将其联系到日常中的人和事，从而获得感官和心灵审美需要。比如说黄山"迎客松"的姿势，像极了人作揖的姿态，这也正是它得名的由来。大学生作为新生力量，我们要在审美指导时给予他们更多的审美想象空间，并进行合理引导积极审美，也为其他学科知识的学习培养逻辑能力。

2. 引导学生将人文美融于自然美中，营造美的意境

人文景观是自然与人类创造力的融合，是人类社会发展过程中经过人工改造或是留下人类活动烙印的自然景观，它具有一定历史性、文化性，兼具事物和精神表现形式，兼具自然美和人文美的双重特征。人文美是经过人们生产实践和艺术加工而成的，它不仅为我们提供了必要的生活用品，也从精神层面赋予我们欣赏自然美的愉悦，自然界为我们的生产提供了丰富的资源，这其中也融入了人类大量的审美意识。我国有着悠久的历史，引导学生在欣赏自然美时，要由表及里，通过外在去感受其中的历史价值和中华优秀传统文化哲思，从而升华个人审美情感，获得审美经验，达到文化共鸣。我国最具有典型代表人文美自然景观之一的中国古典园林，作为数千年悠久历史的传统文化的承载者，也是中国传统文化的重要组成部分。一方面，中国园林注重人工模拟自然山水风物，内核精神是古代"天人合一"哲学思想的体现，即人与自然融为一体，它凝聚了中国文人和工匠的智慧和勤劳，也是中华民族对于自然和美好生活的向往和热爱。承德避暑山庄、金谷园，私家园林中的拙政园、个园等都已模拟自然为依据，形成独特的人文景观之美。另一方面，中国园林也体现儒家注重道德修养和积极入世的观念，孔子提倡"仁"，他将"以亲子为核心"的人类学心理情感扩充到"泛爱众"的人性自觉和情感本体中，这也是孔子最重要的美学遗产之一。体现在皇家园林中，"仁爱"精神思想表现在构思、命名、布局内涵和装饰中，例如圆明园"九州清晏"所体现的仁、义、礼的深层蕴含，颐和园昆明湖"桃山水泊，仙蝠捧寿"理念中"孝"的体现，"孝悌"是"仁学"最基本的情感体现。中国园林景观中还体现了文人雅集之"乐"，即将个人情感寄托于天然山水美景中，形成多维度艺术启发和精神归依，中国园林和山水画融合，看重其中的意蕴，迸发出多姿多彩的造园技巧和创思。中华优秀传统文化的包容性和多样性促成了中国古典园林美

的"造景"和高深"造境"双重艺术境界。

3. 运用理性思维，引导学生感受自然生命体和生存环境之间的生态协调美

生态美学结合了生态学和美学，它是研究人与自然、人与环境相互关系的自然科学。它基于人类反思行为，是自然环境变化、自然灾害的强度和破坏力所引起的一种人们对生态的警觉意识。生态美学提倡运用现代科学技术，结合传统优秀美学观，打造生命和环境之间的协调美。首先，生态美学将生命视为人与自然万物共有的属性，从生命间的普遍联系看到生命，重在关联；其次，注重自然界的综合性，生态美中不仅包括自然美，也包括人造美，诸如社会美、艺术美和科技美等，它是工业文明向生态文明的转型体现，是人们站在一种新的审美高度，重新思考"人—自然—社会—文化"四者间的审美关系。追溯历史，在我国古代儒释道三家思想中，即有生态美学之渊源，贯穿于中国传统古典哲学中。古代先哲孔子的"未知生，焉知死"，体现儒家重视生命思想；"不违农时""钓而不纲，弋不射宿"则反映儒家重视天人关系，在"重生"基础上"重万物"和谐共存的仁德情怀；《道德经》中"道生一，一生二，二生三，三生万物"体现道生万物的过程；"道法自然""道为天下母"及"万物齐一"等观点体现尊重自然、庇护众生的理念；"天人合一"哲学思想提倡人和自然的和谐相处，天人相合相应之意。我国传统神态美学早已植根于传统哲学，中华文明自起源之时就已有整体生态视角，它是历代劳动人民在社会生活实践中积累的智慧和经验。在美育课程中，我们应该引导学生更好地认识生态协调，它应该是以中国传统生态美学思想为理论基础，将其放在科技飞速发展和生态文明需求的新时代美学话语体系背景下，通过对美学的感性认知深入自然事物的内部，运用理性思维了解和深层次认识事物的物理或生物特性。也就是说，对自然物的审美不仅要运用感性认知和浅层次思维，比如说我们欣赏自然景物的形态、色彩等外部感性特征，还要学会运用理性认知和深层次思维建立的自然科学知识，构建符合新时代要求的科技生态美学，它是中华传统生态美学思想的一种"传"与"承"的关系，即创造性转化、发展和延续。通过生态协调，推进生产、生活、生态三方面协调发展，为再生产提供良好的生态环境，引导学生将美的感性思维和自然科学的理性

思维融合，建立起现代科学范畴内的生态审美体系。

综上所述，自然美可以陶冶情操，激发大学生对美的热情，正如蔡元培所认为的，不仅可以"破人我之见，去利益得势之计较"，还能"陶养性灵，使之日进于高尚"，大自然以其千姿百态的形式与充实丰富的内涵给予了我们纷繁奇特的美，利用自然美对大学生开展审美教育，引导他们亲近自然、探究自然、沉浸自然、融入自然，通过对自然美的发现、感知和鉴赏，提高大学生审美认知能力，培养其对祖国大好河山、悠久历史和灿烂文化的热爱之情，深层次感受和谐共处的人与自然观，以及尊重自然、爱护自然的绿色价值观，由此产生美好的情感和深刻的人文情怀，最终实现自然自由发展，社会文明进步协同并行。

二、社会美——培养美的心灵

（一）社会美的本质

社会美指现实生活中社会事物的美，包括人类社会各领域发生的社会现象。它不仅根源于实践，而且本身就是实践的最直接的存在形式，主要表现在阶级斗争、生产斗争和科学试验领域。[26] 按照马克思主义观点，社会的本质特征即"人们交互作用的产物"，是各种社会关系或者说全部社会关系的总和。生产关系成为决定一切社会关系的最基本的关系，生产关系的总和就构成所谓的社会关系，构成所谓社会。[27]

一方面，社会美具有范围宽广、内容丰富和关系复杂性。社会生活和社会实践是丰富复杂的，它伴随着人类的物质生产活动而产生，来源于人类的社会实践，它反映一定时期人类的审美意识以及其他社会意识形态，包括道德、风俗、传统、艺术和政治等。在社会中的个体通过劳动实践改造自然，参与社会生活，故而作为社会实践的主体，即人是社会美的核心；在改造自然过程中，人的本质力量不断发挥，人的智慧、品德、意志、创造力等充分体现，人的社会实践产生创造了美，人们认识到实践力量的崇高和伟大，进而产生的一种愉悦情感，即人类通过实践获得了审美价值。

另一方面，社会美是现实生活美中最核心的部分，相比自然美更具有复杂性，更依赖于社会历史条件。恩格斯说："大自然是宏伟壮丽的，但是我觉得，历史比起大自然甚至更加宏伟壮观。自然界用了亿万年的时间才产生了有意识的生物，而现在这些具有意识的生物，只用几千年的时间就能够有意识地组织共同的活动。"[28] 李泽厚认为："社会美不简单是指个人的行为、活动、事功、业绩等，而首先是指整个人类的生产前进的过程、动力和成果。"说明社会美的强大力量超越了自然美，社会美中的审美关系更受制于物质条件、政治因素和其他精神要素影响，某个阶段的社会美必然具有当时所处时代的经济、政治、文化和阶级特色。

首先，社会美作为美学本质的直接展现，它体现了从动态过程到静态成果的转变。社会美反映的是群体或者个体以生产劳动为核心的实践过程，进而通过静态成果或是产品痕迹体现出来。以人类史上各项发明和创造为例，我们首先看到的是外在美的塑造，进而理解其中所凝聚的人类的智慧，当我们欣赏长江大桥、高铁、宇宙飞船等，我们通过对形式美的欣赏，更能深入感受到社会目的性、社会劳动成果和社会巨大前进的丰富内容。

其次，由于不同时代要求，社会美具有不同标准的历史尺度和面貌。人类在实践中实现发展，社会美根据时代进步也在提高、变迁和进步。"社会美包括的范围和对象，除了人们的斗争、生活过程、形态、个体任务的行为视野，以及各种物质成果、产品等，像历史的废墟、传统的古迹等也都属于此范围"。[18]71 彩陶、青铜器等原始艺术品的珍贵，正是在于它们本身的斑斑绿苔和斑驳印痕，这些印痕是历史的鉴证，也为它们的社会美增添了深沉的独特力量。

最后，社会美把美和审美规律运用到组织整个社会生产和生活中，体现合理的技术工艺和生活韵律。社会生活、生产应该从本质上符合人的身心协调规律，使社会生活和工作效率协同并行，并在适度化规律基础上最终实现人的全面发展。

综上所述，社会美本质就是人的本质力量作用在社会中所产生的美及美的感性体验，其所包含的内容是"伦理道德的理性原则"。社会美体现在日常生活、社会交往、工作学习的过程中，只要是有利于人类社会发展进步、给予人们美好道德启示、令人身心愉悦、促进人们美好生活愿望达成、实现个体自由全面发展等皆是社会美范畴。

（二）社会美的形态

1. 劳动之美

马克思提出了"劳动创造美"，包括物质美和精神美。在追求美和产生美的社会生产过程中，通过劳动生产实践获得最基本的物质保障，进而通过实践创造更多生存必需品和社会财富，人类按照"美的规律"进行审美创造，获得精神层面的审美经验，并进而刺激产生新的审美需求，审美和劳动互为因果形成循环贯穿于生产和生活创造过程中。例如原始彩陶装饰纹样中多有抽象几何纹饰，这正体现了原始人类在精神上对农业生产所依赖的自然秩序的规范，它是一种稳定性和规范性的要求和实现，是人们通过生产实践同自然界中危及生命的事和物进行斗争取得的胜利，最终获得了一个稳定生存、安居乐业的农业社会，并予以巩固提高。"规则"恰好表现了农业社会生产劳动和自然相协同的规范性、秩序性和韵律节奏性，抽象和形式美的根源体现在远古人类劳动操作的生产实践活动中。我国古代亦有大量描述生产劳动场面的诗歌，李绅的"谁知盘中餐，粒粒皆辛苦"赞赏劳动果实来之不易；孟浩然的"开轩面场圃，把酒话桑麻"体现劳动之余享受生活的喜悦；白居易的"田家少闲月，五月人倍忙。夜来南风起，小麦覆陇黄"描述辛勤劳动换来的丰收果实带给人的欣喜感；陶渊明的"种豆南山下，草盛豆苗稀。晨兴理荒秽，带月荷锄归"，让我们感受到作者虽然自食其力、劳动辛苦，却怡然自得的愉悦感。这些都是对辛勤劳动的赞美，体现了劳动人民在保障了吃穿基本物资基础上的劳动生活带给他们的无限乐趣，劳动是一切美好事情的源泉。

2. 革新之美

革新，即革除旧物、创造新物。每一次社会变革都是一场清除陈腐和妨碍社会进步之物、扶植有利于社会进步之人和事的过程。它渗透于人们日常生活的方方面面，包括政治、经济和文化等制度。社会变革只要是符合美的规律性、存在性和合理性的，过程是自由和美的斗争的，我们就认为其是合理进步的。在新旧制度的更替中，生产力随之发展，旧的生产力和旧的规章制度不能适应新的生产力发展需求时，人们就试图通过社会变革，争取创造自由崭新的、更适合人的发展的社会制度。如我国历史上著名的"戊戌变法"，正是旧的封建统治制度阻碍了先进的生产力发展的背景下，以康有为、梁启超为代表的维新派人士发起的一次具有爱国救亡意义的变法维新运动。虽然最后未能实现变革目标，但它的重大意义却被载入史册。每次社会变革都会带来新思想和新文化，人们在一次次运动中收获新的知识和美，对美的追求也随着变革发生颠覆性的变化，旧制度和文化也随之支离破碎，新的审美活动和观念伴随新时代共同到来。另一种变革，是中华民族形成统一抵抗力量抗击外来侵略的革命之战。最好的例证来自我国近代史上的抗日战争，无数先烈面对外来侵略势力，用大无畏的精神奋起抵抗，保护家园，革命先烈身上所体现的"我以我血荐轩辕"的精神，正是体现了崇高的社会美，这种美的精神价值无可替代，它是社会美的核心精神。

3. 民俗之美

民俗文化是一个地区广大民众的集体文化特质，它是内潜性和非物质性的内化于心的精神印迹，体现"一个民族、地区中的民众所创造、共享、传承的风俗生活习惯"，它具有集体性、传承性和地方性等特点，正所谓"百里不同风，千里不同俗"。比如《诗经》中的《国风》，主要描写地方民间风俗，是带有地方色彩的音乐，即民间歌谣。它保留了当地劳动人民的口头创作，具有浓厚的区域民歌特色，体现不同地域人民的不同性格。民俗既是社会意识形态之一，也是一种历史悠久的文化遗产。我国有五十六个民族，每个民族有不同的文化，中国传统民俗文化是各民族数千年来文化的综合，也是中国文化自信的源泉，其中包括各种人文景观，也包括文学、艺术、音乐、电影、宗教等。民俗之美也体现在代代相传的民间美好习俗中，悠悠中华文明史中有很多民间的美好风俗习惯，成为民族融合的桥梁。例如象征着美满团圆和人们美好憧憬与祝福的春节、元宵、国庆、中秋等喜庆的节日；体现祭祀民俗的清明节、中元节等，在拥有美好生活的同时不忘缅怀逝者，比如我国设立每年9月30日为烈士纪念日，缅怀烈士丰功伟绩，弘扬爱国主义精神，对实现中华民族伟大复兴中国梦起到积极推动作用。在民俗文化中也体现了各种优秀的社会道德，诸如"严于律己、宽以待人""老吾老以及人之老、幼吾幼以及人之幼"，都足见整个社会崇仁尚贤的良好风气。

4. 风尚之美

风尚即社会上普遍流行的风气和习惯。自然条件中的山川、河流、高原、土地等都是我们通过感官感觉之实物，但在社会中存在一种"风尚"，它如空气如风般可以让人感知它的存在，却不能触手可及，需要通过一定的社会媒介来展示其存在性和价值性，风尚本质体现了一定的历史变动性和每个社会阶段向善向美的方向引导性。一方面，社会风尚是被特定的社会道德内在所决定的，它往往是社会道德感性的外化体现；另一方面，社会风尚成型后，又会反过来影响一个社会的道德塑造，作为真善美的合一，它也会耳濡目染影响人的化育，关联人们对是非、正邪和美丑的判断和认识。社会风尚受到社会、家庭和社会个体的共同影响，社会保障良好、法制健全、家庭和睦、邻里守望、互助友善、身心健康，如此构建的"我为人人，人人为我"的社会风尚必定是充满美的和谐因素的。比如，美育教学中提倡打通社会和高校美育，以高校美育下社区，引领社会向善向美风尚。高校拥有优质且丰厚的美育资源，用美唤醒人心，更好地完善人们的生活，促进社会文化良性发展，提升大众审美素养。

5. 礼仪之美

我国是礼仪之邦，礼仪文化根治于中华文化土壤中，它体现在我国人民的生活方式、行为取向、审美标准中，包括维护社会秩序的和谐美、涵养身心的格调美、尊重生命的幸福美等。《论语》中有诸多详细阐述。"不学礼，无以立"体现了"礼"的立身之本，"非礼勿视，非礼勿听，非礼勿言，非礼勿动"彰显了"礼"在日常生活中的重要地位。孔子好"礼"是出于维护当时政治统治的目的，"上好礼，则民易使也"体现了在"礼"的约束下老百姓能服从管理，达到上下统一的效果，虽说在当时体现了浓郁的政治色彩，但是可以看出孔子所提倡的"礼"，是对外在行为的"规范、约束的秩序"的行为准则和道德规范，是社会发展规律的体现，又是和谐社会的审美观念的表现。在当代社会，要挖掘礼仪的审美价值，如个体言行举止、衣冠容貌等方面体现雅致之美，在他人对个体形象的肯定和欣赏中获得审美愉悦，促进个体对美的追求；在社会交往中构建礼让和谐美，促进人与人、人与社会、人与自然的和谐关系，构建融洽的社会秩序。礼仪强调在礼俗活动中激发情感美，如元宵节的灯会、除夕夜的年饭、端午节的粽子，人们通过这些活动的创作、美的欣赏及参与，使自身充分融入群体中，激发情感共鸣，增强民族自豪感，同时，礼仪强调在仪式活动参与中凝聚价值认同，通过群体参与意识活动，设计感性环境和程序，引发参与者审美感受，凝聚社会共识和对美的价值认同感。

(三) 社会美的内容

从古至今，东西方研究学者对"人"都有高度评价，古希腊智者普罗泰戈拉提出"人是万物的尺度"，马克思说，"人是一切社会关系的总和"，即人具有社会性。《说文解字》中认为："人，天地之性最贵者也。此籀文。象臂胫之形，凡人之属皆从人。"结合甲骨文对"人"字的演变，"会弯腰劳作的动物"即为人，体现出人至高无上的地位，会劳动的人更为神圣。人除了生物性外，还具有美的价值，人的发展遵循美的规律，人的自身美作为人的实践创造的成果之一，它是最核心的美。马克思认为："人作用于他身外的自然并改变自然时，也就同时改变他自身的自然。他使自身的自然中沉睡的潜力发挥出来。"[29] 正如尼采所说，人只有作为审美现象时，人在世上的生存才有充足理由。即体现出审美活动的社会价值和意义。冯友兰在《新原人》中谈到"为人行事，亦往往表现一种美的价值"，认为"大凡人的奇特怪异的品格或行为"皆可"成为一种赏玩赞美的对象"。故而人本身可以被视为艺术品，人的容貌仪态和言行举止等都具有美的价值，能引起人们不同的审美情感，而从古至今的英雄人物更是具有高尚的审美品质，诸如民族英雄文天祥、岳飞精忠报国，体现民族力量；红色英雄江姐、杨子荣舍生忘死，体现革命精神；时代英雄"共和国勋章"获得者钟南山、"人民英雄"国家荣誉称号获得者张定宇不畏疫情，勇往直前，身负责任担当。正如鲁迅所说："我们从古以来，就有埋头苦干的人，有拼命硬干的人，有为民请命的人，有舍身求法的人……虽是等于为帝王将相做家谱的所谓光彩照人的'正史'，也往往掩不住他们的光耀，这就是中国的脊梁。"但是人又不是一般的艺术品，因为人是会劳动且会制造工具的生物，又是会使用语言的高级动物，人具有社会性，因此在美育中，我们要更加倾向于从精神和情感层面去认识人的社会美属性。

人体美指人的容颜和形体组合成的美，它是个体内在文化内容和精神素质的外化表现。构成要素是肤色、线条、比例和服饰烘托。人体美兼具自然性和社会性，马克思说："人作为自然存在物，而且作为有生命的自然存在物，和动植物一样是受动的、受制约和受限制的存在物。"人体美是自然美的最高形态，随着人类对客观世界的改造和社会生产实践劳动，人体美表现出容貌、体态、形体之美都附有了社会属性，体现人的本质力量，具有民族审美观念和审美态度。现象学家梅洛庞蒂说过:"身体不能与自然物体作比较,但能与艺术作品作比较。在一幅绘画或一段乐曲中,观念只能通过颜色、声音的展现来传递。"意思是,认识身体似欣赏一幅画或一段旋律,我们要调动视觉和听觉等把握外化的符号、文字、颜色和声音。所以我们可以从两方面认识人体美,即人的形态、形态和容貌,以及健、力、美的统一,即活力精神状态,主要包括四个内容:

第一,形态容貌美,包括静态美和动态美。

一方面,静态美,即容颜美和比例美。容貌美集中体现了个体美的个性,也是内心活动的外化形态,即我们所说的"第一印象",应具有协调、匀称、和谐统一的整体之美。《世说新语·容止》中,通过魏晋时期人物品藻,主要包括肤色和容貌,以及五官(尤指眼睛)、举手投足姿态等外在形式美进行描述。诸如肤色皎洁描述中,"何平叔美姿仪,面至白。魏明帝疑其傅粉,正夏月,与热汤饼。既啖,大汗出,以朱衣自拭,色转皎然",体现了当时士人对肤色白皙的追求;在对眼睛有神的表述中,"王安丰'眼烂烂如岩下电'、裴楷'双眸闪闪、若岩下电'、支道林和尚'黯黯明黑、棱棱露其爽'、杜弘治'眼如点漆'"运用叠词来加深形象感;在容貌描写中,将毛曾与夏侯玄共坐之态比喻成"蒹葭倚玉树",意在说明夏侯玄的容貌出众。从上述表述我们可以看出,我国古代的审美兼具仪态容貌和气质风度,再由外在美发展到内在人格美的统一。新时代背景下,人们对容貌美的追求与日增加,美容业遍布全球,吸引着越来越多的消费群体。精致的仪容仪表固然会达到事半功倍之效,但若过分追求外在,则是一种病态"美"。古人提倡"万物皆有其生长规律",庄子说过:"彼正正者,不失其性命之情。故合者不为骈,而枝者不为跂;长者不为有余,短者不为不足。是故凫胫虽短,续之则忧;鹤胫虽长,断之则悲。"体现了不违反事物顺应自然各得其所的真情,应尊重身体的自然本性。这样的典型人物比如民国女神林徽因,集美貌与才华于一身,她拥有清雅得体的美貌,更有才华横溢的一面,作为女建筑师、诗人和作家,性格坚韧乐观,所以容貌是一个人内在修养的外化,内外兼修才是一个真正美丽的女性。

静态美还包括人体比例的均衡和谐美。人体比例是人体各个器官和各个部位间的对比关系。达·芬奇笔下的《维特鲁威人》,为我们提供了"完美比例"的男性蓝本,维特鲁威在《建筑十书》中描述:"人体中自然的中心点是肚脐。因为如果人把手脚张开,作仰卧姿势,然后以他的肚脐为中心用圆规画出一个圆,那么他的手指和脚趾就会与圆周接触。不仅可以在人体中这样地画出圆形,而且可以在人体中画出方形。即如果由脚底量到头顶,并把这一量度移到张开的两手,那么就会发现高和宽相等,恰似平面上用直尺确定方形一样。"它是自然和谐的代表。西方古典时期的建筑都在模仿人体,神庙的均衡是由身体的比例得来,"实际上,没有均衡或比例,就不可能有任何神庙的位置。即与姿态漂亮的人体相似,要有正确分配的肢体"。正是这种对人体比例的认识,维特鲁威强调:"如果自然构成人体,使肢体按照比例与其综合的全部外形相对应,那么古人似乎就有根据来规定:在完成建筑时各个细部对于全部外貌应当在量度方面保持正确。"

在我国,从古至今对身体比例美的标准也有详细描述,远古时代,原始繁衍思想造就的以丰乳肥臀为美,文明时期注重形体比例,例如汉代以纤瘦轻柔为美,《后汉书》中描述"楚王好细腰,宫中多饿死",唐代以丰满为范,当时诗词、书画、雕塑、陶俑等作品中的美人都是丰腴圆润的。纤柔丰腴孰美孰不美,苏轼在其词中认为"短长肥瘦各有态,玉环飞燕谁敢憎",故而"各美其美",才能"美美与共"。在当下,人体均衡美更是很常见的审美现象,我们经常用五官端正、体态匀称、身体健康等来形容人的身体美,诸如黄金分割比例塑造的形体美,成年女性的三围美等,不论胖瘦,只要拥有健康体态,具有自信和良好的心态,即为最美。

另一方面,动态美,指"连续动作所产生的变动的美"[30],即姿态美,诸如站、卧、行、坐等。动态美不仅体现一个简单的动作,而是动作背后所意涵的个人修养即素质,正如弗朗西斯·培根对美的诠释,他认为"相貌的美高于色泽的美,而优雅合适的动作美又高于相貌的美。这是美的精华"。我国传统文化中对动态美的要求,诸如"卧似弓、站如松、坐如钟、行如风",分别用"弓、松、钟、风"来形容四种姿态,"站如松"中挺拔坚毅,"坐如钟"中松懈有度,"行如风"中的正道直行,"卧似弓"中的经脉畅通,都是中国传统文化的传承,古时被古人称道,体现修炼中威仪肃穆、修炼有素之势,也是新时代下我们培养自身修养的目标,通过不同的姿态体现个人气质美和自信美，它体现着个人在社交活动中优雅的姿势美和宁静致远的心思情趣。

第二，服饰装扮美。即通过适宜、适时、得体的服饰配饰所达到的美。

这一部分主要通过衣服或服饰来体现，"衣服"是穿在身上遮蔽身体和御寒的东西，也称衣裳，"服饰"相对来说范围更广，除了"衣服"外，"饰"还可解释为"饰品、修饰、打扮"，它更倾向于动态之美，服饰美体现的是穿着个体与衣服、环境三者之间的和谐和统一，所体现出来的状态美。其次，装扮美中的"扮"，可解释为"化妆打扮"意在"饰"，即在"服饰"的基础上，"扮"上不同妆容与"饰"相辅相成。服饰装扮美即"服饰有文采，衣冠显礼仪"，穿衣上注重款式和场合，体现文化教养，饰品搭配得当，妆容自然匀称，这些统一则达成了装扮美的要求。服饰具有实用性、社会性和审美性，溯源到远古时期诸如树皮、兽皮，以防寒保暖功能为主的纯天然材质到现代社会的丝、棉、麻等多种材料，彰显了各种审美功能和社会价值，诸如先秦时期端庄肃穆的曲裾和灵动飘逸的广袖，隋唐华美艳丽的襦裙和轻薄如纱的罗衫抹胸，清秀婉约的褙子和娴雅的披风，明代雍容高贵的袄裙和风情万种的立领长袄，生产力的发展给我们带来了各种高科技的新事物，服装从初始的实用功能逐渐向社会属性发展过渡。明代宋应星在《天工开物·乃服》中有"盖人物相丽，贵贱有章"之说，体现了服装的社会等级，当代社会，服装不仅是个体经济状况、社会地位和职业的显性化，服装的审美性也是个体审美观念和角度的外在体现，具有审美价值。通过服饰的外化特性，我们可以了解审美主体的脾气、性格、个性等个体特征和审美观，服饰在实现实用功能的基础上，日益体现出审美性的核心功能。

第三，活力修养美。

活力，指旺盛的生命力，它是体现在行动上、思想上或表达上的生动性，来源于个体不同的精神状态，是生命之美的反映。英国哲学家罗素的理想品德四要素，即活力、勇敢、敏感及智慧，活力排在首要基础位置。活力可以增强人们快乐的感觉，使人精神饱满，增强对外界事物的兴趣和积极性，在遇到困顿时给予力量支持，促进身心协调，增强愉悦感。人在不同年龄阶段都应该具有不同形式的活力，儿童和青年时期固然是最具有活力的，但是老年人也正在体现出社会新活力。2021年发布的《中共中央国务院关于加强新时代老龄工作的意见》中提出的创新亮点和有效举措，极大提升老年人的获得感、成就感，激发了老龄社会活力。我们可以看到现代社会中，老年人积极参与社会活动，热衷志愿服务，主动发挥余热，具有积极的"老龄观"。

修养，即人的综合素质，它是在一定社会文化和审美情感培养下所具有的高尚的品质和正确的待人处事的态度。修养美表现在"做什么"和"怎么做"，它是包括思想、理论、知识和艺术等方面的内容和形式的统一，它受到个体内在因素影响，也和个体所处的时代、地域、民族等息息相关。修养美的评价标准是内在修养和外在风度相统一。我们要从内在精神和外在美统一衡量。柏拉图说："最美的境界是心灵的优美和身体的优美相和谐。"[31] 索菲亚·罗兰也写过："美貌并非依赖于少女朝霞般的脸颊，也不是依靠化妆掩饰一个有缺陷的鼻子。美貌取决于我们所有人都能获取的资质；会使你外表得到改善的魅力、热情、学识和想象力。"[32] 我国先哲孔子有过"其质美而无文，吾欲说而文之"。这些足以见证从古至今世界上对活力修养美的评价是有共识的，一个人内心的高雅和他文质彬彬的外在行为举止必然是和谐统一的，只有内外兼修才是活力修养之美的终极追求，才是一个全面发展的个体。

第四，人格精神美。

人最深层次的美——心灵美，即人格精神美，它是人的本质美的体现。从古至今，中西方对于人格境界学术探究数不胜数：西方伏尔泰说过"外表的美只能取悦于人的眼睛，而内在的美却能感染人的灵魂"；柏拉图《会饮篇》中向我们展示了人从外在形态美到最高境界的精神美的过程，即"第一步应从只爱某一个美形体开始""第二部就应该学会了解"形体间"美是贯通的"，进而"把心理的美看得比形体的美更珍贵"，最后"学会见到行为和制度的美"，即"一种奇妙无比的美，这种美是永恒的，无始无终，不生不灭，不增不减"。在我国，孔子提出的"志于道，据于德，依于仁，游于艺"，即"以道为志向，以德为根据，以仁为依靠，而游憩于礼、乐、射、御、书、数六艺之中""游于艺"作为前三者的补充和总结，体现了主体通过全面掌握客观规律而获得自由，并付诸实践，最终达到人的自由发展;"兴于诗,立于礼,成于乐"中,认为人的修养是多方面的,通过诗的智慧语言启迪感性认知,礼的外在要求塑造理性行为,最后通过上述两者实现最高审美层面的"乐",即感性和理性相结合的"内在心灵完成",实现"从心所欲不逾矩",它是一种建立在社会规范化和客观世界规律性基础上的人格最终实现,这一思想是孔子对理想人格和自由人格的充分表述,提倡人的全面发展。现代著名哲学家冯友兰把人生境界分为四个层次,分别是自然境界、功利境界、道德境界和天地境界,是从本能生物形式存在到自我为中心,再到以他人和社会为中心,最后是超越世俗的"天地境界",此境界与儒道思想中"天人合一"本质相同,即一切存在和作为都以大自然和宇宙为中心,即为人生最高境界。

人格作为人的精神属性,是人之所以能超动物属性而非动物属性。只有在物质性之外有更高追求、作为和信念,才可以称为人格。人格美即人的品格、品德的美,它标志着人在自我修养和自我完善中达到的高度,正如儒家思想中所提倡的"以仁为人",它是对个体超越生理需求之上的精神需求和人格力量的本质概括。人格具有独立性、永恒性和社会综合性。

其一,独立性。从古至今,人格美在不同的社会背景下有不同的体现,古有民族英雄文天祥"人生自古谁无死?留取丹青照汗青"所体现的爱国精神和崇高伟大的人格,激励后世众多为理想而奋斗的仁人志士;今有国之栋梁"稻田守望者"袁隆平"一辈子躬耕田野,脚踏实地把科技论文写在祖国大地上的崇高风范"。这种内在人格精神美不用通过外在的任何修饰就能让人心生赞叹。

其二,永恒性。如前所述,人格美具有独立性,这就决定了其具有稳固永恒性特征,无论人和事,只要是符合人类发展诉求和社会发展规律的,能够体现社会的正能量和积极因素,反映时代精神传承优秀文化,它就能够成为人格美的表现。这样的人和事,即使时光流逝也不会湮没于人的记忆中,它终会超越时间跨越空间留在人民永恒历史中。习近平总书记在纪念中国人民抗日战争暨世界反法西斯战争胜利69周年座谈会上深刻揭示了伟大的抗战精神的内涵,"在中国人民抗日战争的壮阔进程中,形成了伟大的抗战精神,中国人民向世界展示了天下兴亡、匹夫有责的爱国情怀,视死如归、宁死不屈的民族气节,不畏强暴、血战到底的英雄气概,百折不挠、坚忍不拔的必胜信念。伟大的抗战精神，是中国人民弥足珍贵的精神财富，永远是激励中国人民克服一切艰难险阻、为实现中华民族伟大复兴而奋斗的强大精神动力。"纵使时代变迁，英雄精神仍熠熠发光，我们虽未曾目睹过他们的音容笑貌，但他们的精神永垂不朽，代代相传永不泯灭，这体现了人格美的永恒稳固性。

其三，社会综合性。体现在其来自心灵情感在实践中汲取的社会之美，反映社会整体道德风貌和价值引领对于个体思想境界的促进。个体身体残疾、容貌丑陋、外表朴素等丝毫不会影响人们对其心灵美的肯定和赞誉。残奥会运动员郑涛固然没有双臂，却能如飞鱼般破浪前行，梁贵华失去左腿，却依然骑着自行车疾驰赛场，谭玉娇虽然无法行走，却能在举重赛场"撑"其属于自己的一片天……他们虽然身处逆境，却在抗争中收获坚韧，正如奥运之父顾拜旦说的："奥运最重要的不是胜利，而是参与。对于人生来说，重要的不是凯旋，而是战斗。"身体健全固然重要，但是坚韧的品格和昂扬的精神也不可或缺。从古至今的一代代英雄伟人都集中体现了个人的语言美、行为美、理想美、思想美、道德美和才华美，这些美的统一共同形成了人格美的审美特征，它是个体所有自身美的综合。

（四）社会美的美育途径

社会美属于较高层次的美，它着重在于人的心灵品质之美，在美育课程教学过程中可以通过以下方式开展。

1. 课程中渗透社会生活事件，开展审美教育

社会美来源于日常生活，在日常生活中渗透美的要素使其发挥美育涵养人格的功能，是中华传统"成大人"重要方式之一。所以在对大学生进行审美教育时，要从学生耳熟能详的身边事出发，把握当代大学生心理，把日常生活作为美育的"大环境"，将社会生活美融入教育中，包括亲情、爱情、友情；善良、正义、无私、勇敢等，这些都存在于学生身边，在对其进行审美教育时，我们从他们身边感动事例入手，包括革命先辈、先进人物或英雄模范等典型事迹，让学生感受伟大人格和崇高气节，也可以是平凡岗位上的普通人物，引导学生明白美处处皆有，耳濡目染中磨砺品性，规范日常，这就是对心灵美最好的社会审美教育。作为高校教师，我们要利用社会事和理，正确引导学生朝着积极正面的方向前进，面对当下各种

思潮的交叉冲击，要指导他脱离实际的幻想和实用主义泛滥的"不想"，保持坚定的意志和理想。通过社会生活事件，引导学生树立评价善恶的道德标准，包括正向积极人格美、情感美和品德美，对社会和他人充满责任心和关爱感，对自己要严于律己。在美育课程中要融合德育内容，以美育德，引导学生习得心灵之美、道德之美的重要价值和意义。美育课把生活教育元素"引"进课堂，教学内容紧跟时代，紧扣社会现实，利用好丰富的历史资源，融合时代性主题，挖掘学生"看见过"的典型事件，精准学生"经历过"的社会热点，比如抗疫精神、百年党史、冬奥会等社会时事，服务教学内容，提升课程针对性和实效性，发展和弘扬时代精神，激发大学生爱国热情和奋斗精神，将大学生深厚的家国情怀、社会理性和道德精神表现出来。引导学生通过艺术创作确立马克思主义的唯物史观，利用美育拉近历史与现代、理论与实践的距离，让社会正能量故事鲜活起来，真正做到情理相融，入脑入心。

2. 将社会美与艺术美结合起来，传承创新优秀文化

社会美存在于我们生活的方方面面，需要我们用发现美的眼睛去寻找，高校美育要注重将社会美和艺术美形成有机生态系统，取得事半功倍之效。作为美育教育者，我们教学中引导学生形象化思维，把抽象的社会美具体化和详细化，引导学生从美的形象感知深入感悟社会生活之美，用深层次高阶思维去理解和领悟社会中随处可见的美的元素。例如在生活美学的课程中，可以发动学生用相机或者手机记录下生活中随处可见的美或者感人的场景，美人、美物、美食和美景，都可以成为学生镜头下的关注点，并通过在课程中举办摄影美图展览，将摄影构图、取景等知识融会贯通，用艺术美的形式来渲染社会生活美，更容易被大学生所接受；艺术赏析课程中，安排"精赏"和"深读"，在"赏"的感性认知基础上，加强"析"的理性研讨，如开展"当代大学生如何在新时代弘扬传统剪纸文化"研讨，学生从"以做志愿者为媒介向社会传播剪纸文化，让大众感受传统文化魅力，传承剪纸技艺""校内组织开展'弘扬优秀传统文化'剪纸大赛，让中华传统国粹在数字化转型的现下仍熠熠生辉""通过定格动画和剪纸工艺，传统和流行相结合，制作剪纸类动画视频"等方面提出独特见解，在对艺术分析"悟"中立使命责任，树立正确世界观、价值观、人生观。

3. 促进大学生对社会美的认知、理解和感悟，完善价值塑造

大学生正处于身心成长重要阶段，身体体能的发展可以通过体育锻炼完成，但心理的成长需要更多的教育和正面引导。当代社会，思想多元化和文化多元化造成多种思想交融交锋频繁，西方思想文化渗透，消费主义对中华民族艰苦奋斗、勤俭节约等传统美德造成冲击，信息技术快速发展所带来的自媒体多样化和普泛化，诸多因素影响大学生主流世界观、价值观、人生观的形成。美育教学不仅要作用于个人自由而全面发展，更要作用于民众、民族乃至这个国家、世界的命运前途，从人文关怀出发回归人文的"善"和"恶"的价值塑造，又要将学生的个人理想、社会理想和国家理想相统一，朝着实现中华民族伟大复兴宏伟目标前进。例如在美育课程结合中国实际，抓住教育的关键时机节点，利用课程渠道讲好"中国故事"，以真实社会生活中的案例塑造具有沉浸感的教学场景，让学生"身临其境"引起共鸣。比如在工艺美育课程中，对青铜文化"鼎"的知识点讲授，让学生了解鼎作为一种中国文化史上的重要礼器，历史上是团结、统一和权威的象征，是代表和平、发展、昌盛的吉祥物；引入体现着中国人民对联合国美好祝福的"世纪宝鼎"赠予案例，引导学生感受中国人民求和平、谋发展、促合作、图共赢的愿望和信念。在审美认知、美感熏陶后培养学生运用感性和理性高阶思维辩证分析善恶美丑，树立学生积极的审美价值观，引导学生用美的规律改造自身与世界。

综上所述，社会美的来源是人类通过实践活动改造世界，包括实践主体、实践过程和实践成果。利用社会美开展审美教育，旨在塑造学生美的心灵品质。心灵美是社会美最高级也是最关键的表现形态，在教育中，要注意真善美的培养，进一步提升审美素养和道德品质，最终塑造高尚人格，实现自由全面发展。

三、艺术美——塑造美的灵魂

艺术美是在自然美和社会美基础上对美的提炼，是"形象教育与伦理道德教育"的统一。艺术是各种艺术作品的总称，它属于社会意识形态，和哲学、宗教、伦理等相并列。艺术美指艺术作品的美，它是人类审美的主要对象，是艺术家对生活的审美情感理想与生活美丑特性在优美艺术形

象中的结合。它是对艺术品审美属性的概括。艺术美的表达实质上就是对现实生活的体现,它来源于客观现实生活却高于生活,是艺术家经过创造性实践劳动的产物,也是艺术家运用恰当的审美意识对生活美丑的社会化反映,是理想美的现实存在。因此,生活是第一性的,属于社会存在范畴,艺术则是第二性的,属于社会意识范畴,生活是艺术美的源泉,生活中的美和丑都可以成为艺术的反映对象,生活丑经过艺术家恰当贴切的审美评价和典型概括,也可转化为艺术美的形式。艺术美存在于丰富多样的艺术作品中,诸如以工艺美术、建筑、雕塑为主的造型艺术;以舞蹈、音乐为主的表演艺术;以文学为主的语言艺术;以戏剧、电影、电视剧为主的综合艺术等,都是艺术美存在的具体形式。艺术美具有陶冶性情、娱乐身心、认识活动、宣传教育、净化灵魂等作用。[26]

(一)艺术美本质

1. 艺术

本质上来说,没有所谓的纯粹艺术,它或多或少都包含渗透着人世情感内容,它离不开现实生活中的感官形象。艺术特点体现在生活性、技术性和审美性。

(1)生活性。生活是我们赖以生存的场所生活,是艺术创作的基础、根源和反映。

艺术的生活性首先体现在对生活的形象反映。例如对动物的认识,科学理论用抽象的、概括的词汇描述每种动物的主要特性,如种类、习性、繁殖等,我们可以通过这些理论去辨别各种动物,但是却无法从现实生活中的具体形象中去辨认出它们,这是一种理性科学的认知;而从艺术家的角度,从他们的口中、笔下,对各种动物都有着鲜明的外在形象:歌唱家用或温婉、或激昂、或中性的歌词去表现各类动物的不同特色;画家用手中的笔描绘,或温顺、或威武;作家用生动的文学语言表现动物内外的形象特征。"百啭千声随意移,山花红紫树高低"让我们感受到画眉鸟在姹紫嫣红的山花中千啼百啭,一高一低舞姿翩翩的优美姿态仿佛映入眼帘;古代画家对马的绘画,其体态是刻画中的重中之重,或仰头嘶叫、或纵横驰骋、或嬉戏打闹,虽看似平面,但画师却用不同线条勾勒和墨色渲染,尤其是徐悲鸿对马的大写意画法,马的神态在磅礴大气中出神入化地刻画出来；国家非物质文化遗产"口技"，运用嘴唇、舌头、喉咙、鼻子等发声器来模仿大自然界各种各样的声音，豺狼虎豹、青蛙黄鹂等飞禽走兽声音模仿得惟妙惟肖，以上种种艺术表现方式都离不开动物的具体形象，让观众虽未见却有意境之感，在理论学习的基础上得到更深一步的感性认知。

其次，情感能动性。现实生活具有多样性，人的社会实践能动性在其中具有主导意义，否则艺术将失去其活力和热情。艺术作品的创作过程中，除了客观存在的艺术技能外，或多或少渗透了人世情感内容，艺术家将自身对生活的认知、感受、评判融入其中，并在此基础上渗透个人情感、意志和审美的精神特质，让平淡的生活经过艺术性加工形成充满活力激情的艺术创作作品，故而艺术"不应该被看作只是各个个体的创作堆积"，更是"一个真实性的人类心理—情感本体的历史的建造"。[18]159

另外，丰富性。生活是多姿多态的，艺术反映生活的方式也是丰富多彩的，内容是多种多样的。现实生活的多样性为艺术创作提供了不同种类和姿态的众生相，生活是艺术创作精深博大、源源不断、更迭簇新的宝藏库。艺术诞生于生活，在接触新鲜事物过程中，不断挖掘艺术灵感以及创造艺术表现形式；艺术直接反映生活，通过人们脑中共识意象来抒情达意，艺术又高于生活，能够呈现在人们眼前的艺术是对生活的高度提炼和精髓展示，这种方式更具有内涵和深意，往往体现了生活的哲理和真谛。

（2）技术性。在西方，艺术一词的内涵大致经历了从蕴含知识、规则的技术、技巧、手艺发展为依赖灵感、直觉的精神性审美活动的变化。亚里士多德等认为，技术、手艺的艺术理性地建立在方法和秩序上，雨果等认为艺术是理性知识进行实践生产的独特形式。西方的自由七艺分别包括：逻辑、修辞学、文法、算术、几何、天文学和音乐；机械七艺包括服饰、房舍或工具、农业、事物、航海、医术和戏剧；"工艺美术运动"中，提倡艺术家用技艺制作作品。我国古代讲究"道器合一"，"艺"与"术"均有技术、技巧之义。庄子认为"能有所艺者，技也。技兼于事，事兼于义，义兼于德，德兼于道，道兼于天"，《礼记》中提到"古之学术道者，将以得身也。是故圣人务焉。注：'术，犹艺也'"，先哲孔子提出的"六艺"即"礼、乐、射、御、书、数"，可见当时对物质工具熟练技能的掌握已有一定要求，通过客观规律性的掌握实现人的自由发展。"庖丁解牛""津人操舟若神""工倕旋而盖规矩,指与物化而不以心稽"等故事,体现了工匠技术活动和艺术创作密不可分的特点。纵观中外古今,虽然艺术的观念在历史中不断演变,但与自然科学交融、探索物的"真"知的技术性,人们利用或制造各种工具控制自然过程和设计人工过程,始终是其显著特征之一,虽然对艺术由技入道体现了哲学家的道德观,但也始终离不开技术这一基础。正如日本设计师原研哉提出,把人类的技术工具史、工艺设计史追溯到原始社会,"人到了河边,就会用两只手捧起水来喝,这就是容器的雏形。容器是工具的起源和原型。"也就是说,艺术技术性反映人在技术改进活动中,作为实践主体开拓进取和创造本性,是规律性和目的性的辩证统一,也是人的实践劳动超越战胜客观必然性获取自由的本质表现。

艺术的技术性表现主要有以下几方面:

1) 技艺形态。明代宋应星的《天工开物》被誉为"17世纪的工艺百科全书",其中彰显了自然美学、人工美学和生活美学的天人合一。里面对于我国瓷器的制作有此记载"共计一坯之力,过手七十二,方克成器。"意思是,一只普通的杯子细分工序达到72道之多,每道工序都简化到不能再简化的程度。技艺包括炼泥、拉坯、彩绘、染彩等,故而景德镇瓷器成为全国瓷器的翘楚。清代宋起凤在《核工记》描述了在一个"长五分许,横广四分"的桃核上雕刻的人、物、风景,体现了核桃工艺的传神、精细和复杂,以及工匠高超的技艺。以核雕为代表的微雕艺术是中国历史悠久的雕刻工艺中的重要分支,它展现了人间万象以及各式建筑,融传神、精细、复杂于一体,即所谓的"纳须弥于芥子",同时也体现了我国微雕工匠们世世代代极力追求的最高境界,及工匠精神的本质。

2) 机器形态。工业革命后,科学实验开始向技术转化,科学和技术两者相互渗透,出现机器操作代替手工操作。机器的出现和使用使物质生产过程和成果出现巨变。正如美国芒福德在《技术与文明》书中指出,"机器不仅成为人们活动的工具,更是一种有价值的生活方式。"机器的制造与人的主体需要充分结合,是新技术发展的一个标志。1851年伦敦世博会成为工业革命的典型赞歌,针对其建筑体量大、建造速度快、建完需拆卸等实际要求,园艺师帕克斯顿提出"花房式建筑"方案,通过以金属和玻璃为主要建筑材料的改良,以装配式为主的施工方式的改进,使整个建造过程充分体现了工业化机器大生产的优越性。大机器工业所特有的高速度、大规模和强大动力为特点的新美感取代了原有的精致化、传统化的工匠审美趣味。古有"两岸猿声啼不住,轻舟已过万重山",今有"风驰电掣跃千川,一路豪歌彻九天",汽车、飞机等技术的工业化进程不眠不休与日俱增,这象征着人类依靠技术的进步逐步征服自然,也是新时代中技术美的本质体现。

3) 创新形态。科技发展带来的创新形态,主要体现在现代都市的地标性建筑上。埃菲尔铁塔于1889年竣工,为当时世界最高建筑,它利用科技进行创新突破,首先它成功地将"铁"这一材料运用建筑的主体建造上,并在铁构件的制造工艺、装配流程等方面做出了突破的技术创新;其次是在结构设计上解决了建筑的自重和风荷载问题,也是人类建筑史新高度的突破。[33]

综上所述,艺术的技术性特色是审美教育中技术美的集中体现,它体现了人对自然的能动关系,"天工开物,开物成务""物"即物质,代表物质范畴的第一自然,"务"即任务,可以理解成第二自然,我们要遵循第一自然客观规律,使人的内在目的性和外在社会规律性达到一致,通过技术创新打造开创第二自然的美。中华民族自古以来就有数不胜数的科技古书积累,构建了璀璨的中华科技文明,同时我们也是最富有创新精神的民族,正所谓"苟日新,日日新,又日新",我们凭借"长征"号把月球车载到月亮上,乘载"奋斗者"号深潜器潜入大海万米之深,新时代下我们要传承中华民族骨子里的科学精神和创新基因,继往开来,不断前行。

(3) 审美性。艺术的审美性是指艺术品具有的能引发人美感、可以被欣赏的属性,它包括在艺术家创造艺术品以及艺术品创造出来后被欣赏的所有过程中,所以艺术审美的对象是艺术形象及艺术作品,审美的表达实质是人的本质力量在艺术作品中的体现,它通过艺术作品体现真实的人类心理和情感本体。

一方面,艺术的审美性是人类审美意识的集中体现。艺术美和自然美不同,艺术作品是由人所创造的,凝聚着人类劳动和智慧的结晶,但并非所有人类实践活动和智慧的创造物都是艺术品,只有当它成为审美主体的审美对象时,具有了审美价值,能给人带来审美愉悦感,这样的物品我们才能称之为艺术品。埃及金字塔、上山彩陶、殷商青铜、原始舞蹈等在我们今日看来是所谓的艺术，当年被创造出来却并非出于审美，更多是带有宗教、政治等功利性目的或者实用性价值，无论是彩陶的几何纹样、青铜器的饕餮图案还是舞蹈中的巫术礼仪，往往是原始人类精神的信仰和寄托。在现代艺术展览中，我们也经常看到令我们匪夷所思的艺术，诸如一张白纸、一片木板等，这些物件成为艺术就得由"博物馆的专家们或所谓'艺术世界'来决定"。所以，艺术的审美性是人类审美意识的集中体现。漫长的历史发展过程中，审美意识通过人类的社会实践，原来的使用功能逐渐消退，最终实现审美的过渡。艺术美作为现实生活的反映形态，它源于生活却高于生活，是艺术家经过创造性实践所获得的更具典型性的美的产物，它的形式和内容能最大化地满足不同审美主体审美需求，因此艺术是人类审美意识物质形态化的表现。

另一方面，艺术的审美性是形式性和内容性的高度统一。审美性作为艺术的最基本属性，它是形式审美和内容审美的融合。马克思主义认为，色彩、线条、形态等现实事物的属性，按照一定规律组合起来具有审美意义；俄国文艺理论家别林斯基很重视艺术形式美，他认为艺术美的形式要为抒发美的情感内容服务；克莱夫·贝尔提出的"有意味的形式"；魏晋时期的顾恺之强调"以形写神"；南朝刘勰提出的美学观点"昔诗人什篇，为情而造文；辞人赋颂，为文而造情"等都强调了形式美和艺术内容美的相辅相成性，既要有饱满真切的思想感情，又要有和谐的美的形式，即真与美的统一。在我国古典绘画中，更是把客观物性的描绘和形式美感的探究互为渗透，共同服务于艺术家内在情感的表现和抒发。比如南朝齐梁时期画家谢赫在《古画品录》中提出"绘画六法"，即气韵生动、骨法用笔、应物象形、随类赋彩、经营位置、传移模写，是对我国古代绘画实践的系统总结。钱钟书先生在其《管锥编》重新做了标点，"六法者何？一、气韵，生动是也；二、骨法，用笔是也；三、应物，象形是也；四、随类，赋彩是也；五、经营，位置是也；六、传移，模写是也。"更加体现出作为美的形式和美的内容的有机系统化，美的作品是动人的形象，即巧妙的结构、用笔、用墨和赋彩以及内容意境共同组成的，给人以"气韵生动"之感，它是形和神在画面上的统一，具有极高的艺术性。

2. 艺术美特征

艺术美是经过艺术创造实践，概括提炼现实生活中的自然美，并将其集中表现在艺术作品中。美学史上，美学家对艺术美的内容不尽相同：黑格尔从客观唯心主义出发，认为艺术美是美的最高形式，主张艺术美高于自然美，且明确提出"只有艺术美才是真正的美"；而车尔尼雪弗斯基则从形而上学唯物主义出发，提出自然美高于艺术美；马克思主义美学则认为，艺术美是美学研究的主要对象，它主要是源于现实生活的艺术形象的美，具有生动性和丰富性等特征，它也是艺术创造的人类审美活动的结晶，因此它是现实生活的凝练和概括，具有集中性和典型性。

因此，我们可以将艺术美特性概括为：

（1）典型突出性。艺术美的绘画、雕塑、文学、音乐作品虽然都来源于生活，但并非对现实生活事物的简单模仿，它们反映的是某一类事物的综合特性和内在本质，艺术美的典型性体现在艺术作品即是鲜明个性和深刻思想性的统一艺术形象，它们能够体现生活中最本质的发展规律，是美的形象的代表。某事物形象特征越鲜明，个性则越突出，就能越深刻地反映社会本质现象，孟德斯鸠提出的"美在典型"观点即是如此，所以典型的形象是我们审美活动中首选的审美对象，也是审美教育的重点内容。比如在艺术文学作品中，我们经常能感受到作者通过对作品中典型形象的比较，更加深刻地揭示生活本质；读者通过审美活动即阅读行为，感受着美与丑、善与恶力量的对比去发现美和摒弃丑，这也体现出艺术美中典型形象塑造的重要性和价值性。

（2）主观情感性。"美"作为一种感性认识，其本身没有统一标准，艺术美的主观性体现在同一审美对象面对不同审美主体会产生不同的审美结果。这主要受到主体欣赏者的年龄、文化、学历以及个人的性格、教养、人生经历、兴趣爱好以及既有的审美经验层次和审美理想等都有很大的影响作用。马克思说过，"对于不懂音乐的耳朵，最美的音乐也没有意义。"只有进入审美主体的审美范围之内才能成为艺术作品，才具有审美价值。元稹诗中"曾经沧海难为水，除却巫山不是云"，并非他处无风景，只不过是再也难得此人。艺术美的主观性还体现在艺术创造过程中，艺术家理想境界追求不同亦也会产生不同艺术作品。艺术创作是艺术家对现实生活的

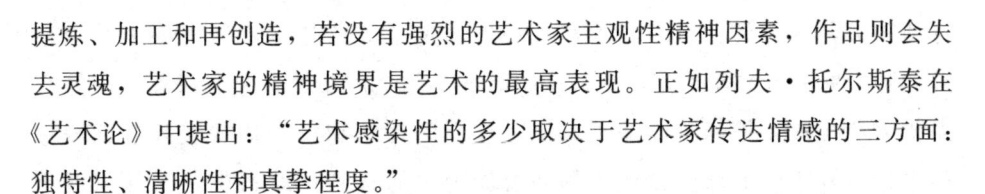

提炼、加工和再创造，若没有强烈的艺术家主观性精神因素，作品则会失去灵魂，艺术家的精神境界是艺术的最高表现。正如列夫·托尔斯泰在《艺术论》中提出："艺术感染性的多少取决于艺术家传达情感的三方面：独特性、清晰性和真挚程度。"

（3）纯粹永恒性。艺术美具有其他审美对象不具备的永恒性和经典性的审美价值，它不仅是对经典美的保留，也是对纯净美的推广。其一，艺术美是纯粹美的体现，生活中万事万物发展各具有不同特点，不可能都按照美的规律组合和发展，不可避免地有一些丑的事物。艺术审美活动的对象是艺术家审美意识物化的结果，当我们去鉴赏某一艺术品时，其已经由艺术家的主观创作"去粗取精"筛选，具有纯净美之特色和体现。其二，艺术美具有永恒性，自然界中的万物之美在于其经过数千年甚至更久的自然之风化，亦能保持其美的形态，艺术美亦然。艺术美通过物质手段把现实生活以及个体的情感、理想、追求等精神要素相统一，形成固定形式且具有特定性质和规律的艺术形象，且以各种艺术作品为载体传承保存，不受时间和空间的影响，取得超时空的审美普遍效应。例如非物质文化遗产是一个国家和民族历史文化成就的重要标志，是优秀传统文化的重要组成部分。我国目前已有42个项目被联合国教科文组织列入非物质文化遗产名册，位居世界第一。这些文化艺术是国家的精神瑰宝，能洗涤人们的心灵，得到美的享受，达到美育效果和目的。

（二）艺术美的表现形式

艺术美的表现形式具有多样性，故对艺术的审美活动有多种途径和方法，根据艺术类型的不同我们可以将艺术美大致分为以下几类。

1. 语言艺术美

语言艺术一般指文学艺术，即文学作品，包括散文、诗歌、小说、戏剧，他们是对现实生活的反映，与人们日常生活最为贴近，不同于形式审美过于抽象。语言作为艺术表达的重要手段存在特殊性，表现在其范围之广和表现对象的非直观性。语言的使用不受时间和空间限制，随时随地都可以开展语言艺术审美活动，它可以单独存在，也可以作为某一附属存在。例如艺术家在表现某一造型艺术作品时；一方面用艺术造型之美感染欣赏者感官；另一方面也可用语言文字阐述作品的内涵精神，用深层次的情感打动欣赏者的心灵。但语言的非直观性决定了语言艺术审美需要由受众亲身体验,"一千个读者就有一千个哈姆雷特",说的就是这个意思,因为它需要读者既有文化经验,基于对文学作品的理解和思考,并展开合理联想和想象,最终获得领悟和评价等综合能力才能达到预期目的,这就需要更多审美联想和高阶思维。

2. 造型艺术美

造型艺术,即空间艺术或外形艺术,指运用一定物质材料,通过线条、色彩、结构等构成方式,通过塑造视觉形象来反映社会生活与表现艺术家的思想情感的艺术。广义上的造型艺术包括建筑、绘画、雕塑以及世界各国的民间手工艺等;狭义上,包括绘画、雕塑等传统艺术种类,即"架上艺术"。[34] 作品中的造型是创造者遵循美的规律,结合自身审美意识和思想感情对特定客观事物进行抽象、凝练、升华,以美的艺术手段语言塑造的形神兼备的艺术形象。造型艺术可以分为具象艺术和抽象艺术,抽象造型艺术的欣赏要求欣赏者要有一定的艺术审美能力,因为其形象较为新奇夸张,具有较强的造型、线条或色彩的视觉感,内涵意义隐藏在艺术作品之中,在赏析中必须结合生活经验、艺术家创作背景、创作风格等诸多因素抽象出事物的本质含义才能达到造型艺术审美的初衷。

3. 综合艺术美

综合艺术是指包含多种艺术元素并将元素有机结合,在一定时间和空间中,以演员创造角色形象来反映生活、表达思想情感的艺术。一般指语言、造型、表演艺术门类及相关技术综合而成的戏剧、电影、电视剧等形式。综合艺术综合吸收了文学、美学、音乐、舞蹈等各艺术类别的长处,融合多种手段和方式的艺术表现力,形成独特的综合审美特性。在综合艺术中,其审美特征主要表现在具有综合性:一方面,注重调动受众多感官能动性,将各类艺术中的多种元素吸收并有机融会在各自表现手段中,大大丰富了艺术表现力;另一方面,从美学更高层次看,上述的融合不是简单的叠加,而是将各门类艺术融时间与空间、视觉与听觉、造型和表演中,实现美学层次高度综合性,使听者和观者具有身临其境的身心"沉浸感",拓展和丰富了观众审美感受。在某一类美育课程中,将综合艺术美元素为载体,结合项目任务型教学,设置某个创作项目进行"跨域融合",有机渗透音乐、戏剧、肢体创作体验等不同形式，能有效改变静态教学的枯燥性，运用语言美、动作美、场景美以及更深层次的情感美和精神美，让师生在这个过程中得到美育熏陶，提升精神境界，完善健康人格。

（三）艺术美的主要途径——艺术鉴赏

艺术美的美育途径主要通过艺术鉴赏实现。艺术鉴赏，指人们遵循一定的审美规律基础，在接触艺术作品过程中产生的审美评价和审美享受活动，是人们通过艺术形象去认识客观世界的一种思维活动，是对艺术美的认知、理解、评价的综合审美实践活动，是审美主体和审美对象主客体的统一。一方面，审美对象即艺术品，需具有审美魅力、内涵和价值；另一方面，审美主体即鉴赏者，需具备一定艺术素养、文化层次、生活经验和审美能力。艺术鉴赏是艺术创作的基础，艺术欣赏过程中，审美主体通过实践能动性认知、感受和理解审美对象，充分发挥艺术作品的审美价值和社会功能。在美育课程中，学生从真善美的角度做出评价判断形成赏析能力，才具备了下一阶段即艺术创作的实践能力。艺术赏析是人类审美活动的一种高级的、特殊的形式。一般建立在感官认知和情感共鸣基础上，是感性思维和逻辑理性思维的共同参与。

1. 艺术鉴赏的审美特征表现

第一，艺术鉴赏充满着情感和想象，是想象与理解、情感与认知相融过程。审美想象是主体在长期审美实践活动中生成的一种审美能力。审美想象具有情感性。斐罗斯屈拉特提出，想象"是用心来创造形象"，当主体对审美对象进行审美实践时，需要借助情感想象而具体化生成审美意象。一方面，在一切心理要素中，唯有想象才是推动审美过程中的美感沿着不断深入的航线迸发的实在力量。正是由于情感中想象的强烈作用，审美主体才能通过艺术品外在符号的感受达到深层的感动和理解，领悟到难以言传的生命价值和意义。另一方面，审美想象受到审美主体和审美对象的客观性影响。审美主体受到审美想象情感的推动，发挥主观能动性产生积极心理活动，这种主观能动性受到审美主体的审美经验和文化层次影响，即使面对同一个审美对象，不同审美经验的主体产生的想象也不尽相同；同时审美想象也受到审美对象的客观物态性限制，越是强烈审美特征的审美对象，就越能刺激审美主体产生审美想象，诱导和拓宽审美主体的想象方向和范围。审美想象的审美特征具有主客观相统一的意识形态性和主观创造性，还具有规律性特点，我们要通过艺术鉴赏这个形象思维活动，透过外在的艺术表象，去理解蕴藏在艺术作品背后的人文精神和文化内涵。

第二，艺术鉴赏充满着感性和理性的统一。艺术创作中对艺术形象的塑造来源于生活，经过艺术家加工、提炼产生，故而艺术形象体现了社会内容的客观性和艺术家情感意志主观性。现代认知心理学中，将知识分为陈述性知识和程序性知识，前者包括符号表征、概念和命题，即我们所说的感性知识；后者包括策略、操作和实践，即我们所说的理性知识。艺术鉴赏要求我们对艺术形象有全面深刻的认识，这个过程是集感性和理性于一体的，单纯的感性认知不可能完成该项任务。只有当我们从感性浅层次认识上升到理性深层次认识，把感官所得到的认知变成能够用语言、文字等逻辑性可表达的艺术鉴赏所具有的事物内在本质规律，才能全面把握艺术作品的深层内涵，对艺术作品背后所反映的社会生活和文化本质做到全面深刻地把握理解，进而引起强烈的美感和情感升华。例如原始彩陶中的纹饰艺术包含大量几何纹线，这些抽象线条来源于鱼、鸟、蛙等具体的动物形象演变写实而来。但我们若是仅从以上这些表征出发，就无法把握其中包含的社会生活本质，原始人类通过纹饰表达对形式规律的把握和对自然秩序的感受，原始彩陶纹饰从动物形象抽象成规范线条的过程中，遵循的秩序规范（诸如反复、重叠、均衡和对称等），这些美的秩序和规则归其根源，是因为"原始人类在生产活动中对自然秩序、形式规律已经有了某种感受、熟悉和掌握"之缘故。"遵循某种规律"的"秩序感"，就是因为"原始积淀"在起作用。艺术鉴赏的过程综合注意、感知、联想、想象、情感、理解等因素，因此是感性认知和理性情感的相统一。

第三，艺术鉴赏充分体现了审美再创造的能动性。艺术鉴赏是审美主体和审美客体交流过程，大致可以分为感官的审美愉悦、情感的审美体验和神志的审美超越三个层次，这个过程中，审美主体不是被动、消极地接受艺术形象感染，而是积极、能动地调动自身思想认识、生活经验、艺术修养，并通过想象和联想的理解，补充丰富其艺术形象。一部优秀的文学作品或是一幅经典的绘画作品，艺术家在创作中都会留下"缺憾"或"空白"点，恰如中国画中所讲究的"留白"艺术手法，需要给受众留有特定的想象空间去完成。在艺术审美过程中，受众借助想象和联想把艺术作品塑造的形象进一步深入"补充"更加生动具体，即对艺术形象和艺术作品进行"再创造"，对形象和作品的意义进行"再评价"。审美主体通常从自身"生活和艺术的期待视野"理解和评价，由于个体的生活期待艺术期待不尽相同，受到艺术素养、文化知识、生活阅历、审美能力等影响，导致同一个人对同一作品的接受程度和内容理解上都会造成不同程度的差异，对原作中思想的理解也会出现很大不同，这些差异从本质上来说正体现了艺术赏析所具备的再创造能动性的特征。

2. 艺术鉴赏的特点和要求

艺术鉴赏是欣赏者对艺术作品从外形到内化的综合理解，进而评价、判断和创造的过程，实现认知美、感受美和创造美。一方面，审美主体通过艺术享受获得审美愉悦、情感熏陶和人格塑造；另一方面，作为审美客体的艺术品在被实践中，获得审美价值和社会意义。艺术赏析过程中，需要运用感性认知和理性思维对艺术作品的符号形象和内涵文化理解和再创造，需要我们注意以下几点：

第一，以审美感知为起点，审美理解贯穿始终，感受美体验美。首先，艺术鉴赏具有审美情感，其中以感知为基础，它主要包括感觉和较为复杂的知觉。在艺术作品中，不同的艺术门类采用特有的艺术媒介和艺术语言，诸如视觉艺术（绘画）、听觉艺术（音乐）、视听艺术（戏剧）等的区分，正是依靠艺术中感性形象对人的感官能动性的刺激和调动；同时，审美感知虽外化于行，却离不开人的内在心理活动，是审美主体自身具备的审美经验和能力，以及审美情感，包括联想、想象、理解等多种心理因素的共同影响。其次，审美理解，作为理解因素在审美鉴赏存在渗透于感知、想象等审美心理中，审美心理中的理解不同于逻辑理性思维中的理解，它更倾向于一种审美主体"不假思索"从感性层面对艺术作品的直接理解。它存在于对艺术作品内容、形式、思想、内涵以及最深处哲理的感悟。因此，在艺术鉴赏过程中，审美主体以审美感知为起点，以审美理解贯穿，并结合审美经验和审美想象，对作品思想、艺术特点和审美价值的分析、挖掘和评价，更好地感受艺术作品的美。

第二，通过审美愉悦情感获得身心沉浸。一方面，艺术鉴赏中，审美情感的存在，是审美活动区别于科学活动的人为显著特点，前者具有感性化，后者具有理性化。所谓的"触景深情"，是审美主体根据某一特定审美对象产生的审美情感，这种情感具有强烈性和目标指向性特点，即与审美对象有关联性，以审美感知和理解为基础。另一方面，审美感情受到审美想象影响，审美想象反过来又会强化审美情感，两者存在辩证统一关系。艺术鉴赏过程中，欣赏者首先关注作品形象，进而深入感受艺术家通过艺术作品抒发的情感，得到艺术熏陶，实现情感升华精神共鸣，实现鉴赏目的，这是优秀艺术作品共同特征。在鉴赏过程中，感官上对艺术形象的关注和心灵上的情感体验两者是紧密相连的，即"身体—心智—环境"的统一。通过身体感官、情绪、认知、社会关系、价值观等综合作用进行感知，主观感受达到共鸣，欣赏者通过作品（艺术家）感同身受，促进两者产生共情，继而提升审美意识。这是个精神愉悦的过程，尽管艺术鉴赏有特定的教育教化功能，但并非传统的强制性说教，而是借助于审美实践活动使欣赏者主动地在审美中获得审美体验，产生情感共鸣。在这个过程中，欣赏者应该是一种"身心共场"的沉浸式体验，是一种乐趣和享受，伴随着欣愉、欢快、满足、享受等情绪融合而成的体验。

　　为了更好地感知美、认识美和体验美，达到身心愉悦的沉浸感，审美鉴赏中要注意以下几点：

　　首先，审美主体要提升审美人文素养。马克思说过，"如果你想欣赏艺术，你必须成为一个在艺术上有修养的人。"审美修养是人的活动自觉性和社会规律客观性的统一，包括审美经验、审美能力、艺术涵养、文化素质等，其中审美能力是核心内容，包括对美的感受力、想象力和理解力等。审美修养是个体结合时代背景，遵循社会审美理想，出于自发性地进行自身心性锻炼、陶冶、塑造活动。通过对美学理论的学习积累知识储备指导实践，接触和欣赏更多优秀经典艺术作品，提高审美感受领悟力，提升审美素养，实现完美人格的审美境界。其次，审美要端正艺术审美态度。在艺术赏析过程中，教师应该注意引导学生树立端正的艺术审美态度，帮助学生形成正确的审美价值认识、端正审美情感和对事物美的感知、欣赏、评价和创造的正向行为倾向。艺术赏析不是单纯的消遣，在整个过程中要注重对艺术作品深层次的分析和体验。艺术鉴赏中应恰当处理好"过度注意力"和"深度注意力"关系,特别是在充斥着各种"视觉欲望"的媒介技术的当下,不应一味追求因信息流动和强刺激水平而引起"过度注意力",以及小说或影视作品中惊险离奇的故事情节而获取的感官方面强刺激视听觉感受。

其次,审美实践要掌控整体和局部,结合艺术创作背景,充分揣摩作品内涵。一方面,艺术鉴赏要引导学生不能停留在艺术作品表象,要把握审美心理去感受作品内涵和艺术家抒发的情意。达到欣赏者和艺术家、艺术作品以及个体审美经验和普遍经验的交融,最终实现深层次升华,达到鉴赏的真正意义。艺术赏析中,我们会从艺术作品的形式和内容中获得大量信息,不可能做到面面俱到,这就要求我们化繁为简,去粗取精,取舍有当,把握艺术作品中的关键"局部",领略艺术作品蕴含的精华所在,通过"以点带面"对艺术作品总体思想风貌全局掌握。另一方面,我们要注意将作品中的关键点放到整体的社会背景和创作文化中去把握,即古人所谓的"知人论世",通过了解创作中的政治、经济、文化、思想、宗教、风俗等背景,才能洞悉作品所表达的情志和反映现实的深度、广度。同时,通过现存的史传和后人评述,了解艺术创作者的生活阅历、思想情感以及艺术创作特点,所谓"文如其人",也能帮助我们更好地理解作品主题和精髓思想。

第二章 高校美育课程的基本原理

第一节 高校美育课程的目标

目标意为射击、供给或寻求的对象,指想要达到的境地或标准,它具有主观性、方向性、社会性和实践性。高校美育目标,即通过高校审美教育所要达到的预期效果,它是我国教育目的的重要组成部分。定位课程目标,有助于确定课程发展的未来指向。目标不同于目的,两者都具有一种提前预设性,目标比目的更具有形象性和指向性,目的是针对课程发展计划的远景设想,而目标着重针对具体课程所需要解决的某些特定问题,它是课程内容的选择指向。下文从高校美育目标和高校美育课程目标两方面进行分析。

一、高校美育目标——真善美的全面自由发展

2020年10月由中共中央办公厅、国务院办公厅印发的《关于全面加强和改进新时代学校美育工作的意见》(以下简称《意见》)中指出:"构建大中小幼相衔接的美育课程体系,明确各级各类学校美育课程目标。学前教育阶段培养幼儿拥有美好、善良心灵和懂得珍惜美好事物。义务教育阶段注重激发学生的艺术兴趣和创新意识,培养学生健康向上的审美趣味、审美格调,帮助学生掌握1~2项艺术特长。高中阶段丰富审美体验,开阔人文视野,引导学生树立正确的审美观、文化观。职业教育强化艺术实践,培养具有审美修养的高素质技术技能人才,引导学生完善人格修养,增强文化创新意识。高等教育阶段强化学生文化主体意识,培养具有崇高审美追求、高尚人格修养的高素质人才。"《意见》中分别指出了不同阶段学校美育的不同定位和目标,高校美育与中小学阶段的美育相比,更具有其独

特性。首先，高校教育资源丰富，高校教学方法具有多样性，大学生具有更多自由、自主性；其次，大学生思维发展和接受新事物、新思想的能力相对义务教育阶段和高中阶段都更加成熟。根据埃里克森"人生发展八阶段理论"，他把人的自我意识形成和发展过程分为八个阶段，八个阶段的顺序由年龄遗传决定，把每一个阶段能否顺利度过归因于个体所处环境和所受教育。根据理论，大学生处于"同一期"和"亲密对孤独冲突期"，这个时期个体"面临新的社会要求和社会冲突而感到困扰和混乱"，需要"一种不断增强的自信心，形成内在的持续性和同一感"。"自我同一性"实现有助于形成"忠诚"品质，并通过"爱的关系"，将"自我同一性与他人同一性融为一体"，形成"奉献"品质。这个过程是个体性和社会性的过渡，使渐进中人格趋于定型，确立塑造个体基本人格范型。因此，高校美育目标应从学生个体的"身"和"心"两方面提出要求和标准。

追溯古代，孟子把人格分为善、信、美、大、圣、神六个层次，认为"可欲之谓善，有诸已之谓信，充实之谓美，充实而有光辉之谓大，大而化之之谓圣，圣而不可知之之谓神。""美"中有"善"和"信"，但超越于两者，以"美"为基础形成"大""圣""神"，且是递进关系，最高级即为"神"，即哲思中"与自然界和宇宙本身达到'天人合一'"。基于此，我们可以把美育目标理解为三个层次：

其一，"真"和"善"。"美"中包含"真"和"善"，前者又高于后两者，即真（正）人、善人和美人。真，即正，西方求真，中国求正，它是郑板桥诗中"咬定青山不放松，立根原在破岩中"对竹子"一身正气，宁折不弯"的歌颂，也如李白笔下"清水出芙蓉，天然去雕饰"里对芙蓉花"质朴纯美，毫无雕饰"的赞美，正如庄子曰："古之真人，不逆寡，不雄成，不谟士。"故而，我们要通过美育培养学生成为"真人"，纯真、率直、淳朴、真诚，非贪婪和自大。善，古时同"美"和"真"，后世表示道德和伦理，即善良，它是老子《道德经》中"上善若水，水善利万物而不争"中"宽容隐忍"，也是苏轼"孜孜称善人"中"道德"之意。我们要引导学生成为"善人"，即道德仁义之人，品性善良、心地忠厚。

其二，即"美"。它以"真"和"善"为基础，也是"真"和"善"的充实扩展，如果说"真"和"善"是"内隐"，那么"美"是"内化"和

"外现"的融合,即把"真"和"善"所具有的仁义道德等品质"内化于心",并"外化于行",充盈于外在令形体"生色"。从"物"和"人"两方面阐述。首先,艺术形象不同于一般事物,它来源于生活又高于真实生活,具有深刻概括性和典型性。一个完美的艺术"物"只有具备"真"和"善"的内容,才会有相应的"美"的形式。其次,体现在个体上,一方面是个体的外貌、行为体现出"美的人格";另一方面若个体缺失了"真"和"善",即没有完善和先进的审美理想,缺乏高尚的道德情操和审美情趣,就无法创造出具有真正价值的"美"的艺术形象。

其三,即"大""圣"和"神"。通过"美"达到"充实而又光辉""大而化之""天人合一",正如孔子的"与人乐乐"和"与众乐乐",孟子的"仰不愧于天,俯不怍于人","富贵不能淫,贫贱不能移,威武不能屈",蔡元培所言"美"具有"超越性"和"普遍性",体现了人格的刚强伟大,通过美陶冶人的感情,使其具有"不计利害""舍己为人"的高尚品格,最终成为乃至为了正义或崇高理想而"杀身成仁"。用自己的人格美去感染和影响身边之人、感化万物即是美的更高级形式,即心灵万物之美,它是个体人格的"崇高"化,是把"主体的道德人格、精神超越与大自然以及整个宇宙"联系统一,是孟子所言"至大至刚"可达"天人合一"的"浩然正气"。

我国教育旨在培养全面发展的社会主义事业的建设者和接班人,《意见》中明确指出美育以"提高学生审美和人文素养为目标"。通过文献翻阅,基于对高校美育目标研究可以分为四个层次:第一层,培养学生审美欣赏、审美表现和审美创造能力[35];第二层,完善基于审美能力基础上的综合素质,包括人文素质、德智体美(真、善、体、美)全面素质,乃至专业(包括艺术专业)和职业审美素质的发展[36];第三层,塑造创新型人才,即具有积极开拓进取精神、求知欲好奇心、丰富的想象力和灵感的新型知识型高级优秀人才,使其具有审美直觉和丰富的想象力,从而促进知识进步和创新[37];第四层,塑造完美人格,即人的自由全面发展。高校美育指向的"大学生和谐人格是指大学生应当具备的既符合和谐社会发展的需要,又符合马克思关于人的自由全面发展的理论要求的和谐统一人格",这是高校美育的最终目标,即"天人合一"之意境。[38]

综上所述，高校美育目标可以归纳为指向"真善美"的人的自由全面发展。引导学生具有审美欣赏力、表现力和创造力，以此为载体和途径，将学生培养成真（正）人、善人、美人。在新时代背景下，使其具有对社会主义核心价值观的理想信仰，内心具有仁义道德等善的本性，并扩展贯注于全人格之中，并外在于感性行为形式，成为全面发展、身心自由和谐之美的人。

二、高校美育课程目标——审美之"意"和人文之"境"

对于高校美育课程目标的研究，我国学者普遍认为其存在层次性，冉祥华[39]将大学美育课程目标分为终极目标以及具体目标，终极目标旨在学生身心完满发展，即促进学生德智体的全面发展，具体目标包含审美素质，也就是审美意识、审美感知、体验、评价等能力、审美表现、创造能力的提升。顾建华[40]从"审美理想、情趣及其审美能力，陶冶情操、完善人格四个层面"对大学美育课程目标价进行分层定位。卢政[41]认为大学美育首先培养"审美情趣及审美能力"，进而"完善心理结构，促进学生健康、和谐发展、造就人格完美的，社会主义新人"。综合来看，高校美育课程目标大致分为两个层次：①提升审美能力，即在已有的较高美育素质基础上，对其"审美素质（审美观念、审美情趣、审美感受、审美经验、审美能力等）进行培养和提升，使之进一步系统化、理性化"[42]。②提升学生人文素养，即"培养和塑造人文精神，如思想道德、文化素质、人生观、世界观、责任感、创造力等"[43]。作为综合性学科，能"促进学生整体思维的发展，培养学生的人文素质"[44]。下面从审美之"意"的审美素养和人文之"境"的人文素养两方面进行阐述。

（一）审美之"意"

1. "意"之本质——"觉""情""志"

"意"本义为心里之所想，如"意思""心意""意图"，即合乎心意，满足愿望。古人以为"意"发于心，故将其引申为心中（上），如在意，持续一定时间形成固定心意，即为意志。"意"于外，即情绪、神态；于内，即情态、情趣。例如，汉·贾谊《过秦论》中，"囊括四海之意，并吞八荒之心"，意为"志向"；《孔雀东南飞》中"吾意久怀忿，汝岂得自由"，意为"胸怀";《卧疾怨别长史》中"始怀未及叹,春意秋方惊",意为"情趣";《隋书·达奚长儒传》中"兵皆力战,虏意大沮",意为"气概"。

(1)审美之"意",先于"觉",即心意所觉。"觉"分为"直觉"和"知觉"。直觉,指没有经过分析推理形成的直观感觉和本能的思维形式,是对于个别事物的知;知觉,指对外界客观和时间经过加工所形成的感觉信息和对事物整体的认识,是对于诸事物中关系的知。[45] 通过审美,对个别事物产生"直觉"之"形象",进而进行审美联想和想象,积累形成包含理智因素的"知觉"之"映像"。

(2)审美之"意",后于"情",即情意合一。"情"即情趣,"意"为"意象(景象)",审美中要追求"情景交融"。朱光潜先生认为,"情趣是可比喻而不可直接描绘的实感,如果不附丽到具体的意象上去,就根本没有可见的形象。"审美中的"情趣",其一要"真",是一种真实情感的流露,如孟子所言,"大人者,不失其赤子之心者也。"所谓"赤子之心",是如"复归于婴儿"般纯洁善良,如"宰相肚里能撑船"般宽广豁达,是一种不被功利和欲望所熏染追求真理的自然本色。其二要"高",格调高雅(远)。王国维在《人间词话》中说,"词以境界为最上,有境界则自成高格,自有名句。五代、北宋之词,所以独绝者在此",又说"南宋词人,白石有格而无情,剑南有气而乏韵。其堪与北宋人颉颃者,唯一幼安耳。"他认为词的终极美感是具有"高格"属性的"境界",对王安石具有"大气象"的词给予充分高度肯定。

(3)审美之"意",通于"志",即意之所志,意之所存谓之志。康德坚持"知情意"三分法,"意"即"意志",是个体带有明确的目的性,并支配行动克服困难,实现目的的方向和信念并存的心理过程,是侧重人的行为效应角度的一种认知,建立在"知"和"情"基础上。首先,审美主体要带有明确的审美目标进行审美活动。审美是一种"无功利性"的精神生产活动,因此审美目的不具有普通生产实践目的的明确性和显性化。正如康德所说,"美是一个对象的符合目的性的形式,但感觉到这形式时并不凭对于某一目的的表现。"在审美活动中,要树立正向的审美标准,遵循审美的积极功能,倡导正面的审美形象,摒弃负面的审美对象。其次,审美过程中要克服主观上的困难。王国维认为"美之为物"有"壮美"和"优美",优美即"内容和形式的统一"的"物我一致",壮美是"物我对立"中的理性压倒冲破感性。"优美"纵然"和谐","壮美"更为"崇高"。正如李大钊在《艰难的国运和雄健的国民》中所言,"在这一段道路上,实在亦有一种奇绝壮绝的景致,使我们经过这段道路的人,感到一种壮美的趣味。但这种壮美的趣味,没有雄健的精神是不能够感觉到的。"近两年的影视作品《我和我的祖国》《中国医生》《攀登者》等,在新时代语境下以壮美崇高的美学风格和宏大叙事的阳刚基调,通过个体"用热血去守护""用生命去捍卫"国家民族利益,体现了浓厚的爱国主义情怀和英雄气概,这种让观众情感沸腾的驱动力召唤每一个中华儿女在逐梦路上奋勇向前。

2."意"之所涵——审美素养

上述审美之"意",先于"觉"后于"情"通于"志"。具体来说,包括审美个体的审美经验、审美情趣、审美能力、审美意识和审美理想等各种因素,它体现在对美的接受和欣赏的能力,并转化为审美文化判断能力和创造能力。

(1) 培养审美能力。审美能力,亦称艺术鉴赏力,是指人感受、鉴赏、评价和创造美的能力。审美感受能力指审美主体凭自己的生活体验、艺术修养和审美趣味有意识地对审美对象进行鉴赏,从中获得美感的能力。审美评价能力指在审美鉴赏基础上,对审美对象的性质、价值、形式和内容等进行分析,并作出评价的能力。审美创造能力指在具备一定的审美感受、鉴赏和评价能力的基础上,运用某种艺术形式和表现技巧,创造美的艺术形象的能力。[46] 审美能力具有后天性和可塑性,是审美教育的关键任务。

审美教育是情感化教育,审美能力是个体对无限感性世界意蕴的感受能力,是一种体验人生的能力,通过塑造人的精神追求,重建生命和自然意识,引导个体追求人格完满的最高人生境界,它包括审美感知、审美想象和审美领悟。卢梭所说,"有了审美能力,一个人的心灵就能在不知不觉中接受各种美的观念,并且最后接受同美的观念相联系的道德观念。"

1) 审美感知是审美能力中最基本的能力,它是主体的审美感觉器官对审美对象的把握,例如对自然事物的形状、色彩、声音、节奏、韵律、变化、平衡、统一、和谐或不和谐等的充分"注意"。感知美是鉴赏美的基础,在审美感知中形成审美想象,它是通过人的头脑改造记忆表象和创造新形象的过程。想象建立在人之前已有的知觉和表象基础上，通过记忆的调动，将外在感受到的事物重新加以编排组织和加工改造，从而在大脑中构建起新的形象，并且赋予这些形象以新的意义和价值的一个复杂高级的心理过程。审美过程中审美主体将自身的情感置于审美对象中，融入审美境界。

2）审美想象是审美感知的深化，它使情感构成多样化的幻想世界。人之所以为高级动物，也是因为其具有想象力。高尔基的《海燕》虽未描写革命，却热情歌颂了俄国无产阶级革命先驱坚强无畏的战斗精神，由审美想象来负载审美理解。这也是经常在艺术文学中出现的"移情"手法，实质是审美主体凭借情感和想象，赋予主体所感受的自然事物或艺术作品或文学作品以自身体验的结果。

3）审美活动中，审美经验不断积累产生从量变到质变的过程，获得审美领悟，即对事物的审美价值判断能力，它是个体在知识储备、审美修养、思想觉悟等方面的综合水平。审美领悟促进审美人格的完善，最终实现自我价值。通过审美教育，使学生发现美、感知美、体验美，并对感知体验到的美所体现的普遍规律和审美价值进行思考，训练自身审美能力，提升审美认知，形成主体特有的审美观念，进而用审美观念指导审美创作。美育课程通过丰富内容和形式的审美教育，提升学生的审美意识和审美能力，在这个过程中不断积累形成学生主体的审美人格，促进学生审美和人文素养的培养。

（2）强化审美意识。意识作为活动的前提，直接影响着活动的实施和成效。审美意识是审美活动中，个体对审美对象的能动反映。它作为广义的美育，包括审美感知、感受、理想、标准等各个方面，是审美心理活动进入思维阶段后的意识活动。审美意识是审美主体对审美对象客观感性形象的美学属性的能动反映。人的审美意识起源于人与自然的相互作用中，生产实践形成并完善了人的审美感官。原始人类在最初的生产实践中创造了最初的美，同时也创造了最初的美感，即审美意识。随着社会实践的发展，审美意识也随之发展，并结合着人类的审美实践不断完善。审美意识的出现，意味着人从单纯的物质需要进入到自由的审美精神世界。审美意识的塑造是人从物质世界向理想中的精神世界过渡的一个审美过程，美育是审美意识塑造的重要手段。审美意识的发展根据个体道德水平和认知能力的不同而具有差异性，同时其又反作用于个体的道德水平和认知发展，它是美育重要组成部分之一。

当前高校中师生审美意识的薄弱造成了美育实践效果不佳，因此高校美育课程的目的之一就是要提升和加强师生的审美意识。一方面，美育课程本身就具有审美经验的属性，具有审美、想象、灵性等的审美特征，作为个体进行审美活动的先导，美育课程全面唤醒审美意识的醒悟，强化审美意识，进而指导社会和生活中的实践，实现学生在社会生活中自觉进行审美活动和创造。只有首先塑造健康积极的审美意识，培养学生高尚的审美情趣，才能使其更准确地在生活实践中进行审美选择和评判，最终实现审美理想。另一方面，从古至今，人们常通过艺术来研究人的审美意识。通过美育课程引导学生形成正向积极的审美观，通过对经典优秀艺术作品的接受、欣赏、体验，丰富学问知识，提升智慧能力，培养审美格调，最终完善精神品质。在新时代背景下，丰富充实价值观和精神境界，弘扬社会主义核心价值观，增强大学生的精神创造力和攻坚克难意志力。

（3）积淀审美经验。审美经验是审美主体在审美活动中感受、知觉审美对象（自然、艺术作品和其他人类审美产品）时所产生的愉快的心理体验，是人的内在心理生活与审美对象（其表面形态及深刻内蕴）之间相互交流、相互作用的结果。审美经验通过对审美对象的外形、色彩、线条和质地的审美实践过程实现，它不能脱离审美对象而存在。它通过审美感觉、审美理解和审美情感来体现。

审美经验通过审美感觉、审美理解和审美情感来体现，具体如下所述：

1）审美感觉。它是人的生命欲求最基本和最直接的表现，与本能欲求和冲动直接相连。例如，在欣赏一部歌剧或品鉴一幅绘画作品时，歌剧中音乐的韵律、绘画中的构图线条给审美主体所产生的感觉，既是主体对于对象的一种反映，也是主体作为人的一种最本能的生命欲求表现。所以，一方面，审美感觉具有强烈的主观性，它具有人的感性生命的本性特征；另一方面，审美感觉具有一定社会性，人的感觉从感官所带来的生理性层面上升到内部情感化的审美层面，即是人的感觉社会化的结果和表现。审美感觉的表现建立在一定社会理性内容基础上，由于各种社会生活模式和审美主体的某些生理感觉在结构上有相似性,这种社会模式就会进入主体的审美感觉并与其相匹配寻找契合点,进而使其具有了特定的社会意义。

2)审美理解。审美主体通过调动内在表象,在审美认知基础上,调动已有的经历和记忆,对审美事物进行自我诠释,并进而达到审美共情。审美主体基于审美认知基础,通过对经典优秀艺术作品反复观摩、感知细节,利用审美想象和联想等方式,结合艺术家创作文化背景,领悟内部意蕴,深刻把握文化精神,升华情感达成共鸣。这个过程中,需要学生主动去了解艺术作品的背景文化信息、艺术家的创作经历和思想、扩充所需审美知识,通过物态造型、线条、材质、色彩等外部元素,领悟艺术家想对受众表达的情感性的元素。基于审美理解上的审美评价,是审美主体运用美的原理,系统深入地运用所学知识和概念,评价美的事物的外部和内在,分析美的本质、规律、特点和内涵,进而通过美的事物探讨艺术与社会、道德、伦理以及人性的关系的问题。

3)审美情感。古代将情感分为喜、怒、哀、惧、爱、恶、欲等"七情",这些都是审美主体表现的人类性的情感因素。人作为对象性和感性的存在物具有激情和灵性。作为一个生命体的存在,人具有自然需求和欲望,它是人与生俱来的本质力量,通过实践活动被人察觉意识,表现出强烈的冲动激情和追求热情,这是人类一切生命不可缺少的体现,在审美活动中也是必然存在的。在审美经验中,人的欲望情感,尤其是同人的审美活动直接相关的激情、欲望或冲动等情感,都是审美的内在心理情感动机。对于审美情感的发生和发展来说:一方面,在于唤起主体情感的对象的特殊性;另一方面,取决于主体体验情感时所处的情景或情境,所以欣赏一幅经典名画或者一部文学著作带给审美主体的情感共鸣不同于人的日常情感,同时也区别于科学活动或道德活动中所产生的情感。审美个体通过审美想象和理解形成对应的审美感知和情感,进而做出审美评价判断,并形成审美经验。审美个体经过反复训练形成稳定心理状态,即审美个性。审美意识随着这个过程的优化积累和升级,构成个体的审美习惯。美育是促进个体积累审美经验,潜移默化形成审美习惯的情感教育,只有让学生通过美育课程的认知和实践,并感同身受,才能有效实现美育教学目标。通过审美经验的积累和沉淀,培养学生审美素养,促进其形成社会共有的和谐文化，最终实现审美和人文素养的提升目标。

新时代下的高校美育提出以社会主义核心价值观为引领，强化中华优秀传统文化、革命文化、社会主义先进文化教育，强调高校美育工作对于推动优秀文化创造性转化和在创新中发展，塑造大学生美好心灵，增强文化自信，以美育人，以文化人。高校美育课程应该顺应当前教育要求和目标，培养学生发现美的眼睛、感受美的心灵和创造美的文化素养，帮助学生通过审美经验的积淀形成稳定的审美心理，促进审美人文素养的同步提升。

（二）人文之"境"

1. "境"之本质

"境"，解释为疆界，地方，文中取其词组"境界"。"境界"是感知主观上的名词，指人的思想觉悟、精神修养和自我修持之能力。王国维在《人间词话》里谈到，"古之成大事业、大学问者，必经过三种之境界。""昨夜西风凋碧树。独上高楼，望尽天涯路"乃第一层境界，意为做学问成大事者需有执着追求和丰富阅历；"衣带渐宽终不悔，为伊消得人憔悴"乃第二层境界，意为欲得成功必须坚定不移孜孜不倦；"众里寻他千百度，蓦然回首，那人却在，灯火阑珊处"乃第三层境界，亦是最高境界，意为若要达最终目的，必须专注地反复研究探索，"只要功夫深，铁杵磨成针"，下足功夫自会有所得。现代著名哲学家冯友兰提出"人生境界论"，从低到高分为四个层次：自然境界、功利境界、道德境界和天地境界。自然境界是个体做事遵循本能或社会风俗习惯，以"本我"为中心，有人和动物共通之处，为最低层次；功利境界是追求功名利禄之境，重于"取"而轻于"予"，所做之事"利己"而未必"利人"或者后果"利人"但动机则是"利己"；道德境界，所作之事皆源于道德，出于为社会利益做事，重"予""义"而轻"取""利"；天地境界，即儒道的"天人同一"之境，是一种超越社会整体而达宇宙高度的人生追求。冯友兰认为，前两者为自然产物，后两者为精神产物，达到道德境界即为贤人，达到天地境界即为圣人，哲学的目的在于教人如何成为圣人，如何达到人作为人的最高成就。[47]

结合上述境界论，可以把通过美育实现人文境界，概括为"兴""化""立""和"四个步骤。其一为"兴"，"兴，起也"，引申为起身、升起、奋发、产生等。[48]《论语》:"诗,可以兴,可以观,可以群,可以怨。"诗歌育人途径以"兴"为首,孔安国注"引譬连类",《周礼·春官》郑玄注"以善物喻善事",《诗集传》朱熹注"先言他物以引起所咏之词",其中"兴"即"兴起""比喻"之意。"诗言志",无论是最初的"国家政事"之"志",或是后世"抒情"之"志",都不可悖于"兴于诗"之用语言智慧来启迪感发之意。其二为"化"。《礼记·乐记》:"乐者,天地之和也……和,故百物皆化。"故"化"为生产、化育之意,自然界生成万物之功能。也可解释为感化,即用言行影响引导,《易·乾卦》:"善世而不伐,德博而化。"以美化人,"有如时雨化之者",美育是情感教育,是"潜移默化""润物细无声"的熏陶和教育,通过美育将个体从功利境界脱身而出,到达充满想象力的"自由王国"。其三为"立"。即"站立"之意。《礼记·曲礼上》:"立必正方,不倾听。"引申为建立、建树、成就。《广雅·释话三》:"立,成也。"以美立人,即通过"游于艺",以"从心所欲不逾矩"而"成于乐",成为全面发展的真正完整之人。其四为"和"。即和谐,协调,融洽之意。《孟子·公孙丑下》:"天时不如地利,地利不如人和。"中国哲学观以"天人合一"为基础,发展出美学思想的"中和论"。《尚书·尧典》:"典乐教胄子"旨在"神人以和";《乐记》:"乐者,天地之和也,礼者,天地之序也",旨在体现个体通过美的感发获得与天地和谐相处之态;《礼记·中庸》:"致中和,天地位焉,万物育焉",意为只有中和,天地才会各安其位,万物才会生长发育;费孝通曾指出,"中国传统文化思想的一大特征,即是讲究平衡和谐,讲人己关系,提倡天人合一。"因此,追求"以美和天"的最高审美理想,将个人品格"大而化之"为社会国家、宇宙天地的融合如一,在文化强国的新时代背景下,传承和弘扬"中和"为核心的中华美育精神责无旁贷。

2. "境"之所涵——人文素养

《意见》中明确指出新时代学校美育"以提高学生审美和人文素养为目标"。审美素养主要包括对艺术的兴趣性和欣赏力、对经典艺术作品的审美能力和高水平的审美趣味。杜卫提出,审美能力本身就是一种创造力。人文素养,则主要是指通过美育培养,使学生具备高雅生活情趣、宽阔气度胸怀和时代精神气质。

(1) 定义。

从字面上理解,人文,即"人文科学"(如政治学、经济学、历史、哲学、文学、法学等);素养,即"能力要素"和"精神要素"。所谓的"人文素养",即"人文科学的研究能力、知识水平和人文科学体现出来的以人为对象、以人为中心的精神人的内在品质"。人文包括人类社会各种文化现象,它体现在物质层面和精神层面;素养分为内在素养和外在素养,包括思想品质、道德观念、文化素养、身心素养等各个方面。具体来理解,人文素养就是人的文化素质与修养,是社会个体在以"人"为中心的各种文化方面所表现出的素质与修养,即其在所拥有的文化基础上形成的先进的价值观及规范。[49] 从上述定义中,我们可以认为,人文素养内涵于个体的思维、情感、意志、观念、品质等,外化于个体的气质和修养,通过审美能力、思维方式、价值观念、外貌气质等行为体现,是一个人的综合能力的展现。

(2) 内容。

人文素养由人文知识、人文行为和人文精神构成。人文知识和人文行为是人文素养的基础,人文精神是人文素养的核心和灵魂。[50]

1) 人文知识。人类关于人文领域(主要指精神生活领域)的知识,诸如文学知识、艺术知识、哲学知识、宗教知识和历史知识等,覆盖语言学、文学、历史学、哲学、考古学和艺术学六大经典人文学科。人文知识作为人文素养培育的基础,是人文内涵的来源。人文知识是人对于自然界和社会的认识和评价,它是人类社会文化现象的总和,是一种"'反思性的知识',旨在通过认识者个体对历史上所亲历的价值实践的总体反思呈现出认识者个体对于人生意义的体验"。[51] 只有具备了一定的人文知识,人才能够了解自身,进而了解社会。纵观历史古今,但凡"大人者"皆具有渊博的人文知识,但人文知识和文化素养不成正比关系,人文知识丰富不代表个体拥有较高文化素养。知识作为一种无形的物质,它通过文字、声音和图画等物质信息呈现,是一种记载文化和历史的工具。[52] 我们只有熟练掌握人文知识,外化内渗融会贯通,感受其蕴含的人文思想和理念,转化成我们的认知本体,再从内到外影响我们平时的生活行为和习惯,通过内外循环提升人文素养层面。

2）人文行为。人文行为是人文修养的外化行为表现，也是提升个体人文素养的终极目标。当一个人拥有丰富人文知识后，并运用人文方法理解、挖掘、凝练蕴藏的人文核心理念，融会贯通形成高尚的价值观念和精神品质，即人文修养。人文修养具有外化性，通过为人处世、言谈举止、行为习惯等行为体现，即人文行为。行为是实践的表现，人文行为是人文素养在实践方面的发展和突破。人文知识是个体拥有较高素养的基础和前提，人文理念是内在养成的完善和精神追求，人文行为即是人文理念的外化于行，表现在其实际行动和实践生活上一种体现人文素养行为价值的重要方式。

3）人文精神。高尚的人文精神是人文素养的核心价值和精神表现，是一种全面发展的理想人格的肯定和塑造。人文精神是人文知识内化后所产生的个体的思想境界，它通过人文理念价值追求的凝练，付诸实践，通过人文行为实现的内涵。人文精神是个体修养的最高境界，作为人文素养的核心内容，相应的人文知识是思想境界产生的前提，良好的认知和掌控自身价值，深刻挖掘和理解人、自然和社会的关系，表现为关心他人、关怀社会和实现自我价值，拥有良好的人文素养和道德品质，包容理解不同文化和历史，具有相应的科学精神和科学素养。正如英国著名美学家科林伍德认为的"没有艺术的历史，只有人的历史"。从三者关系来看，人文精神以人文知识和人文行为为基础，又反过来促进两者，只有拥有人文精神才能认知更丰富的人文知识，更好地外化于行，通过人文行为表现出来，进而指导个体正确三观，体现其存在的价值。人文作为教育的本质属性，人文主义中蕴含着人道、理性、启蒙等价值观。人文素养教育养成中，我们要充分尊重学生的主体性，充分发挥学生个体潜能，以学生个人全面自由发展作为目标，以正确培养处理个体与他人、人与自然、人与社会之间的能力作为主要培养目的，向符合人类社会共同利益的方向协调发展。

新时代背景下，通过传授人文知识、塑造人文行为、培养人文精神，将人文素养教育落实到美育课程中，通过审美能力的挖掘和理解艺术作品背后蕴含的文化多样性和人文精神。例如在中外文艺史、中外传统文化课程中，通过经典时期的艺术作品鉴赏，去进一步加深了解各国历史、文化、哲学、宗教、科技、价值取向等人文思想，增强文化包容性；我国原始彩陶纹几何纹样诸如抽象几何纹、人面鱼纹、舞蹈纹等,在后世看来是"美观""装饰"等作用而无具体含义和内容,但其实质是原始巫术礼仪的图腾含义,是一个民族的信仰和传统观念,与当时的农耕社会、劳动、生活和有关的自然现象息息相关,是一种"有意味的形式"。原始彩陶工艺的粗犷美、青铜纹饰的狞厉美、先秦艺术的理性美、楚汉诗词的浪漫美、宋元书画的境界美、明清文艺的思潮美、文艺复兴的人文美、巴洛克时期的激情美……艺术史记录了每个年代人们的生活、行动和感受,当下我们只有掌握当时的文化、宗教、科技和价值等,才能理解特定时期艺术作品背后的人文内涵。纵观东西方各种艺术,都具有丰富的人文资源,中国有五千年的悠久历史,优秀传统文化根植于历史之中,其中所蕴含的人文资源更是数不胜数,是其他各民族文化都无可比拟和无可替代的,高校美育教育者要引导学生欣赏多彩的中华文化,传承中华传统文化精髓,提升学生人文素养。

(3) 途径。

当前随着我国高等教育的普及化推行和发展,高校教育已进入"大众化"教育阶段,人文素养的培育和提高要有明确目标,既要符合大学生身心发展的规律,也要符合社会和新时代对人才的需求。通过美育课程提升人文素养可以从以下几方面实施:

第一,提高创新能力,培养审美情趣,塑造创新思维。艺术教育作为美育重要内容之一,可以开发智慧,塑造创新性思维,培养创造性人才。我国著名科学家钱学森提出,艺术的思维方式有助于扩大联想的范围,科学家要有艺术修养,能够用艺术的形象思维,大跨度地联想。他的亲属钱学敏也证实到"钱学森的成功不可否认与他良好的艺术功底有密切的关系。当他遇到难题,靠艺术的形象思维和直觉,常有意想不到的收获。"诺贝尔物理学奖获得者朱棣文认为,美国学生的成绩不如中国学生,但他们的创新及冒险精神,往往能创造出一些惊人的成就。[53] 作为各种思维综合体的人文素养涵盖面广,有助于创新思维的开拓和创新能力的提升,个体拥有较高的人文素养后,更容易获取新观点、新思想,拥有创新式发散思维。通过艺术教育,跨域融合并运用到具体生活中。

第二,健全人格,塑造正确价值观,拥有积极向上的人生态度。科学求真，人文求善，艺术求美，余潇枫认为"人格作为涵盖着人的心理文化结构的整体性表征，它的最高境界是融真、善、美于一体，它的最高本质是在审美中表达人的自由。"大学阶段仅拥有科学专业技能是不够的，还需要人格上的健全和三观导向上的正确性。人文素养对于大学生培养健康的情感和良好的情绪上有积极的正面指向作用。建立个体积极向上的人生态度，培养人与万物和谐共处、命运共同体的意识，形成正确人生价值观。艺术教育对学生的人格塑造是整体的，能对学生的心灵产生久远深刻的影响。海德格尔提出，作为哲学的美学其必要性存在时代的急难中。当代社会中各种思潮的交叉融合，拜金主义、物质主义、享乐主义等不良思潮冲击着大学生的思想观念，美育作为一种情感化教育，可以提高学生的审美能力，丰富学生情感体验，提高情商，对生活保持积极乐观、充满信心的良好心态，坚定理想信念和精神追求，减少利己主义思想，拥有同情、博爱和悲悯之心，珍惜当下来之不易的精神物质生活。以审美的态度对待自然、社会和自身，促进学生获得理性和感性和谐统一且自由的审美人格。

  第三，欣赏多彩文化，传承中华传统文化精髓。我国拥有五千年的悠久历史和文化积淀，中华传统优秀文化丰富且具有生命力，新时代背景下传承和创新文化是高校美育课程亟须解决的问题。通过欣赏宝贵文化遗产中文字、绘画、雕塑等经典优秀作品，传承其精神气节和优秀文化哲思，润物细无声的引导学生感受艺术作品背后所蕴藏的深厚人文精神，体味国家兴亡发达的民族传统文化精髓，树立当代大学生强烈爱国责任感和使命感，实现文化自信和文化自强。大到一个国家，小到一门课程的建设，都离不开人文底蕴和文化氛围，通过美育课程，引导学生在美的熏陶感染中提升人文素养，在创新践行中弘扬传统文化，实现其大众化和普及化。

  古希腊的亚里士多德提出艺术教育是启迪心智、净化心灵，带给人情感上的愉悦和精神上的自由的教育，是培养人格的教育。孔子提出的"里仁为美"，通过"礼"和"乐"教育，培养具有治国抱负的审美人格。王国维在《论教育之宗旨》中指出，"美育者，一面使人之感情发达，以达完美之域；一面又为德育与智育之手段。"他总结提出了"美育即情育"，美育课程要达到陶冶人的精神、丰富人的感情之目的，又要实现德育、智育实现的手段。朱光潜所说，"教育的功用就在顺应人类求知、想好、爱美的天性，使人在这三个方面得到最大限度的发展，以达到完美的生活"。[54] 美育具有促进人全面发展的根本性质，大学阶段作为大学生世界观和人生观形成的关键时期，是大学生审美意识形成和发展的关键时期。艺术教育对学生的人格塑造是整体的，能对学生的心灵产生久远深刻的影响。在新时代背景下，美育课程应结合学科优势和地方教育优势资源，使课程内容和教学方法多元化，以社会主义核心价值观为引领，传承中华优秀文化传统，弘扬中华美育精神。

第二节 高校美育课程的内容和类型

高校美育是指高等教育阶段实施的审美教育，与基础教育阶段相比，高校美育在教育对象、教学目的和课程教学中有其特殊性。主要体现在以下三方面：

第一，高校美育的教育对象以18~24岁青年为主。这一阶段的大学生在生理和心理发展、知识理论储备都有一定基础，情感特征明显，八大生理系统都已发育完成，其认知、意志、情感、个性等呈现主动性自我调节，具有基础理性思考能力，具有一定的审美基础。进入大学校园后，丰富的学习内容和自主的学习环境给予他们追求美的自由，特别是艺术方面的追求，集体主义情感、爱国主义情感、义务感和荣誉感都向着深度和广度发展。"他们更加自觉地按照美的标准来规范言行、以美的知识和技能丰富自我、按照美的规律来塑造自我。"[55] 因此，要注重对大学生审美趣味、审美格调和审美理想的教育。

第二，高深性的客观美育知识和实践性的能动美育创作相融合。一方面，高等教育的逻辑起点是以高深知识的学习和掌握为主，高校美育中不仅包括对艺术的认知和欣赏，更有对艺术的体验和评判，即遵循美的规律促进学生高阶思维发展；大学生不仅要了解自然美、社会美、艺术美和科技美等审美形态，还要"知其所以美"，高校美育课程内容要将"补偿性"的美学基础和"发展性"的美学规律以及艺术学等高深理论相结合；另一方面，高校美育要结合优秀艺术经典教育，促进大学生寻求人生境界意义，并以自然界中美的实物作为审美对象，发挥其作为审美主体的实践活动性和主观能动性,创造美的实物。美育课程形式要包括艺术鉴赏、艺术技能习得和创作实践活动。

第三,高等教育学习具有专业性和跨学科性。高校教育根据学科和专业对学习领域进行划分,根据知识和育人特色进行逻辑性设置、调整和组合,形成外在的形式美和内在的逻辑美。高等教育强调专业和知识领域的跨界融合。大学生不仅要学好本专业知识,还需要"跨域"发现美的规律的应用。新时代背景下的美育已然成为跨媒介、跨门类和跨行业的综合行业,因此需要培育专业性人才。高校美育区别艺术教育,它是通过传授美的本质和规律的内容,掌握客观事物和活动经验的知识能力,促进大学生审美能力和素养的提升;利用多种审美形态获取审美经验并进而产生心灵的涵养和灵魂的熏陶,最终实现人的自由而全面的发展。

因此,高校美育课程的内容和实施要遵循审美主体,即大学生的审美个性和审美经验,一方面,传授美的本质、规律等高深美育知识,指导大学生进行审美认知、体验和创作;另一方面,要力求审美主体从审美"感发"层次深化到人格"感动"层次,在专业领域和跨学科融合中进一步树立正确审美观和人生价值观,达到人格完满境界。本节将从高校美育课程这一角度展开叙述。

一、高校美育课程——基于审美"认知—行为—情感"

课程内容是指"各门学科中特定的事实、观点、原理和问题及其处理方式",它源于社会文化并随着社会文化的发展而不断发展变化。从定义出发,课程内容是"根据课程目标从人类的经验体系中选择出来,并按照一定的逻辑序列组织编排而成的知识和经验体系"[56]。如果说课程目标是人的骨架,那么课程内容则是人的血肉组织,它填充丰富课程目标。课程内容在整个课程中处于核心位置,课程设计是"关于内容的组织和安排",课程目标是"选择和决定内容的依据",课程评价是"判断内容产生的效用"。[57] 可以理解为,课程内容是课程目标的具体分类化,是整个教学过程的载体和课程设计的主体,也是课程评价的有效对象。

从美育课程内容出发的研究,主要集中在对美学原理和美育知识的学习上,如赵伶俐提出大学美育的基本内容应是"传授美的哲学与规律"[13]44；仇春霖认为，学校美育一般包括"美感教育，美学知识教育和学科美育"[58]。还有一部分学者提出要从其他方面进行扩充，如王军莉等提出的"民俗文化"是中华传统文化的重要组成部分，通过其艺术价值和审美价值有效提高大学生审美素养[59]。卢政认为"美学、美育、自然、社会、科技、艺术乃至校园环境"都包含于大学美育之中[41]113。

从美育课程类型出发的研究，王敏等[60]认为"美育不是一门具体的课程，而是相对独立的教育体系"，可以从两个层面进行课程打造，"首先是基础理论课（美育学、美育），其次是文化艺术课（包含鉴赏、史论类、批评、实践性课程）"。冉祥华认为，大学美育课程主要包括"基础的美育理论类课程，中间层的艺术鉴赏类课程，以及顶端的实践类课程"[39]。李智萍[61]提出美育课程包括赏析系列、史论系列和技艺系列三部分。张占国[62]提出美应包含"基础理论类，艺术史类，艺术鉴赏类，实用技艺类"。

综上所述，高校美育课程主要可以分为感知为主的理论鉴赏和技能为主的实践创作。《意见》中提出，职业教育应开设体现职业教育特点的拓展性艺术课程，将艺术课程与专业课程有机结合，强化实践；高等教育阶段开设以审美和人文素养培养为核心、以创新能力培育为重点、以中华优秀传统文化传承发展和艺术经典教育为主要内容的公共艺术课程。故将高校美育课程内容类型大致分为三个方面，即审美认知教育（包括美育和美学知识等）、审美技能实践（包括技能习得和创新创造等）、艺术人文教育（包括民族文化、人类文化、价值观、职业道德等）。我们要注意三个方面：首先，艺术人文教育渗透在审美知能教育中，是一种潜移默化的融合过程，要避免刻意进行人文教育，使其与美育课脱节或者出现"两层皮"状态。其次，《关于全面加强和改进新时代学校美育工作的意见》中提出，课程中要"加强艺术经典教育内容"。因此要充分发挥艺术作品"艺术语言、艺术形象、艺术意蕴"三个层次作用，杜卫提出，艺术作品被艺术家创造出来后就具有其社会性，它不能作为独立且静止的形态存在，随着历史的发展，艺术品不断被赋予各种审美和人文价值。作为经典艺术作品，它具有深厚丰富的人文价值，且随着年代的积淀越发浓郁饱满。因此，要深入挖掘经典艺术作品中本身蕴藏的人文涵养对学生进行价值观等精神方面的正向引领作用。注意将哲学、史学等多种人文学科进行融入，以帮助学生对美育课程中的人文内容理解和内化。最后，在美育教学中，要处理好美育的共性和个性问题，虽然每个学生的性格、出身、信仰和教育等都存在差异性，但对于艺术美的理解存在共性，可遵循不同专业分层分类美育教学原则，在共性中寻找个性，在个性中发现共性。

我们可以将高校美育课程基于审美"认知—行为—情感"三方面通过以下类型具体实施开展：①基础的美育理论类课程，课程设置系统中的基本环节，旨在培养学生的审美认知力；②艺术鉴赏类课程，课程体系中的中间环节，旨在培养学生的审美体验力和文化理解力；③艺术技能类课程，旨在培养学生的审美表现力；④艺术创作类课程，旨在培养学生的审美创造力。

二、认知类美育课程——补偿与发展

（一）课程内容

高深知识是高等教育的逻辑起点，是大学知识论基础。[7]"高深"一词，"在不同历史时期指不同的知识程度，它随着历史的变化、社会的进步和科技发展而不断加深和扩大其内涵。"但无论在哪个阶段，有一点是不变的，正如伯顿·克拉克认为的"只要高等教育仍然是正规的组织，它就是控制高深知识和方法的社会机构，它的基本材料在很大程度上构成各民族中比较深奥的那部分文化的高深思想和有关技能"，高等教育的任务是"以知识为中心的，正因为那令人眼花缭乱的高深学科及其自体生殖和自治的倾向，高等教育才变得独一无二。"[63] 蔡元培先生也提出"大学者，研究高深学问者也"，布鲁贝克认为"高等教育研究高深的学问"，所关注的是"深奥的学问"。[64]

综上所述，高等教育是以"探究"性"高深"知识为载体，培养和塑造高层次专门人才。基于此逻辑起点，高校美育课程中对于高深知识的认知应是有关美和审美的本质、结构、要素和规律，其属于理性思维认知，"大学生应当是理性思维的身体力行者，理性思维是人类最高级的心智操作，它具有高度的概括抽象性、积极的综合创造性、缜密的逻辑辩证性、丰富的历史实践性。"[65] 高校美育课程不仅要通过形象性和直观性的符号图案等启迪认知,更要运用逻辑理性思维引导学生分析客观对象的内在美,运用能力迁移形成高阶思维美。

审美教育根据美育知识的深浅将学校美育划分为三种类型:学前教育的启蒙型、义务段和高中段教育的普及型、大学以及以上的高深文化型。启蒙型从学校美育来说,一般适合于学龄前儿童,在审美教育中属于较低层次,这个阶段要充分考虑到幼儿的身心特殊性,学龄前儿童对于色彩有较强的主观性,对线条的运用能力较弱,对事物和事物之间的关联性理解也欠缺,所以可以开设一系列以游戏为主的艺术类活动;普及型一般来说包括义务段和高中生,他们在审美教育中属于中等层次,他们开始有明显的写实倾向,具有三维空间能力,在色彩上也更加注重不同色彩对自身产生的情感反应,可以通过丰富多样的艺术课程来展开,"在音乐、美术、书法课程的基础上逐步开设舞蹈、戏剧、影视等艺术课程"且增加艺术课程的"可选择性";高等院校学生具有一定艺术修养基础,属于审美教育中的最高层次。根据有关调研和数据得出,目前高校所在大学生由于历史原因或者经济条件限制,基础教育阶段美育欠缺,对审美知识没有系统性的接触和训练,例如近30%的大学生欠缺艺术技能,50%的大学生对美的认识能力不足,绝大多数存在对美的理解仅停留在直观认知阶段。因此,高校美育课程应该是高等教育阶段之前所受美育基础知识不足的"补偿",和以美学原理、审美规律等高深美育知识的"发展"。

高校培养高级专门人才,高校美育课程需围绕"高深性"和"专门性"展开,这是其区分其他阶段美育教学的特点。我们将美根据审美形态分为自然美、社会美、艺术美和科技美,这些美可以通过形象的事物体现出来的,具有美的客观性和形象性。比如自然美中的风景、艺术美中的经典画作等,我们用视觉、听觉、触觉等感官去感受它的色、形、声等形象性。根据事物外在的物态特征抽取出来的具有关联性、规律性的美的抽象构成,例如和谐、对称、比例、运动和节奏等,需要运用意识和理性去认识改造。这是审美主体从外到内、由感性认知上升到理性认知,将感受对象的表象、形象渗透到内在思想和情感中的过程。大学生不仅要学会对美的欣赏和认知形象化理解,更要掌握美的高深知识,诸如美的哲学,包括美的本质和美的规律、美的形态和范畴,以及美的理论和方法性知识。在其浅层认知基础上提升审美能力和艺术素养，有针对性地在社会美内容中融入价值观、道德素养、人际关系等，艺术美内容中渗透文学、音乐、民俗文化等，科学美内容中提升逻辑思维能力等，引导学生拥有正向审美判断、树立正确审美观，培养审美经验、审美情感和审美趣味，提升人文素养。

（二）课程类型——理论基础和审美鉴赏

1. 理论基础类课程——培养审美感知力

课程讲授美学基础知识为主，旨在促进学生审美感知力和认知力的提升，通过美学原理、艺术学概论、美术史论等课程来实现。主要包括美的规律、本质、起源、特性等基础理论内容，引导学生围绕"是什么"去探究和解决问题，比如"中外美术史""艺术概论""工艺美术史"等课程。

一方面，传授美学理论知识。美育学中的美学知识主要以指导学生掌握审美功能为主，让学生了解"何为美""美在何处""美的内容和范畴""美的存在形态"等问题，让学生运用美学概念、原理、本质、规律等理性思维概括分析感性认识，从更高层次来说，这也是理论辅助实践的过程，以哲学理性的角度指导学生审美实践。

另一方面，传授艺术基础知识。《意见》指出高校应"开设艺术实践类、艺术史论类、艺术批评类等方面的任意性选修课程"。艺术理论知识的学习，是学生审美素质潜移默化地养成过程，学生要形成高雅的艺术情趣就必须学会以正向感知能力欣赏经典优秀艺术作品。艺术基础知识不仅仅局限于艺术学，还包括艺术的造型要素和表达能力，诸如绘画中的色彩构成、点线面造型、构图美学和综合材料等，通过艺术要素形成对跨界艺术的认知审美。再如艺术基础知识中的中外各类艺术史，有助于帮助学生对某一个阶段或某一种艺术的演变史有所了解，艺术史以不同种类艺术的思想、激发、文化等发展为载体，让学生通过不同阶段和种类的艺术史中的优秀经典作品感受其中的人文精神和文化精髓，激发学生的求知欲，塑造完美人格。

2. 艺术鉴赏类课程——培养审美体验力

艺术鉴赏是审美主体通过审美对象认识客观世界的一种思维活动，包括艺术作品的审美沉浸和"评价""分析"高阶思维的获得。艺术鉴赏美育课主要是将美学理论和艺术基础知识运用到绘画、音乐、舞蹈、影视等各种艺术类别中进行评价和分析,它是运用和创造的基础,"是一种以艺术品为对象、以大众为主体、力求获得多元审美价值的积极能动的欣赏和再创造活动,是鉴赏者在个人的审美经验基础上对艺术作品的价值、属性的主动选择、吸纳与扬弃"[66]。鉴赏课程主要包括艺术概论和作品赏析两个部分:艺术概论主要包括艺术活动基本规律,诸如艺术本质、功能、特点、规律、构成要素和鉴赏方法等理论知识;作品赏析基于艺术概论展开,教授学生审美方法和批判赏析方式等。课堂教学中应避免纯理论讲授,要适当融入课外体验活动来丰富教学形式。教师要处理好共性和个性之间的关系,针对艺术专业的学生,鉴赏课程应注重针对优秀经典艺术作品进行欣赏和评析,强化审美能力和审美态度,形成审美独立性和个性化,为专业的审美创造奠定感性和理性相结合的综合思维能力。"一个从事专业艺术创造的人才,若美术趣味不高,则会造成审美缺失。"对于非专业学生来说,鉴赏类课程则应培养个体对美育情感的灵性激发,培养美育想象力和美感养成为主,有效区分艺术教育与美育之间的关系。美育鉴赏类课程涉及多种艺术形式,比如音乐、美术、舞蹈、戏曲等多种形式,以音乐鉴赏、影视鉴赏、美术鉴赏、舞蹈鉴赏、戏曲鉴赏等课程来实现。如"传统工艺美术鉴赏""中外艺术品赏析""影视音乐鉴赏"等。

无论是艺术概论还是作品赏析,其主旨都是通过自然、社会、艺术中各类美的事物、美的经典艺术作品等,引导学生进行欣赏、感知、理解、体验和评价,提升美的认知力和体验力,为形成崭新的知识整体和能力迁移即艺术实践做准备。这个过程主要通过人的感官打造认知,给予学习者多感官、多维度的外部刺激,这些感官刺激会投射到海马体、杏仁核等与学习记忆相关的脑区,提升神经元的可塑性并促进神经活动的发生,从而激活知觉、增强感知能力与记忆状态,改善学习和认知。❶ 例如,不同感官刺激对应不同艺术种类:视觉对应的视觉艺术,包括绘画艺术、平面设计等;听觉所对应的听觉艺术,包括流行音乐、古典音乐等;味觉对应的味觉艺术,包括生活美食等;嗅觉所对应的嗅觉艺术,包括香水品鉴等;触觉所对应的触觉艺术,包括纤维艺术、综合材料绘画等。此外还有多种

---

❶ MOMOUX. 趋势洞察:泛现实技术应用及八大体验维度分析[EB/OL]. [2019-04-12].

感官艺术，比如综合视听艺术中的戏曲、影视赏析等。以感官为中介，将艺术的符号和语言，包括色构（色相、纯度、明度）、形构（点、线、面、体、大小、高低远近等）、声音（音长、音强、音调、音质、音频）、质地（软、硬、冷、热、滑、粗、细等）、节奏（动作、移动、运动方式、方向、轨迹等）等，激发学生对美的事物物态特征进行感知。在五官认知基础上，鉴赏类课程要引导学生达到一种感知共鸣状态，即以审美趣味、价值取向和美感水平为内容的审美体验力的提升。感知需要身体感官、记忆、情绪、认知、社会关系、价值观等综合作用，共鸣强调主观感受，即学生通过作品和艺术家感同身受，促进两者产生共情，继而提升审美意识。一位著名艺术家曾经说过，"感动我的作品背后有大量观念、政治及知性方面的信息，视觉的呈现只不过是招牌而已。它不仅是视觉元素的重组，还是艺术家利用视觉法，结合眼睛和认知力，创造出来的崭新的思想机器"。鉴赏类课程不仅要培养学生的审美认知和美感能力，更要建立学生的审美价值观，培养学生运用感性的形象性和理性的逻辑性综合辩证分析善恶美丑，引导学生用美的规律改造自身与世界。

（三）遵循要点

1. 以美学内容为基础，提升发现美、鉴赏美和创造美的能力

高校美育课程作为一个金字塔的形式，最顶端的部分应是美学知识，高校作为高等教育，其美育课程是区别于基础教育的高深美知识，主要包括美的哲学、美的本质和美的规律性的知识。

首先，美学理论的学习有助于我们学会用批判角度和理性思维看待问题、解决问题。美学是从哲学发展而来的，它属于哲学的一个分支，美学通过理论的角度对美、美感与艺术进行抽象地思考、推理、论证研究。李泽厚将美学定义为"以美感经验为中心，研究美和艺术的学科"，他从哲学的角度对美学做了某种现象的描述和规定。美学史中最重要的著作和理论是美的哲学，哲学中的"真""善""美"，即知识、意志和情感，其中的"美"即美学，包括各类艺术。

其次，美学知识的学习有助于指导个体审美活动。从认识论角度来看，知识可以分为陈述性知识、程序性知识和策略性知识，分别对应是什么、做什么和怎么做，三个层次是递进关系。因此，通过欣赏美、认知美、体

验美，形成正确的审美观，运用积极的审美态度和高雅的审美趣味指导我们的审美能力。若缺乏相应的美学常识会导致审美偏差，推崇丑的形象或怪的现象。在我们的校园中，我们经常会看到有人身着奇装异服，打扮低俗，却引以为美，这些都是审美主体缺少正确审美标准而形成错误的审美观造成的。

美无处不在，在发现美的基础上，美学知识帮助我们如何去进行美的鉴赏。鉴赏美包括对美的欣赏和品鉴，美学理论通过对美的规律的分析研究，形成美的评判标准。用审美标准去评判美，形成自身对美的认识，提升我们鉴赏美的能力。在欣赏美和鉴赏美的基础上，美学理论能够提高我们创造美的能力，人的生活是由知识创造、科技创造、文化创造等组合而成，马克思提出的"人是按照美的规律来建造"的，人按照美的规律去创造世间万物，美学理论的学习，能帮助人们把握美的规律，提高美的创造能力，促进社会发展。

2. 发挥艺术教育的主体功能，提升审美主体人文素质

美育是审美主体通过审美活动，培养审美能力的过程。审美作为艺术的根本属性，它是艺术的价值根源。艺术所具有的审美价值是其他任何文化产物都无可替代的。最初的时候，艺术具有社会功利性特征，诸如舞蹈、建筑、绘画等被今日认为仅供观赏的"艺术"，都具有明确的功利目的，是古代人类的精神信仰和寄托，但随着时间流逝，这种"物态化生产品"的功利性质日益消逝，转变成我们现在所说的"艺术品"。斯托洛维奇说："在每个领域中出现的范式值得称为艺术的活动，都必定具有审美意义，都能够产生美的成果，创造审美价值，因为它是'按照美的规律完成的'。"[67] 彭吉象提出："艺术作为人类文化形态之一，之所以区别于哲学、宗教、道德、科学等其他文化形态，就是由于艺术始终把创造和实现审美价值来满足人的审美需要，作为自己最主要和最基本的功能。"[68] 审美有众多途径，但主要形式是通过艺术欣赏来实现，诸如我们欣赏一幅经典绘画名作，聆听一首优美的乐曲，翻阅一部文学著作，这些艺术作品都是由艺术家创造，是艺术家对美的理解和美的结晶，是美的物化形态。对艺术品的鉴赏、创作等艺术实践活动，是提升审美能力最有效的途径和方式。艺术教育还具有培养创新思维、塑造健全人格等任务。艺术教育对"提高

人的审美情趣、创新能力、心理承受能力等促进大学生全面发展"。[69]我国古代先哲孔子提出培养文质彬彬君子的过程是"兴于诗，立于礼，成于乐"，认为艺术在完善人格中有着重要的作用。他认为乐教通过情感来影响人，使人受到潜移默化影响，艺术是抒发情感的最佳形式，乐教更能塑造道德人格。艺术教育与德育相辅相成，多元化艺术教学是解决大学生人文素质严重缺失的有效途径。[70]因此，艺术教育是素质教育中不可或缺的重要部分，对大学生提高审美修养、丰富精神世界、培养创新意识和促进全面发展等方面，具有其他学科不可替代的作用。

三、实践类美育课程——习得与创造

(一) 课程内容

实践主要通过技能的习得和创新创造实现。技能，指个体运用已有的知识经验，通过练习而形成的一定的动作方式或智力活动方式。孔子提出"游于艺"，强调掌握一定物质技巧即技艺的重要性。"游"从词源看，引申为不固定的、经常移动的。"游于艺"突出了技能获得的自由之感，这种自由感和艺术创作过程中的创造感是相通的。席勒从艺术无功利性角度提出的"游戏说"，认为"只有当人充分是人的时候，他才游戏；只有当人游戏的时候，他才完全是人。"这里的"游戏"即"审美"，审美把人从精神和物质枷锁中解脱出来，成为"自由的人"。蔡元培也说过，"人在保持生存以外，还要享受人生"，其中的"享受人生"正是来源于艺术给人的精神方面的愉悦和自由。美育课程中的审美技能教育，分为两个层次：第一层次是技能习得，即"游于艺"，是对某一物质技艺的学习和熟练掌握，包括"程序性知识习得"和"认知策略习得"；第二层次是技能创新，即"成于乐"，使"人由于物质现实地掌握客观世界从而获得多面发展的要求。"它是个体在掌握技能客观规律获得自由愉悦感基础上，通过能力迁移和创新运用，用美感染、熏陶和塑造人的性情心灵，造就"完全的人"，最终获得"从心所欲不逾矩"的自由心境，它不再是单单对技艺掌握的满足感，更是古人所推崇的"天人合一"的完满人生境界。

具体应用到课程教学中，技能习得包括因学习、练习而掌握知识和技能，尤其是技能的掌握需要习得行为参与，民俗传统文化工艺的技艺传承更是需要长期、反复的操作和实践才能获得。比如在传统工艺课程中让学生通过习得掌握布艺、剪纸等工艺技能，深入挖掘历代劳动人民的审美观念、精神品质和对美好生活的追求，让学生树立对中华文化生命力的坚定信念，达到"文化自信"。在习得基础上进行技能迁移和创新运用。这是一个量变的过程。体现在教师对学生进行文化引导，指导学生系统且科学地对工艺进行梳理和调研，并对工艺材料、工具、技法进行进一步研究、考证，厘清其历史渊源和文化脉络，深入挖掘图案、符号中的文化意蕴，剖析其审美艺术特征，体会其社会文化价值。在这个步骤中，体现了大量的艺术人文信息。技能创新是在技能习得和文化研究基础上实现的：一是技能工艺的创新，将传统工艺和当代科技手段相结合，对传统工艺进行改进和升级，使之既保留传统核心技艺的属性，又融入现代加工方式以提升工艺的精确性和便利性；二是文化的创新，让传统审美融入时代精神，构建传统工艺的当代文化特性。以工艺内容"民间剪纸"项目为例，"传"，传习剪纸技能方法"五要素"，包括圆、尖、方、缺、线，进行文化研究，探索融入在剪纸文化中的传统人文哲学"物我合一"本质，社会文化精神以及人与自然共生的生态伦理；"承"，承接时代美育精神，通过社会性主题作品创作实践，体现出民间剪纸在当代社会精神融入和传承立新，传递当代大学生的文化担当和历史责任。

需要指出的是，在实现美育课程的审美认知和技能培养基础上，还要充分结合载体开展美育：构建第一课堂、第二课堂协同运行机制；利用艺术展馆等社会资源机构平台，充分发挥美育隐性空间功能；加强校外美育课程实践基地建设。这些都能够促进学生审美能力的提升和锻炼，拓展感受美、鉴赏美、体验美和创造美的广度、深度。

（二）课程类型

1. 技能类美育课程——提升审美表现力

如上所述，美育技能包括技能习得和技能创新，技能类美育课侧重于前者，即技能习得，主要是通过某个技能的学习和表现，属于美育课程中的实践课程。如剪纸课、布艺课、版画课、钢琴课、舞蹈课等，通过实践操作掌握一种艺术表现形式的课程。课程教学中包括对艺术基础理论的辅助学习，进而进行技能模仿和练习，是艺术作品创作的基础和前提。此类课程并非单纯以机械技能操作为目的，而在提升学生艺术表现能力。美学研究中的"审美认知转向"即具身认知为艺术本质的探讨开启了新思路，研究显示，人们通过认知习得知识，通过切身实践领悟技能，在身体感受不断体验酝酿中内化形成情感。技能类课程是建立在以艺术理论和鉴赏类课程所获得的审美认知和审美体验力的基础上，学生获得了一定审美感知、理解、评价力且具有正向的审美趣味、价值观导向和一定的美感水平，通过技法的习得和掌握表现某种艺术情感美。例如，书画临摹中，清代董启云曰："初学欲知笔墨，须临摹古人。古人笔墨，规矩方圆之至也。"通过对优秀作品长短线和虚实线、墨色渲染的临摹，关照古人的技术手法，感受他们的内心情感以及文化品位，领悟作品背后渗透的人文思想、笔墨精神和思哲内涵。因此，技能习得作为审美创造的前提，若是光有审美认知和体验力，但缺乏一定的技能技巧，则不可能创造和表现美，但光若有技能，却少了一双发现美和欣赏美的眼睛，那也不能进行美的创造。需要注意的是，美育中的艺术技能教育要掌握好"艺技"之"度"，针对艺术专业类的学生，可"重技"，美术教育是培养有艺术技能的人，强调技能熟练度为创作铺垫基础，让学生"技艺兼修"；若是针对公共美育课程，应"重艺"，通过适当的技能训练让学生掌握基础技艺并重在"神志"之悦，不要刻意强调技能练习而造成学生心理压力感，通过技艺旨在传承审美文化和技艺精神。

2. 创作类美育课程——塑造审美创造力

创作类美育课程是学生在审美认知和审美技能基础上，运用自身审美经验、艺术观念和情感体验，以艺术媒介和艺术语言为载体，按照美的本质规律，根据特定的艺术内容和形式创造出具有审美意象的事物。根据布鲁姆认知六层次理论，创作是通过感知的浅层"识记"和"理解"，本质规律的深度"分析"，技能的迁移"运用"，最终将"所学知识的部分重新组合"，综合"形成一个新的知识整体"的过程。从古至今，艺术创作融入了人的自由性，是基于艺术技能领悟基础上，对个体人格精神和思想境界的实现。艺术创作旨在培养学生"较高水平的审美素质"，赵伶俐认为，"一个人如果能够对整体中各部分和要素之间有机匹配关系的敏锐感知和理解，并获得身心愉悦体验（美感），就可以说他具有了最基本的审美素养；如果进一步深造后掌握了美的本质（和谐）和美的基本规律，并能通过一定的技能表现和创造出新的和谐事物，就可以说他有了较高水平的审美素质"。艺术创造是学生运用感知、思维、记忆、情感等综合能力，对现实生活观察、体验、分析和加工，塑造艺术形象，形成崭新的审美意象的审美过程。学生通过心和脑中的审美意象，通过手和眼转化为实物，并通过创造物表现自身情绪和思考。因此，艺术创作要求创作者具有丰富的审美经验、娴熟的技能技巧、深厚的生活积累和高尚的思想情操。

我们可以将艺术创作的过程分为生活积淀、形象构思和艺术表现三个阶段：

（1）生活积淀。李可染认为："艺术要向天、向地。天，是理论观点；地，是自己的实践。"理论和实践相互依存和转化，其本质"都源于生活"，生活是艺术最好的来源和选材，生活中的一点一滴，都能让我们发现美，感受美的力量和存在，逐步积累出表达美的方法。创作者只有在日常生活中留心观察、勤于感受、善于思考、乐于体验，才能将收获物放入自身意识素材库中。正如美国女作家海伦·凯勒，在其被誉为"世界文学史上无与伦比的杰作"《假如给我三天光明》著作中，表达了她对美好生活的热烈追求和对人类生活的高度礼赞，"赞美了生于斯、长于斯、繁衍于斯的大自然，称颂了人类往昔的历程和现代文明、璀璨文化和沸腾的生活"。罗丹说过："在艺者的眼中，一切都是美的，因为他的锐利的慧眼，注视到一切众生万物之核心，如能发现其品性，就是透入外形，触到它内在的'真'。这'真'，也即是'美'。虔敬的研究吧，你一定会找到'美'，因为你遇见了'真'。"[71] 正因为对生活的细心体验和感悟，他才创造出优秀传世之作《思想者》。冼星海的《黄河大合唱》，也是基于其20多年所积累的理论创作和生活经验，正是有了音乐的沃土才创造出绚丽的硕果。

（2）形象构思。创作者把积累的生活素材升华为艺术作品，它是由感受到思索、由思索到发现，最后形成艺术意象的过程。形象构思是创作劳动过程中最紧张、最复杂和最艰巨的阶段，是从感性认识转化为理性思维的质的飞跃，它通过创作者对前期客观素材的加工、选择、提炼和重构，融入个体联想、情感等主观因素形成审美意象，进而对意象组合和衔接获得艺术灵感。因此，构思的实现取决于创作者主体既有的审美知识、思维方式和艺术修养，同时，外界的信息触动对构思的激发也具有一定程度影响。例如，同样面对夕阳余晖、孤雁翱翔这一宁静致远的画面，有人简单惊叹于"太美了"，而有人会联想到诗句"落霞与孤鹜齐飞，秋水共长天一色"，并进一步深入想象和发挥创作，这取决于创作者的思想修养，个体修养越高，生活积累素材越丰富，其艺术构思就越完善和深入。这个过程是主观和客观、感性认识和理性认识的统一，在构思中完成立意。

（3）艺术表现。即艺术创作的施展、显露，是创作者形象构思和精神劳动的物质体现。一般通过点、线、面等形式构成元素，结合艺术内容完成艺术表现。例如，被誉为"画中之兰亭"的国宝级文物《富春山居图》，从构思、动笔到绘制完成用了七年时间，创作者黄公望久居山中，观烟云变幻之奇，领略江山钓滩之魂，不断写生积累画稿，画中不仅表现了"山川之骨"，更具有"山水之气"。这正是生活积累、形象构思和艺术表现三者的最佳融合，通过对生活和自然中所选对象的深刻认识和感悟，领略蕴藏真谛，正所谓"外师造化，中得心源"，通过创作者内心情思和设构，方能完成创作。这个过程是自然的客观存在和主体抒情表现的融合，是主体与客体、再现与表现的高度统一。

具体在课程教学中，教师要将表现美学特点和文化理解的"审美"、体现时代精神和技能技巧的"创美"两者相融合，"创美"基于"审美"，让学生明白"美之所以在"，深入领悟"传承"是传统技艺和文化精神在新时代中的巩固和延续，将此作为课程的共性之处。课程的个性之处则体现在对于非艺术专业的学生，引导其运用简单技法表现将审美意象创造性生成即可；对于艺术专业学生，则可鼓励其形成较为成熟的审美意象，并通过熟练的艺术表现手法将抽象的意象事物进行综合且情感丰富地表现。课程教学中：一方面，可以就某类艺术的创作思路和步骤进行讲解，分解普及创作方式，在赏析大量艺术经典作品基础上，引导学生通过想象性创造和思维，让学生产生丰富构思，形成独特的创作思想和感情。创作中，要注意引导学生将手工艺材料、工具的运用与创新思维向内转换形成自我感受，通过移情作用将自身与工具、材料融合在一起，形成心手合一、身心融合的特定情境和场域，让学生内心沉浸专注产生浑然忘我的体验。培养学生美育创造力，可以在教学中以真实且具有趣味、宽松且自由的活动，培养学生内心对美育文化的认知共识和浓厚兴趣。意识作为行为的先导，只有让学生对艺术品产生共识认同才能让学生自主进入氛围中，聆听文化的历史脉搏。另一方面，马克思指出："全部社会生活的本质是实践的。"美育实践课程中的创造灵感来源之一是充分利用社会资源和社会空间来增强教学效果，以实践教学突破场域局限，营造轻松自由的非结构化学习方式。社会中带有教育性质的工艺文化场馆，是美育课可以延伸的教学场域，设立大课堂理念，挖掘整合社会育人资源。充分利用社会资源，体现出它作为活教材具有的情境化感染作用，彰显"新时代"美育课程实践品格。引导学生用"美"塑造城市，助力乡村振兴事业，用实际行动真正践行"美就是创造力"，真正打通社会美育和学校美育，促进个体社会化，实现"大美育"理念。

（三）遵循要点

1. 理论与实践的动态循环性

教学即教与学的结合，两者充分地互动融合才能保证教学的统一性和完整性。教学活动通过理论讲授和实践操作完成，前者以高深知识的理论的认知学习为主，后者是具体技能的传授和掌握为主。实践是对理论的指导，更是深化，它是学习活动中必不可少的一部分，只有通过实践活动才能让学生对理论知识进行深入理解和巩固。一般在这个过程中我们遵循"理论—实践—理论"动态循环，即理论作为实践的指导基础，实践又是对理论的深入验证，学生通过实践得出的结论又可以进一步丰富和细化所学的理论要点。高校美育课程的主旨是通过学生感知美、欣赏美、体验美和创造美，来达到审美能力和人文素养的提高，同时进一步丰富主体的情感精神内容。美育作为审美教育，审美本质具有充分的能动性，因此美育课程中的审美实践是不可或缺的，它建立在学生既有的审美认知上。无论是对美的鉴赏还是对美的创造，都是需要建立在一定美的理论和认知上，理论作为某类事物性质、作用、原因和起源的评价和看法，我们只有掌握美的本质、特性和规律，才能进行审美评价和创作。从艾宾浩斯遗忘曲线中，我们可以得知记忆速度"先快后慢"，即最初遗忘速度快并逐渐缓慢，如果不对知识加以巩固，则会很快遗忘。因此，在陈述性知识获得基础上，可以结合技能的体验获得程序性知识，通过创作获得策略性知识，以体验和

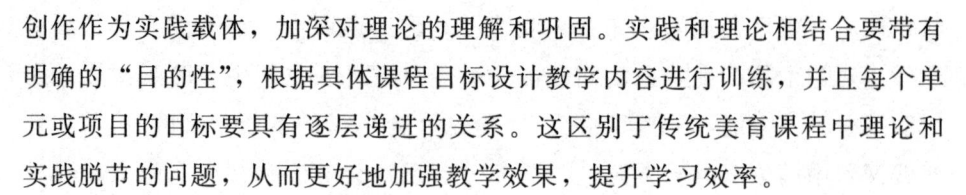

创作作为实践载体，加深对理论的理解和巩固。实践和理论相结合要带有明确的"目的性"，根据具体课程目标设计教学内容进行训练，并且每个单元或项目的目标要具有逐层递进的关系。这区别于传统美育课程中理论和实践脱节的问题，从而更好地加强教学效果，提升学习效率。

2. 时间和空间的跨学科综合性

美育是一门多种学科交叉的综合类学科，包涵美学、教育学、心理学、社会学、人类学等多种学科，美育课程中不仅要有美学艺术方面知识，也要囊括不同层次的人文内容。高校美育课程在内容综合性主要体现在以下三方面：

其一，时代更替。美育在每个历史阶段都被赋予不同使命，从孔子"礼""乐"教化、到李叔同的"使文艺以人传"，再到蔡元培的"以美育代宗教"，马克思主义思想介绍到我国后，提出的"劳动创造美""实现人的全面发展"，再到中华人民共和国成立后，美育逐渐成为社会主义视野下精神文明建设的有力保障。新时代弘扬中华美育精神，实质是通过对儒家美学思想中体现的道德精神和礼仪规范，扎根时代生活"立德树人"。高校大学生是社会的新兴力量，他们时刻要把握时代文化趋势的发展和掌握社会发展动态。高校美育课程内容要做到与时俱进，教学内容要贴近时代生活，避免脱节化，让学生失去对美育知识学习的积极性和兴趣性。

其二，时空演变。我国具有五千年的文化历史，原始艺术萌芽的彩陶、狞厉的青铜器、唐朝盛世、无我之境的宋元艺术、浪漫的明清文艺，民间艺术中寓意之象的皮影戏、物我合一的剪纸文化、人文礼仪的香囊艺术等，这些工艺文化反映了中华优秀传统人文思想和精神内涵，它构成了中国人民生活方式的物质基础，实质上是中国劳动人民思想观念的发展和演变史。我们不仅获得了艺术形式带来的审美情感，更是感受到蕴含其中的不同时代不同空间的浓郁的国家情怀、社会理性和道德精神。

其三，跨域融合。美育作为多个交叉学科综合的学科，我们要加强它和美学、教育学、社会学、心理学等学科的交融，例如，针对艺术专业的学生，开设专业性质的美育课程"设计心理学"，设计中的心理问题比比皆是，从马斯洛需求层次中我们可以得知，人的需求从最基础的生理性到安全性到社会性，最高的层次即自我价值实现性，人具有从低级到高级的多样性需要，所以设计不仅需要满足人们使用方面的需要，还要实现人们产生的多样的情感体验。设计心理学作为设计学科的一门工具学科，能帮助人们运用心理学中已经经受过检验且相对稳定的原理解读设计中的现象，达到改善和辅助设计的运行，提升设计者的创意能力目标。它作为产品设计类学生的专业美育选修课，具有较强的辅助提升作用。

第三节 高校美育课程的评价

一、评价内容和方法——综合化和多样性

美育课程中，评价的内容既要遵循美育特点，又要考虑学生的共性化和个体化。美育不是知识或技能的传递，而是"一个哲学或精神层面的教化和升华"。通过美育"养成人格之事业"，提升学生对美的欣赏、认知、体验和创造等综合能力，以及在综合能力基础上所形成的正确的人生观、价值观、情感、人格塑造、审美情趣等方面。通过美的素养，实现人的全面发展。因此，美育的学习评价应遵循美育目标，将审美能力与人文素养、标准化与个性化、客观化与主观化、过程性和终结性相结合共同完成。

（一）评价内容综合化

1. 价值性

2020 年 10 月，中共中央办公厅、国务院办公厅印发《关于全面加强和改进新时代学校美育工作的意见》，在《意见》的工作原则中指出："全面深化学校美育综合改革，坚持德智体美劳五育并举，加强各学科有机融合，整合美育资源……全员全过程全方位育人。"在科学定位课程目标中指出："职业教育强化艺术实践，培养具有审美修养的高素质技术技能人才，引导学生完善人格修养，增强文化创新意识。高等教育阶段强化学生文化主体意识，培养具有崇高审美追求、高尚人格修养的高素质人才。"在完善课程设置中指出："职业教育将艺术课程与专业课程有机结合，强化实践，开设体现职业教育特点的拓展性艺术课程。高等教育阶段开设以审美和人文素养培养为核心、以创新能力培育为重点、以中华优秀传统文化传承发展和艺术经典教育为主要内容的公共艺术课程。"因此，科学合理的美育课

程评价,是促进美育课程定位、确保美育价值导向的关键。一方面,明确美育课程评价目标指向。必须坚持基于审美能力和审美趣味提升人文素养,杜卫提出,美育培养的"人文素养"主要指"对艺术有一定的文化理解能力,具备高雅的生活情趣、超越私欲的宽阔胸怀和超越世俗的精神气质",其实质"是学生道德成长中坚实而真诚的情意基础"。新时代美育课程评价旨在育人并促进人的全面发展。另一方面,确定美育课程评价功能定位。以美育引领其他各育,将"美"渗透到教育教学中,以"美"育"全人",促进个体身心协调发展。充分发挥美育社会化价值,彰显美育课程"培育美的人、美的人生与美的社会"整体育人功能。[72]

2. 层次性

审美素养,是"审美主体对美的事物(包括自然美、社会美、艺术美和科技美),进行感知、理解、体验、评价和创造的基本品质与能力的综合"[36]。从认知力、体验力、表现力和创造力四层次进行评价,用金字塔形式来体现,最底层是对和谐的美的感知、理解和领会;中间层是对美的和谐规律的掌握,并能通过能力迁移解决新问题;最高层是通过美的性质规律融合认知理解,创造崭新和谐之美,它是个体具有最高层次的审美素质。最底层和中间层是素质养成的量变过程,最高层实现量变到质变,即审美素质的实现。我们可以将高校美育课程评价分为三个层次:

(1)对美和美育知识学习认知情况,即对美和美育的感知力和理解力的评价。

(2)运用美和美育知识形成美感,具备赏析能力和审美情趣,即美的体验力和表现力评价,体现学生对美的知识进行迁移应用以及塑造价值取向。

(3)审美创新创造能力和人文素养的评价,培养学生创造美综合能力。针对公共艺术类美育课程,在评价内容分值上,认知美、欣赏美和体验美可以作为主要占分比例,创造美可以作为加分项或者小分值比例来体现。例如可以鼓励一部分有创造实践能力的同学参加创新创业能力比赛、乡村振兴项目大赛等,此类竞赛对学生难度和要求都较高,故而可以针对专业能力突出和艺术特长的学生,作为评价分值中的加分项,起到激励作用。

3. 维度性

提升大学生审美和人文素养是一个持久且系统的教育工程,所以需要涉及上至学校顶层设计，下至每个学生日常养成的多方位、多角度的调查、探索、研究和实践，制定出多维度评价内容和体系，可以从高校美育工作开展条件、开展过程和实现效果形成美育工作评价内容。

第一，条件。包括机构部门、经费统筹、基础设施、人文环境等方面，只有上述方面协同发力、共同参与，统筹构建，才能使高校美育工作顺利开展。

第二，过程。主要从课堂教学、日常管理、资源平台建设、学科美学渗透、校园人文环境建设等要素方面展开。在具体工作实施中，要秉持以问题为导向，通过多种渠道听取采纳师生对美育课程教学和各方面的具体建议和意见，形成参与性强、行之有效的美育评价反馈机制，找准美育实际工作中的不足，有目的性地进行调整和优化。并通过科学有效的美育评价反馈机制，促进美育工作制度的有效保障，协调资源配置，提升管理效率。

第三，效果。它是美育评价内容过程的重中之重。评价对象是学生，评价内容要兼具学生价值观、情感化、人格塑造、心理健康等内容的综合化。总而言之，制定多维度的综合化评价内容，从人员、环境、资源、服务等方面实现教师教学和管理人员服务的双向积极性，激发学生学习动力，提升审美趣味，最终实现学生审美能力和人文素养的双向提升。

（二）评价方法多样性

美育评价方法根据评价对象划分，包括相对评价、绝对评价和个体差异性评价；根据评价功能划分，包括诊断性评价、形成性评价和总结性评价；根据评价范畴划分，包括整体评价和单元评价；根据评价人群级次划分，包括高等学校评价、高中评价、义务教育学校评价和学前评价；根据评价方法划分，包括定量评价和定性评价等。

"诊断性评价、形成性评价和总结性评价"在美育课程中运用较广，它是由 B.S. 布鲁斯等提出，在中外教育中被广泛使用和认可的评价方法，对教育教学实施过程和效果评价具有重要意义。

1. 诊断性评价

诊断性评价也称教学性评价，它被运用在教学整个阶段，包括准备阶段、进行过程和总结阶段。

（1）教学准备阶段，即在教学活动开始之前，可以对学生既有的知识、技能和素养等各方面进行综合预测，它是教师设计教学内容和活动的重要依据之一，更好地实现"技能与挑战动态平衡"，也为教学设施的完善和优化，教学资源统筹安排等做好准备基础，它是因材施教的最好体现。

（2）教学进行过程中，根据学生个体化差异以及课堂教学不能预计的情况，教师要主动积极地选择解决方法，优化教学方案，调整教学方法，实现教学效果。

（3）教学总结阶段，根据教学反馈，教师及时了解学生学习知识和掌握技能情况，针对优势和弊端针对性地"对症下药"进行教学调整，保证下一轮教学活动顺利有效开展。诊断性评价在形成性评价和总结性评价中都有具体运用，要保证运用的有效性、针对性和频率性是关键。

2. 形成性评价

形成性评价也被称为过程性评价和动态评价。指在教学过程中为了解学生的学习情况，及时发现教学中的问题而进行的评价。形成性评价常采用非正式考试或单元测验的形式来进行。通过形成性评价，教师可以随时了解学生在学习进程，获得教学有效反馈，教师以此为参考随时调整教学计划、改进教学方法。它能有效对学生学习全过程进行持续性观察、记录和反思，通过形成性评价，教师可以及时修改或优化教学活动计划，学生可以目的性调控学习过程，增强学习获得感和激励性，是一种基于师生教与学的理想型评价效果。形成性评价最大的特点是能对教学中每一个环节和细节进行跟踪检测，及时发现问题、反馈问题、解决问题和优化提高。所以，形成性评价是师生都普遍欢迎的评价方式，在美育教学中也被广泛使用。美育课程中要结合美育目标、课程内容和美育独有的情感化教育特点，适应性地将其优化和运用，将形成性评价更为科学和有效地运用其中。

3. 总结性评价

总结性评价又称终结性评价、事后评价。一般是在教学活动告一段落后，为了解教学活动的最终效果而进行的评价。学期末或学年末进行的各科考试、考核都属于这种评价，其目的是检验学生的学业是否最终达到了各科教学目标的要求。美育是面向全体学生，以提升审美和人文素养为目的的普及性和情感性教育，故其不能作为单一评价手段来使用，可以结合过程性评价针对单元项目综合设计评价内容和分值比例进行操作。

另外，基于美育课程特点的其他创新评价方式。比如过程性体验式评价，它是将形成性评价优化后所形成的一种评价方式。美育作为"潜移默化"的情感化教育，审美体验贯穿于艺术创作过程，因此过程性体验式评价是渗透在审美体验和审美活动中的审美人文素养测评。体验是一种主体认知和情境渲染合二为一的行为，它能充分调动感官功能，使主体与审美对象形成互动，通过外部造型深入理解其内在精神，获得情感共鸣，审美主体和审美对象形成共情，达到忘我境界，获得审美愉悦感。这种评价方式，对于评价者提出了更高的要求，评价者需要具备较高的人文素养，对审美领域知识和技能融会贯通。美育课程中要保证主体对经典艺术作品的欣赏和理解，在内心深处不断获得优秀文化积淀，通过参与体验来进行深化认识实现转化性创造，提升精神气质和人格修养，促进美育人文素养的实现。因此，美育课程中有效运用过程性体验式评价有着其他评价方式不可比拟的优势。还有充分体现"以学生为主体"教学理念的"个体内差异评价法"。它是按照被评价对象自身某一时期的发展水平为标准，判断在某个过程的发展状况的评价方法，它最大的特点是通过被评价者现有水平和过去水平发展的对比进行评价，也可以通过个体在不同领域之间和基于身心因素等方面的比较。最大的优点在于充分尊重个体水平差异化，判定个体所具有的优势和短板，扬长避短因材施教，能够减少诸如总结性评价带给个体的焦虑感和压力感，使个体获得身心愉悦和放松自由感。因此在一定条件下，更能发挥个体的优势性，且能更有效地激发学生学习的动力和兴趣。

总之，美育是具有持续性的庞大教育体系，涉及方方面面，要建立立体化评价方式，使教育的主客体以及相关人员机构都积极参与到评价中，挖掘学生潜能促进自由、全面发展。

二、核心素养本位评价——基于人的成长与发展

（一）概念和特点

1. 概念

核心素养，即"关键素养"或"关键能力"。主要由三个层面组成：底

层的以"双基"为指向;中层的以"问题解决"为指向;上层的以"科学思维"为指向。[73] 因此,核心素养不是某种素养或几种素养的简单叠加,而是一个涵盖认知、行为和情感的综合素养的整合型框架体系,涵盖基础性素养和高级认知能力,是个体通过"高级学习方略"的"理解"和"迁移",解决生活和社会中面临的各种复杂情境和实际问题的"知情意行"的综合体现。

2. 特点

核心素养本位评价具有以下特点:

第一,从关注知识转化重视素养。知识固然是学生素养发展的基础部分,但作为本源的素养发展更关注个体品行和能力。将核心素养纳入课程评价内容之中:一方面,要指向共性化,即评价内容要以全体学生的基本素养为基础和最低要求;另一方面,要指向多元化,即学生个体存在差异性,要培养共性化基础上的个体创造力和反思性思维。

第二,从关注课程到重视学生个体。课程作为学校教育的基本单位,是课程改革和课程评价的关键支撑点。我国教育理念经历了从"双基教学"到"三维目标"再到"核心素养"的变化发展,从"基本知识和基本技能"到"知识与技能、过程与方法、情感态度与价值观"再到"人文底蕴、科学精神、学会学习、健康生活、责任担当、实践创新",核心素养从自主发展、社会参与和文化基础三个方面构建理论框架,是个体终身发展和社会发展需要的必备品格和关键能力。这个演变过程是从"课程本位"到"个体素养"的纵深推进,体现了新时代下高校人才培养的全面性和综合性要求,"五育"融合背景下它以全面发展的人作为最核心的诉求,要求学生在课程认知和能力基础上,关注个体发展,重视个体素养发展,并将人的成长和发展作为课程评价的内在逻辑,指导课程设计和实施。

(二)核心素养下的高校美育课程评价策略

1. 围绕核心素养设计课程评价内容,创新评价手段和方法

我国美育学科核心素养定义四个方面,即审美感知、文化理解、艺术表现和创意实践,对应美育课程培养能力基本点,从审美认知力、审美体验力、审美表现力和审美创造力四方面设计评价内容。通过挖掘艺术作品思想、情感、道德和价值的深层认知,培养人文精神和艺术情趣,实现

"以美辅德";通过内外兼修、身心合一的审美体验,实现"以美健体";通过审美技能掌握和表现,培养工匠意志和劳动精神,实现"以美促劳";通过审美创新创造,实现传统文化的现代美学创新和社会时代融合,完成"以美益智"。核心素养具有内隐性、情境性、跨学科性等特性,因此核心素养下的美育课程评价应从单一转向多元化评价方式,从静态评价转为动态评价,整合定性评价和定量评价优势,构建结合式立体化评价体系。从表现性评价、过程性评价、技能和观察等多方面展开,具体包括:

(1) 评价方式多样化。采用质性评价和量化评价相结合:定量评价用于评价学生认知和技能方面发展,测量知识的记忆理解和技能的掌握程度;质性评价用于非认知性方面如态度、情感和价值观等评价。形成性和终结性评价相结合:形成性评价注重学生日常过程性评价,通过随堂练习、小讨论和阶段创作等活动来实现;终结性评价通过设计某个"育内融合"即从美育切入,通过美育渗透、引领和践行其他"四育",或"跨域融合"综合项目,即通过真实情境下创设主题开展"五育"综合教育。对学生认知、技能和素养目标进行综合性评定。

(2) 评价手段综合化。物质激励与精神激励相结合,物质激励通过课程奖品激励,精神激励通过学习荣誉或加分项目来实现;口头评价和活动评价相结合,活动评价可通过创设以艺术教育引领下的跨学科活动实现。

(3) 教师评价、学生互评和学习自评相结合。教师评价学生课程目标达成度;学生互评通过评价同学目标达成度,包括评议结合、投票打分等形式。在"自评—改进—再自评"循序渐进的过程中,不断对知识进行归纳,反思优化,调整提升。这种方法一方面增加了评价的公正性,另一方面也培养了学生自主学习的意识和习惯,让学生对所学知识更有效地理解和吸收。以综合化的评价激发学生对于美育课程学习的积极性,改变传统美育评价客观化、结果化的弊端,促进美育课程良性发展。

2. 开展"美育质量测评",助推美育课程实施和人才质量检测,实现个性化育人

美育质量测评,即对审美素养或者美感水平进行数据测评。1933年,美国数学家、实验信息学家伯克霍夫(Birkhoff)提出,"衡量审美感受的各种因素及其组成部分的水平和关系"的审美程度公式(formula of aesthetic level)，又被称为美感程度公式或和谐公式。公式"$M=O/C$"中，M代表审美主体的审美愉悦程度或审美感受程度，C代表审美对象的复杂性程度，每项在 0.1～1 取值；O 代表审美对象的和谐程度或品级，在 $0.1\sim X$ 区间计分。从公式中可以得出，审美感受或愉悦程度与审美对象的复杂性成反比，与审美对象的和谐度或品级成正比，即一个审美对象复杂性越高，给予审美主体的审美愉悦感越低，一个审美对象的和谐度或者品级越高，给予审美主体的审美愉悦感越高。这个公式"不仅适合于简单形象的审美直觉，而且适合任何审美对象，包括艺术作品"，且"在衡量对审美对象的审美感受程度上具有极大的应用价值"，但它"忽视了审美过程中的个体差异，具有一定片面性"。[74] 赵伶俐基于对美育目标体系、课程内容等因素的研究，对伯克霍夫的美感程度公示进行调节和增减变量，既考虑学生群体审美素质的共同发展，又兼容审美个体自由发展。

基于伯克霍夫"审美程度公式"和张伶俐的扩充改良，创设"PESC"美育质量分值测评方法（表2—1），围绕美育核心素养从四方面开展测评，助推美育课程实施和人才质量检测。包括审美感知 P（percepion）、审美体验 E（experience）、审美技能 S（skill）、审美创造 C（creative）。审美感知是对美的事物的识记和理解，属于浅层认知；审美体验是对美的事物的分析和执行，包括审美趣味、审美价值和美感水平，属于深度理解；审美技能是对美的技法的实施和运用，是认知迁移运用的过程；审美创造是美的事物的综合创新和评价反思，即运用技能技法，遵循美的规律和本质，创作出崭新事物。

总而言之，"教育评价事关教育发展方向，有什么样的评价指挥棒，就有什么样的办学导向"。美育课程评价以课程目标和内容为支点，影响美育定位、功能和价值导向。首先，要明确高校美育课程评价的目标指向性，新时代下的高校美育课程评价目标应提升学生审美素质和人文素养，将"美"的事物转化为课程中的"美育内容"，以"美"育"全人"，促进学生身心和谐发展；美育课程的评价立场应回归"全人化取向"，让学生成为"生活的艺术家"，在生活中发现美、体验美、表现美和创造美，真正实现海德格尔所追求的"诗意地栖居"。其次，要基于学生的成长与发展，围绕美育核心素养，通过美育课程评价促进"五育融合"，实现学生全面发展。

美育作为"养成人格之事业",高校美育绝不是简单的知识讲授和技能传授,而是对学生美好心灵和崇高人格的塑造。课程评价作为美育教学活动中的重要内容,亦应以促进学生健全人格为导向引领。美育不同于艺术教育,它更侧重于个体的美感水平和美学思维能力提升。高校作为"高深美"的传播殿堂,美育课程评价中要体现学生的高阶思维能力,通过对美和美学的深度理解提升思维方式感悟生活,形成对"真善美"自由人格的追求。

表 2-1　　　　　　　　美育质量测评具体计分法

审美要素	A 同学	B 同学	相同考核点复杂度相同 C 为统一值	分值来源标准	对应核心素养能力
审美感知 P $M(P)=O/C$	(0)0.1	(0)0.3	$C=0.2$	浅层认知 课前线上自主认知 在线主题讨论等	审美认知 识记力 理解力
	0.5	1.5			
审美体验 E $M(E)=O/C$	(0)0.6	(0)0.7	$C=0.5$	深度理解 课堂小组协助展示 项目汇报 随堂测验等	审美体验 分析力 执行力
	1.2	1.4			
审美技能 S $M(S)=O/C$	(0)0.6	(0)0.7	$C=0.5$	迁移应用 技能掌握 熟练程度等	审美表现 实施力 运用力
	1.2	1.4			
审美创造 C $M(C)=O/C$	(0)0.6	(0)0.9	$C=0.7$	创新创造 结构形式 文化情感 创新创意	审美创造力 综合力 评价力 反思力
	0.85	1.28			
$M(X)$ 个体美育质量	0.93 (未达标)	1.38 (达标)	$M(X)=M(P)+M(S)+M(C)+M(Q)/4$		

第三章　高校美育课程的教学方法

美育作为一种情感教育，蔡元培说过，"凡是学校所有的课程，都没有与美育无关的。例如数学，仿佛是枯燥不过的了；但是美术上的比例、节奏，全是数的关系，截金术是最显的例。数学的游戏，可以引起滑稽的美感。几何的形式，是图案术所应用的。理化学似乎机械性了；但是声学与音乐，光学与色彩，密切的很。雄强的美，全是力的表示。"美育教学活动是一个艺术的过程，作为教育者，通过美育教学方法的改革和创新给学生一种美的享受，让学生在这种轻松、愉悦的审美环境中学到知识技能，实现心灵沁润。美育应遵循独特的教学方法和原则，深化教学改革，"着力提升文化理解、审美感知、艺术表现、创意实践等核心素养"。美育课程教学原则体现在以下五个方面。

（1）体验性原则。王一川在《审美体验论》中提出："体验，就是以身'体'之，以心'验'之，即身体力行，亲身实践。"缺乏身心的亲历亲证便不能成为真知。技能是"一种复杂的运动，需中枢神经系统高级部分的参与"，教学中要调动学生学习的自主意识，遵循学生为主体教学理念，引导学生在课程教学过程中形成积极的自我构建意识。设计实践任务型案例，以技能加强体验，让学生获得一种深刻和强烈的审美情感和直观感受，帮助学生实现审美沉浸感。

（2）交流性原则。体现在课堂中知识的有效输出和输入，教师和学生要形成互动交流的良性循环。要求教师注意教学过程中的互动性。教学过程是教师和学生，即教与学的主体双方思想和感情的交流过程，一方面，强化互动为主教学形式，合理运用"反馈"机制，进行有效学习同步反馈。在课堂中关注抬头率，及时从学生眼神表情中获取反馈信息，根据结果调整讲课节奏，关注挖掘学生兴趣点，从内到外师生互动获得正面反馈。另一方面，教师要营造活泼、自由且轻松的课堂氛围，在和谐宽松教学环境中设置随堂练习、主题讨论和艺术创作等教学活动，通过师生共同探讨、相互启发和提高完善；尊重学生，建立平等民主的师生关系，教师要鼓励学生提出针对某一问题的不同观点见解，这样才能获得足够的教学反馈。

（3）个性化原则。美育是欣赏美、认知美、体验美和创造美的教育活动，审美没有统一评价标准，我们要重视学生的个性化表现和理解。审美能力本质是创造力，每个学生对美的事物的体会和领悟都不一样，"一千个读者就有一千个哈姆雷特"，不同的审美个体因其生活经历、兴趣爱好、主观能动性、知识构成因素等不同，对同一个艺术形象会有不同的解读。所以，目前标准化和客观化的教学模式和评价标准是无法完全涉及的，这就要求我们教育者在具体教学活动中，因人而异，充分尊重每一个学生的实际能力，考虑到每一个学生的个体差异去开展个性化美育教学，去提升每一个学生个体对美的事物的感知力和创造力。

（4）多样化原则。采取灵活多样的教学组织方式和教学手段达到良好美育效果。以"互联网＋美育"为载体，充分运用现代教学技术，发挥现代化教学手段在美育教学中的作用。通过5G＋VR教学媒介，发挥多媒体、网络的灵活性和丰富性，运用图片、音视频等技术在教学过程配以画面和音乐，将经典艺术作品更加直观地展现在学生眼前，通过声、像、光、电等先进的远距离或跨时空进行教学的现代化设备，使教学内容更具情境化、生动化、形象化，充分调动起学生的审美兴趣和审美求知欲，创造出更易于实现审美体验的教学情境，促进学生审美素养和审美趣味的提升。

（5）层次性原则。充分体现审美活动是一种兼具感官满足和精神愉悦的体验，人的感官从视觉交互、听觉交互、体感交互等获取不同信息，构建起审美认知系统。通过"手""眼""心""脑"不同感官参与，"手"负责绘画和塑造，"眼"负责观看和捕捉，"心"负责领悟、表达和沟通，"脑"负责鉴赏和创作，四个感官协同互动。教学活动过程内外循环的体验层次，首先在头脑中形成审美意象，再将审美意象转化为受众意象，最后创造出富含内心情感和文化思考的审美艺术作品。通过感官认知、技能体验和价值塑造实现"悦耳悦目""悦心悦意"和"悦志悦神"，通过物理层面的知觉和精神层面的情感共同实现审美能力和人文素养。

第一节 沉浸式教学法

新时代下的美育以立德树人为根本,以社会主义核心价值观为引领,以提高学生审美和人文素养为目标。学校美育综合改革旨在提升文化理解、审美感知、艺术表现、创意实践核心素养,整合学校美育资源,加强社会资源供给,充分挖掘学校艺术场馆的社会服务功能,形成充满活力、多方协作、开放积极的美育新格局。学校作为美育实施的重要途径,通过组织引导学生认识美的规律和美的事物,让学生欣赏美、感知美、体验美和创造美,以美育引领各育,实现全人教育。美育是生活文化,是一种审美情感的培养和人文素养的提升,而非一种技能性的教与学。美育教学实践离不开身体与情境的相互作用,环境影响身体而身体影响大脑,所以高校应将具有情境渲染和生活本质的沉浸式教学作为美育创新实践开展。

一、沉浸体验和沉浸式教学——目标清晰的身心投入

沉浸体验又称"心流""沉浸"等,最早由心理学家米哈里·切克森米哈赖(Mihaly Csikszentmihalyi)提出。沉浸体验是"个体高度关注、全身心投入而产生的畅快感,其目的只是更好地完成任务",也是"个体挑战某种活动与达成活动所需要的能力相互平衡时产生的一种心理状态",是"融合意识与行为的整体感受"。被称为"最优体验",它"往往伴随着个体的愉悦感"。[75] 切克森米哈赖提出沉浸体验的八个特征,即挑战与技能的平衡、注意力集中、清晰的目标、即时的反馈、活动与意识的融合、潜在的控制感、自我意识丧失和时间知觉扭曲。也就是说当一个人处于沉浸状态时,会产生一种时间过得比平时快的感觉。其核心是关注人们如何才能有效地进入沉浸状态而获得情绪体验从而激发工作的创造力。

沉浸式教学是运用沉浸理论的一种教学实践方法。是将沉浸理论实践运用于教学中,作为一种教学活动和方法,它以良好文化环境为背景,引导学生关注学习过程和活动,激发学生内在求知欲和引导外在显性行为,从认知、行为和情感层面获得体验进而实现人的全面发展。教学过程中为学生创造良好的学习情境和学习氛围,这与建构主义的"情境性认知"和

"情境性学习"所强调的"学习、知识和智慧的情境性"有着相同的认知维度。[76] 沉浸式教学坚持以学生为中心，强调学生主体体验，能提高教学效果及学生实际应用能力，能将课程内容有效转变为学生认知意识、个体品质和社会行为等。

我国国内对沉浸体验的研究始于 2007 年，且陆续有学者丰富研究领域，主要围绕学习主体的心理角度。田雪红认为，沉浸体验的个体"沉浸在欣快与愉悦当中"，且能"使解决问题简单化"；曹新美把沉浸体验归于积极心理学重要的组成部分之一，认为沉浸体验"需要多种心理资源参与而体验到的过程"；雷雳等提出，沉浸体验是个体"全身心地深入参与"某一活动中而出现"忘我、不受外界干扰"的积极情绪体验，并在积极心理学研究上，补充了关于沉浸体验的特点，认为在沉浸体验状态下的活动过程中"自我意识会暂时丧失、有较为清晰的活动目标、自己的能力与活动的挑战性之间达到平衡状态、行动与意识相结合、对当下的活动有良好的可控感、有直接的即时反馈"等特征；针对高职生学习沉浸体验，梁婧认为学习主体产生学习沉浸体验时，"学生的能力与学习活动中遭遇的挑战能够达成均衡状态，继而使个体体验到一种积极的情绪"，且有一种"目标清晰""内心愉悦"体验感。沉浸理论的应用领域主要涉及网络应用，包括多媒体、游戏、网络社交工具、数字化阅读、网购等方面；教育教学应用，涉及中小学阅读、高中化学、大学英语、管理学等；职业领域应用，主要包括有医护人员、研发人员、企业员工、房产销售等；艺术创造应用，主要涉及有美术、艺术创作、电影等；移动终端应用，涉及 AR、VR、手机、网络视频等；心理团体辅导的应用，主要涉及团体心理游戏。

二、沉浸式教学融入高校美育教学方式——基于沉浸体验要素

沉浸体验要素分为条件因素、体验因素和结果因素，主要包括清晰的目标、技能与挑战匹配、行动与知觉融合、全神贯注、自我意识消失。

（一）设立沉浸式教学目标，引发主体学习欲望

"清晰的目标"是沉浸体验首位条件。教学目标是通过教学活动所达到的最优学习结果，作为沉浸式教学的基础，它直接影响教学效果，在课程优化和教学改革中起到了引领作用，决定教学活动开展。设立明确教学目

标，刺激学习主体学习积极性，当学习动机被激发到最高点，则产生沉浸状态，主体学习动力和对知识的探索欲望被无限激发，实现学生人格修养和文化创新双重目标。课程中通过不同的任务项目设置目标，通过对艺术作品的理解，提高学生审美认知理解；通过技能学习，促进对美的分析运用；通过对美的形式、语言和规律的实践感受，创造出新的和谐事物，促进高层次的审美素质。

（二）优化沉浸式教学模式，强化认知与行为双向互动

学习者在沉浸体验中，首要条件是达到技能（能力）和挑战（难度）两者平衡，根据沉浸组合关系，当高难度和高能力相匹配时，个体产生"心流"最佳状态，反之高难度匹配低能力产生"焦虑"，低难度碰到低能力产生"冷漠"。只有根据个体能力基准设置相应挑战活动，才能达到沉浸效果。个体能力本质是个体具备的认知结构，布卢姆教育目标分类学将知识分为四个维度，从低级到高级为事实性知识、概念性知识、程序性知识和元认知知识，总结起来即是以理论等为主的基础性知识，即"这是什么"；以方法为主的操作技能性知识，即"如何做"。具体教学中，通过特定活动对学生能力进行等级测试，了解学生的知识和技能水平，制作"学生知能体系量表"，为沉浸式教学项目的挑战平衡提供科学依据，在理论与实践的双向互动中创造出新的融合模式促进全人发展。

（三）创新沉浸式教学任务，突出精神内核为中心的心锚

神经语言程序学认为我们的行为由"神经联结"主导，"神经联结"是人之内心某一心情与行为某一动作或表情之链接，而产生的条件反射，即心锚。有效建立心锚，需要确认个体身心处在特定状态。状态越强烈，则建立越容易。诱因要独特准确，使个体能够清楚无误地感受到信号。沉浸式教学的实质是训练学习主体的心锚，通过案例教学、任务教学和实践教学"三位一体"教学方式，以项目作为心锚训练载体，促进学生在特定环境和状态中自我感知与体悟。通过实践、体验和创造，人的内在精神与事物融为一体，获得沉浸体验，激发心锚反应，实现知情意行全面发展。

（四）设计沉浸式教学项目，激发双轨制心智运转

沉浸理论旨在提升学习效率，人的心智是其产生基础。心智是指一系列认知能力组成的总体，这些能力可以让个体具有意识、感知外界、进行

思考、做出判断以及记忆事物。心智作为思维模式体现，其过程实质是感性决策和与理性决策。感性决策基于主体知识情感，理性决策基于主体逻辑、分析和思考，两者共同组成双轨制模式，反映在人的思维和行为上。沉浸式教学中结合实践创造项目，基于学生经验能力，感性决策启发思路，理性决策优化方案，激发最佳心智模式，两者协同实现心理沉浸。

（五）调节沉浸式教学反馈机制，实现知识有效性传输

沉浸理论提出要使个人获得沉浸体验，反馈是关键，是学习中有效知识输入和输出的重要体现。决定知识习得能否成功取决于输入语言和有意义信息的可理解性。当语言输入和学生能力不匹配时，会影响效果，且难以激发学生学习动力和兴趣。通过新形态教材编写提升课堂可理解性语言的有效输入。例如，高校美育教材建设应探索形成以美学和艺术史论类、艺术鉴赏类、艺术实践类为主体的高校公共艺术课程教材体系，充分体现思想性、民族性、实践性、系统性。可理解语言输出体现到沉浸式教学的课堂上就是学生的反馈，在"课堂教学实践中利用情境、协作、对话、意义建构等要素"提供了较好的学生可理解语言输出的途径。

第二节 愉快教学法

一、愉快教学法的本质——"悦志悦神"

愉快教学法，源自英国教育家斯宾塞于1854年提出的"快乐教育"思想。孔子提出的"乐学"思想亦为此意，"学而时习之，不亦说乎"从根本上肯定了学习本身是充满愉快的，"知之者不如好之者，好之者不如乐之者"从学生的角度明确了愉快教学的宗旨。明代教学家王明阳将"春风化雨"比作教育，对后世教育理念有重要启示意义。愉快教学法在课堂上表现为通过教师引导，激发学生的学习兴趣和学习动力，获得良好教学效果的一种方法，它具有课堂教学和愉快教学双重性质。

审美愉悦，作为一种正向审美情感，是一种比简单的感官愉快更加复杂的愉悦情绪体验。查特吉等认为，审美愉悦既有人对美的刺激的感官愉悦，也有对审美对象"因感而知"的动心之乐，还有"审美高峰体验中物我两忘、心与心交的沉浸陶醉"。从古至今，国内外不同学者对审美愉悦进行了本质阐述：中华传统文化中，庄子提倡审美愉悦是忘我境界；柏拉图认为审美愉悦是领悟到美的真谛所感受的无限欣喜；亚里士多德认为，审美愉悦是体现在一种真切地感知中所体会的愉快；康德认为是审美个体根据美的形式产生的对自然美或艺术美的一种情感性响应。滕守尧提出了审美感官愉悦、审美领悟愉悦和审美精神愉悦三个层次，李泽厚将审美体验分为"悦耳悦目""悦心悦意""悦志悦神"三个层次。神经美学中也提出审美愉悦不是一种简单的愉悦感受，它具有不同层次的神经机制的参与和加工，能激发出深刻且强烈的审美情感化表现。美育课程作为审美情感化课程，强调运用形象思维解决问题，侧重审美主体的感情表现，与政治、金融、法律等抽象理性思维课程具有显著不同性。在美育课程教学中，教师要引导学生通过艺术作品展开丰富情感想象，与审美对象或作品创造者产生情感共鸣。因此，美育课程教师要具备一定基础的美学理论、教育学等综合素养，精通一门或两门包括美术、音乐、舞蹈等艺术门类，且具备一定教学技能和教学艺术方法，通过生动、形象、优美的语言和恰当的体态语言，包括亲切和蔼的表情、高雅气质、端庄行为等，作为教学反馈中最重要的课堂输出，让学生在美育课堂中具有一种审美愉悦感。

二、愉快教学法的审美要素——认知和情感

（一）认知和审美

认知，作为一种意识活动，是个体认识客观世界的信息加工的过程和结果，是对事物概念的判断和对事物规律的总结。感觉、知觉、记忆、想象和思维是认知的载体和工具。认知心理学家提出，"认知是包括大脑在内的身体的认知"，即"具身认知"，它"基于人的自身感知"，强调认知与身体息息相关，即"心智、身体和环境是一体化的"。巴萨卢认为，我们是通过感知觉将事物的多模态信息存储于大脑中，并在需要时由大脑将这些多模态信息提取出来并加以整合来实现认知的。谢久书等提出，"多模态"即源于视觉、听觉和本体感觉等感官通道的知觉经验。具身认知为艺术本质的探究拓展了新的思路，美学研究呈现"审美认知转向"，神经美学家们强调认知和审美具有密切联系性。审美美学首创者西蒙·泽基认为："人们是

通过认知来欣赏这个世界,并通过认知来达到审美满意。"查特杰提出,审美过程中主体通过大脑对审美对象认知分析,进而发生情感。

(二)情感和审美

情感包括人们的喜怒哀乐的主观情绪,它是对客观世界的主观反映,具有普遍性和特殊性。艺术作品所具有的审美性,都是情感在发挥作用,没有情感就没有艺术。柏拉图的"灵感说"强调情感在文艺创作中的重要性。亚里士多德"净化说"提出悲剧文学情感净化理论。中世纪美学中,奥古斯丁提出认知因素对审美的影响。斯宾诺莎的"情感理论"强调人的心灵的独立性,把快乐定义为心灵过渡到较大完满的感情。"美学之父"鲍姆嘉通提出"美是感性知识的完善"。康德在此基础上,认为"美是无一切利害关系的愉快的对象",这成为一切审美知觉最本质的特征。目前,越来越多的学者把认知和情感视为审美过程中同等重要的因素。罗跃嘉等通过大量脑科学实验发现认知可以引导情感,情感则会影响人的判断[77],莱德等提出在审美体验过程中"认知和情感之间是相互作用"的关系。

(三)愉快教学法审美本质——从认知到情感

愉快教学法的本质是促进审美认知到审美情感实现的过程。李泽厚从人的审美能力形态展现角度,将审美分为"悦耳悦目""悦心悦意""悦志悦神"三个层次,即人的感官之乐、内在心灵之乐和人生境界之乐。张璇从神经美学领域将审美分为三个层次:眶额皮层与自动化加工阶段的初级审美、纹状体与双加工阶段的中级审美、大脑默认模式网络获得激活的深层高级审美。胡俊以瓦塔尼安的审美快乐理论为基础,认为从认知到情感首先要通过基本感知确立"快乐"或"不快乐"的"核心情感",即"快感"阶段,它是审美初步判断阶段;其次"调节客体的心理表征"实现形成"审美意象",通过激活多个脑区实现内部深层加工,获得"美"或"不美"的深度审美判断;最后通过"审美意象"和"审美情感"的融合推进,实现最高级的"审美意境",即"美感"阶段的审美高峰体验。审美判断受到相关因素影响,诸如"审美主体对客体在脑海中相关经历的再加工",包括回忆、联想、想象、理解等,以及"关于审美的文化、社会价值等",[78]即审美体验。这个过程是一个从感官的认知"快感"到心灵"美感"乃至人生"意境"之感,这种意境之感在中国,即儒道所谓的"天人合一",在西方即康德所认为的美是道德的象征,"把感情提升到了顶端,那种感情的本身才是崇高——我们说它崇高,是因为心灵这时被激动起来,抛开感觉,而去体会更高的符合目的性的观念。"

美育课程中的愉快教学法旨在给学生带来精神上的快乐和满足,激发起学生的学习自主性和兴趣性。可以大致分为三个层次:①通过美的对象形式的欣赏和认知获取感官之美,获得"核心情感";②通过对审美对象深层蕴意的理性把握,经过大脑的深度体验,由"耳目愉悦"走向"内在心灵",获得"心悟之美";③通过对审美对象的体验和创造,陶冶和培养"人的意志、毅力和志气",获得"人格自由之美"。愉快教学法中的"愉快",既指学习本身是在一种愉悦情绪中实现,又指通过学习行为带来的愉悦情绪体验。

三、愉快教学法在美育课程中的运用——感知、体验和行为

基于上文所述,从审美认知到审美情感过程中的初步审美判断的"悦耳悦目"、深度审美判断的"悦心悦意"和审美最高意境"悦志悦神"三个层次,结合具体教学从感性认知、理性体验和创造行为三个层面具体实施,旨在实现美育核心素养"审美感知、文化理解、艺术表现和创意实践"(图3-1)。

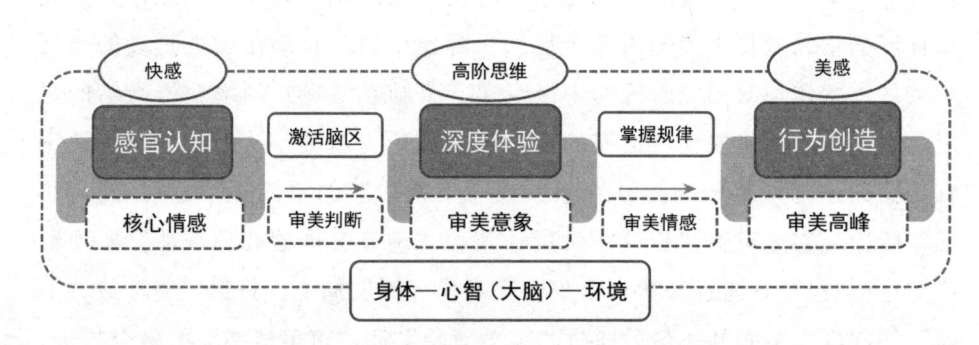

图3-1 基于"感知—体验—行为"的审美愉悦过程

(一)感知层面——确定核心感情

这个层面是审美主体对审美对象特质的外在的视觉听觉等感官认知,是"关于刺激物的价值加工编码等早期阶段的基本认知",是一种初级感觉加工的"悦耳悦目"的感官之乐。能够获取"快乐"或"不快乐"的"核

心感情",审美感知是审美体验的开端,感知层是体验层和行为层的基础。审美感知主要通过身体感官获得,包括以视、听器官为主的高级感官和以嗅、味、触器官为主的低级感官,例如对"维纳斯雕像"的感知,车尔尼雪夫斯基通过"视觉"赞"她的轮廓的美胜过活人的美";罗丹通过"触觉"称赞"抚摸这座雕像的时候,几乎会觉得是温暖的"。审美导向和审美感知要具有指向归一性,即只有符合"美的规律"的事物才能引起感官的"快感",那些违背平衡、对称或和谐"规律和形式"的奇异、夸张、扭曲的事物不可能让审美主体产生美的情感体验。审美"判断和快感相伴而生",在生理快感所形成的初步审美判断"美感"的基础上,审美体验进而向前向深朝"人的生命与生存深处"发展。具体课程中应引导学生建立历史系统性和连续性知识体系,通过艺术感知,超越简单视觉美感,从情感、历史、文化的层次欣赏艺术作品。正如李泽厚认为的"这种看来非常单纯的感官快乐,已是包含着感知、想象、情感、理解等多种功能的动力综合,只是没有自觉意识到罢了。"[79] 这个过程中要充分调动学生视觉、听觉感官功能,进而产生特定思维,思维经历继而丰富感官产生沉浸循环,使学生深入理解艺术文化形式美感和内涵意蕴。

(二)体验层面——形成审美意象

这个层面大脑各个片区包括"默认网络""镜像神经元系统""海马系统"等被激活,审美主体形成理性逻辑的深度体验和审美沉浸,对感知层面的审美对象的符号语言进行具身化加工,达到"环境、身体和心智"一体化,获得审美对象"美"或"丑""善"或"恶"的深层次审美判断和审美情感。因为视觉的停留是暂时的,在感知层获取的"快感"仅是一种感官享受,需要进一步深化为内在精神愉悦,审美情感需要"在理性的作用下净化"[80],这个过程充分融入了"审美联想"和"审美想象",最终获得"审美意象"。联想是想象的基础,联想是"经验与经验的呼应"。审美联想是审美主体在感知基础上,结合已有的客观因素和主观情感,在审美活动中通过一个事物联想到另一事物的心理过程。由于文化、知识、环境等造成审美主体对相同的审美对象不同解读形成差异性的情感和意义,正如"一千个读者就有一千个哈姆雷特"。审美联想包括相似联想,诸如"霜叶红于二月天";接近联想,诸如"望梅止渴";对比联想,诸如"朱门酒肉臭,路有冻死骨";因果联想,诸如"问渠那得清如许?为有源头活水来""年年岁岁花相似,岁岁年年人不同"诗句抒发使人故地重游之感,正是对个体既有认知信息的提取加工和对新信息的联想扩充所融合形成的深层次的情绪感受。审美联想深化发展为审美想象,前者是审美主体通过审美感知获得新知识并通过既有审美经验和审美情感作用下的"量变"过程,是一种"或有或无"不稳定性的心理活动,而后者则是审美主体在联想基础上且在长期审美实践活动中生成的一种审美能力。审美想象具有情感性、创造性和规律性特征,因此它是一种比较稳定的、有目的和意识性的心理活动。其中审美情感对审美想象起着关键促进作用,在审美经验基础上,犹如"催化剂"作用使两者之中产生一个个崭新的饱含主体强烈感情色彩的艺术形象。

在具体课程中要引导学生充分展开审美联想和想象,获得审美"移情"和"共鸣"。通过艺术作品的造型、构成和色彩,深入感受作品背后大量观念、政治和知性方面的信息输入,体会"艺术家利用视觉法,结合眼睛和认知力,创造出来具有崭新思想的艺术品",强调学生对优秀经典艺术作品主观体验感受,和艺术家"同命运共悲欢"之感同身受,促进学生与艺术品产生共情获得审美"移情",正如杜甫"感时花溅泪,恨别鸟惊心"之效应。通过"移情"最终获得"物我合一"的审美共鸣境界,"共鸣"原指"物体共振而发声",是两个频率相同的音叉靠近,由一个的振动发声带动另外一个。审美共鸣建立在审美主体和审美对象具有和谐一致情感、道德、价值基础上所形成的情感心理活动。正如巴金写《家》《春》《秋》时所言:"我把自己的感情放在书上,跟书中人一同受苦,一起受考验,一块儿奋斗。"[81]

(三) 行为层面——获得审美高峰

通过审美联想和审美想象获得审美意象,进而以行为创造为载体,将审美认知和审美情感进一步融合深入实现创造性输出,最终形成固定性和典型性的审美意境,即"神与物游""游于艺"中"游"的创作观,它是从古至今中国人特有的生活理想和艺术精神,也是传统儒道哲学的人生观、自然观和宇宙观的体现。"游"体现了"掌握客观规律"的愉悦感以及在艺术创作中的自由感,它是一种"游戏"的方式,重在情感宣泄,通过"成于乐"实现人的自由和全面发展。这个阶段是艺术现象和本质规律、外观造型和内涵神韵，主体感性和理性思维的深入融合和统一，要引导审美主体在认知层和体验层基础上，通过真实情境由美感认知和理性情感升华发展为艺术创作体验。将技艺材料、工具运用和身体行为结合创新思维向内转换形成自我感受，通过物的移情将三者融合，形成心手合一、身心融合情境和场域，个体内心沉浸专注产生浑然忘我的心流体验，形成审美高峰体验。

总而言之，无论是沉浸式教学法还是愉快教学法，本质皆源于学生心理特点和审美需求。当代大学生是具有创新意识的一代，他们接受新生事物的能力特别强，所以在教学中，教师要创造轻松愉悦的教学环境和审美氛围，悉心根据以上多种情感化教学方法选择他们易接受的内容和形式，使学生在浓郁的审美情境下，从外到内接受艺术熏陶感染，获得美感，塑造人格，并从内到外显象体现行为塑造。在指导学生的过程中，教师可以俯下身来或者与学生一样的角度共同进入审美情境中，师生共同感受美和欣赏美；针对目前审美功利化的趋势，引导学生摆脱生活中低俗的功利欲，帮助他们实现感官上的愉悦感、心灵上的净化感，让他们在轻松自由的状态下获得知识的认知，让学生在欣赏艺术经典作品时，不仅沉醉于艺术作品的造型和形式美，更能感受到本身和艺术之间的人与物、人与自然的生命体验，进入"审美高峰"，获得一种超越一切的自由感和情感升华具有无限激情的审美精神愉悦感。这正如契克森米哈赖所说的，"这不见得是理性，一切都和谐无间……艺术作品就通过这种方式，使你突然觉得想欣赏、了解这个世界……或是突然放开自我，了解我们与这个世界有何关联的能力"。这才是美育"以陶养感情为目的者也"最本质的核心和初衷。

第三节 混合式教学法

混合式教学法，以"混合"作为其核心，基于互联网背景开展，将多种信息技术、学习技巧、学习内容、学习媒体和学习环境相互交叉和融合，适当使用信息技术，诸如网络、音频等数字媒体，通过对学习者学习风格和水平特征分析、课程教学内容和实际环境综合评估，充分结合课堂教学中师生面对面交互和基于多媒体网络下的教学模式两者优势实现互补，达到学生认知的最佳效果。它充分体现了教师的引导性以及学生的主动性、积极性和创造性，通过课前认知、课堂互动和课后反思等学习活动，启迪认知，传授技能，创新拓展，引导学生从浅层的概念基础性知识内化为深度理解的元认知、程序性知识。随着近年来移动终端的快速发展，混合式教学更成为一种适合于当下社会环境的教学模式。

一、混合式教学法的内涵与设计

（一）混合式教学法内涵和活动设计

混合式教学法最早起源于美国企业的混合式培训，将其定义为"学习者可以在线上与线下根据自身需要进行自主学习，掌握且提高个人学习技能，提高工作效率的一种学习方法"。这种培训方法又被教育学家应用到教育领域，称为混合式学习。在国内，混合式学习的理念最早由何克抗引进，后来又有诸多学者对其内涵进行了深入的探索和研究，最具有代表性的包括黎加厚、李克东等。混合式教学法中存在的传统面授和网络系统两者关系是"优势融合互补"，既是教师对学生的"引导和启发"，也是对学生"学习有效监控"。[82] 两者并非"简单叠加"，要兼顾"个性化学习"和"参与性学习"等各要素"有机融合"。[83] 在教学中采用"不同媒体和信息传递做媒介""降低成本提高收益"。[84] 混合式学习旨在实现"教学目标"和"学习目标"，教师通过对"方法、模式、媒体和技术"教学要素优化组合，灵活使用"教学模式和理念"。[85] 它是一种融"资源、技术、环境和学习"的"创新教学模式"和"新生成性的教学设计"。[86] 混合式教学活动以"知识—目标—活动"为核心，将"知识类型""教学目标"和"学习活动"对应匹配。[87] 在MOOC教学活动中，通过"理解创建""交互分享""反思评价"和"学习支持"作为其学习指导。[88] 在混合式教学环境下，通过"理论概念学习类""实践问题解决类"和"作品演示设计类"三类学习活动展开。[89]

综上所述，混合式教学法是在混合式教学思想和内涵的基础上，将传统的面对面教授模式和数字网络环境有机融合形成的教学系统。它是通过对教学要素进理性设计，在教学中运用多种教学理论、教学方法和多元化学习评价，创造出来的一种兼具效率性、创新性和深度性的教学新形态，旨在实现学习目标的合理化和最优化。混合式教学强调任务引领和学习情境化，根据专业特点，选择合适的网络教学平台，运用合理的网络教学资源，通过教育理论基础作为活动和教学设计的思想指导来设计和开展混合式教学实践。

（二）混合式教学法在高校美育课程中的运用

近两年，混合式教学法被普遍运用到高校美育课程中，通过线上线下融合，以序列化任务的设计为引领，引导学生通过网络开展交互和评价，拓展学生思维，并根据学生反馈，调整混合式学习进度，实现教学合理化设计。目前普遍存在着一些共性问题，主要体现在学习者、教师、环境和学习资源四个方面：①学生作为学习者主体，在混合式教学中，普遍存在着课堂参与度不足，思维停留在表层性和低层次水平，高层次心智技能缺失；②教师方面，停留在"浅层化"教学，对线上教学监督和掌控力较低，和学生互动感不佳，教学主体地位两极化；③从环境方面来看，线上教学中，学生缺少实际存在的学习伙伴，造成感知体验较弱形成孤独感，团队协作氛围感不佳，学生缺乏自觉性和自律性；④从教学资源来看，线上资源呈现出静态化和结构封闭性，课程内容更新也较为缓慢，资源碎片化严重，造成学生体验性不佳。

美育课程注重美的认知以及美的技能习得和实践创造塑造情感价值，强调沉浸和愉悦式教学，通过直观形象的教学资源促进学生感官化多通道学习认知和体验，设计赏析认知、技能体验和审美创造等具体活动，提高学生对美的事物的欣赏力、想象力和创造力水平，促进审美能力的提高和审美情趣的实现。美育课程应从传统的面对面课堂教学转变为线上线下相结合，包括课前知识认知、课堂互动实践、课后评价反思的混合式教学模式，通过学生的个体体验探究和社群互动参与，引导学生用感官看、听、触、说、做等多通道进行感官训练，"身体感觉的概念加入物的研究，可以让人、物关系的锁链更为细致地解开，从行为到行动到意向，从身体到感官到感知，从象征到生物学到现象学更为细微地观察人处于文化情境当中每一个惯习的身体感知基础"。通过感官训练达成学生的认知积淀，形成个体在线上和线下环境交互中的学习达成，使知识从表层认知深化到深层的高阶性思维。结合真实的生活情境，使学生在具身学习的混合教学中获得对美育学习的体验和感悟，实现育人目的。

二、混合式学习投入体系构建和要素分析——深度学习视角

混合式教学法从其本质来说，是对在线学习和面授学习中各教学要素的协同和优化，即在"适当的时间"，应用"适当的学习技术与适当的学习风格"，对"适当的学习者"传授"适当的能力"，获取"最优化的学习效果"。[90]

（一）概念分析

1. 深度学习

深层学习和浅层学习的理论由马顿（Marton F.）和塞尔约（Saljo R.）在教育学维度上首次提出。深度学习相较于浅层学习，在于个体广泛使用多种策略来达到理解学习材料的目的，并进而将所学的知识运用到真实情境中。[91] 从"深层理解"层面来看，深度学习是学生通过分析、理解、决策和解决问题来进行学习的一种学习方式，强调学习过程中学生通过新旧知识的联系理解知识，并能够在高水平思维的学习活动中主动、批判性地理解和运用知识。[92] 因此，深度学习是一种"基于理解的学习"，包括"解释说明、阐释意义、迁移应用、形成观点、有同理心、自知之明"等方面。[93] 从"应用能力"层面来看，深度学习通过"核心课程知识的深层次理解"进而体现在"真实问题和情境中的应用方面"。主要包括三方面：认知方面，即"对所学内容的深层次理解，批判性思维和复杂问题的解决能力"；行为方面，即"协作和社群交际能力"；情感方面，即"反思信念"。通过"批判性"学习"新思想和事实"，融入和联系"原有的认知结构"，将其"迁移至新情境"中，做出决策和解决新问题。[94] 因此，深度学习不仅关注知识的深层理解，还关注学生所学知识情境迁移能力的提升和批判性思维、解决复杂问题、团结协作、有效沟通、学会学习等认知以外的学科核心素养完善[95]，它强调学习是学生感知觉、思维、情感、意志、价值观全面参与、全身心投入的活动。[96] 这和沉浸体验中所提倡的思维全神贯注，达到身心合一所获得欣愉、满足、享受等情绪融合体验有相似之处。因此，深度学习需要通过"高认知投入、高意志投入"且基于"理解"的

"深层学习"方式来实现。

综上所述,"深度学习"是一种需要采用"高级学习方略""深度参与"的学习方式,它基于"理解"和"迁移",注重"高阶知识"的获得和发展。在课程中我们可以将深度学习概括为三个层次:一是认知层次,即对所学知识从浅层到高层阶段的提升,学生在对知识理解的基础上,能运用批判思维学习新的思想和事实,即通过原有的旧知来启迪新知达到内化;二是行为层次,即能运用所学知识进行有效变通,运用情境迁移能力去分析和解决复杂问题;三是在创造性行为过程中,要以实现学科核心素养为情感价值目标,即具备适应终身发展和社会发展需要的必备品格和关键能力,以个人修养、社会关爱、家国情怀、自主发展、合作参与、创新实践等方面为主。"认知—行为—情感"是一个递进和渗透的关系,三者逐一提升且"情感"始终渗透于"认知"和"行为"中。

2. 学习投入

"投入",意为"置身其中,放进去,全身心地做一件事",包含主动参与的行为和积极付出的情感。莎弗丽(Schaufeli)等从积极心理学视角对学习投入进行研究,认为学习投入是个体学习时所产生的与学习相关的积极、充实的精神状态和高度热情,主要包括活力、奉献和专注三个维度:活力指具有充沛的精力和心理适应能力,遇到困难挫折也不放弃;奉献指一种强烈的参与和情感认同,对学习保持高度热情,感受学习的意义并义无反顾去挑战;专注是指全神贯注地沉浸式融入,时间产生扭曲感,自我意识消失,难以从学习中抽离出来,即沉浸体验。[97] 弗雷德里克(Fredricks)等从心理学的视角对学习投入进行定义,认为学习投入包括行为、情绪和认知,分别是个体对活动参与程度、学习情感体验度和精力投入度。[98]

综上所述,研究者多从心理学视角定义学习投入,也存在从社会学视角定义学习投入,即从学习个体、社会情境和技术环境三者交互的生态学视角,体现出学习投入的个体性、社会性和情境性。

对于浅层性学习投入和深层性学习投入差异性的研究,显示一方面是由于认知投入和情感投入之间的错位和断层,另一方面是由于学生对学习任务存在局限性的表层记忆,缺少体验机会从而未能对知识形成深层次理解和创造性表现。审美过程中,首先是感官认知的耳目之美,其次是通过大脑深层认知达到的心意之美,最后是达到审美高峰体验的神志之美。因此学习投入中,仅有行为的机械性参与往往造成身心脱节,在行为体验的背后更应该是一种深层次的认知策略和思维投入,即审美意象的塑造和审美情感的获取。学习投入与学生的高阶能力发展正相关。[99]

基于上述,我们可以把学习投入理解为学习个体对某个学习任务或学习活动表现出较大兴趣,对其进行探究并充满热情全身心投入其中;在学习过程中与学习同伴、学习情境和学习环境交互作用,所产生的一种正向情绪感受和积极行为表现,诸如愉快、兴奋、满意、享受和幸福等主观的体验;它可以通过认知、行为和情感三个层次来实现。

(二) 高校美育课程混合式学习投入体系构建

混合式学习投入即学习者通过线上和线下环境,确定清晰目的,通过探究性学习活动与其他学习者在社群中保持交互,在某个特定的学习情境和过程中,产生持续的正向积极感受和愉悦体验。加里森等认为,混合式学习的核心是"探究性社群",通过混合式学习设计,"创设一个整合社交、认知和教学要素的学习环境"。[100]

一方面,学习者通过互动、协助和合作在学习中完成从浅层认知到深层认知的提升,它是学习者获得有意义的学习成果的重要且有效途径,通过学习社群的构建,学习者以任务为清晰目的的引领,进行体验、合作、反思和互动,能有效促进学习者完成探究性学习学术任务,最终实现认知、行为和情感三个层面上的深度学习和高阶思维获得。

另一方面,混合式学习体现的是"学习者—学习同伴—教师—资源提供者"相互作用的生态系统,它包括个体、群体和环境之间的多维交互,"只有在一个参与者的行为与另一个参与者的行为产生相互影响和作用之后,学习活动的社会性才开始建立",在学习任务中,只有生态体系中的每一方通过深度、及时且有效地合作互助沟通,才能达到各个阶段学习要求,比如师生之间的互动更多体现在教师在教学中设置任务难度、提示引导等关键环节,并根据实际情况搭建情境、要素等脚手架帮助学生对教学内容达到深入理解,学习同伴之间的交互更多体现在学习过程中互相激励,解决困难和提供模仿,通过合作协助探讨等交互活动增强知识理解和技能提升。美育课程中的混合式学习,旨在让学生通过线上线下有机统一环境获得审美愉悦体验和深度学习认知。因此，混合式学习的开展基于"探究性社群"，设计"创设一个整合社交、认知和教学要素的学习环境"。

综上所述，我们以弗雷德里克学习投入维度为基础并扩充，将美育课程中的混合式学习投入归纳为四个方面，即学习个体的行为投入、认知投入、情感投入和（社会）交互投入。混合式学习任务中，前三种投入既逐层上升又互相渗透的，即先有认知投入，再有行为投入，最后升华为情感投入，共同存在于"社群"交互的混合式学习环境中。认知、行为和情感投入以社会交互为核心，后者反过来对前三种产生正向提升。美育课程中，学习者在不同情境中和不同对象进行交互，通过认知投入实现审美感官的愉悦，即"悦耳悦目"；行为投入实现审美领悟愉悦，即"悦心悦意"；情感投入实现审美精神愉悦，即"悦志悦神"。实现审美深度体验，即"心智、身体和环境"高度统一（图 3-2）。

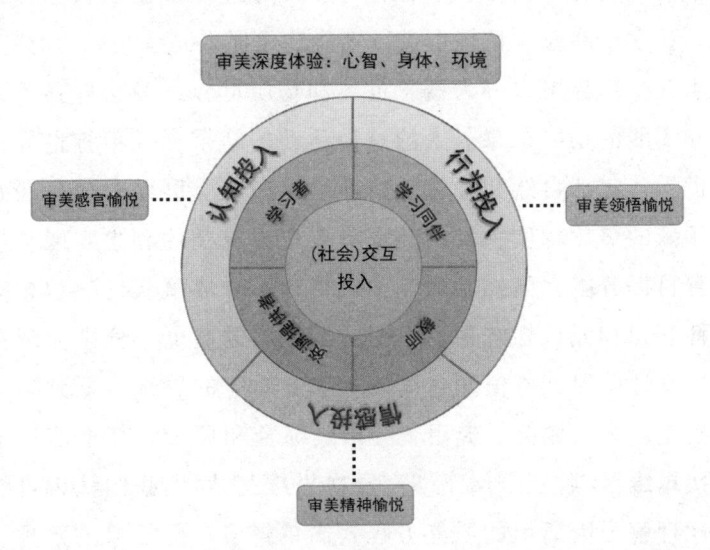

图 3-2 基于审美深度体验的高校美育课程混合式学习投入体系

（三）混合式学习投入要素理论基础分析和在美育课程中的运用

1. 认知投入

认知投入源于认知主义理论，认知主义理论一般指认知主义学习理论，即对学习者在学习过程中基于内部思维的认识和研究，它将学习者作为学习活动中的主体价值，并充分肯定其自觉能动性。戴尔·H.申克在《学习理论》中，将认知主义学习分为认知发现学习和有意义地接受学习两种形式，其主旨都是通过运用有效地学习策略促进学生深度学习的实现，例如概念学习等。认知主义理论重视人在学习活动中既有的知识水平、认知结构等因素，把学习者的学习看成一种积极主动过程，认为学习者外显行为的变化来源于其内部心理认知活动。提倡一种探究性的学习方法，兼具认知能力和思维能力的共同培养，要求学生在学习中应具备灵活性、主动性、思考性、理解性、发现性和创新性。通过对知识的策略有效性加工，促进学生深度理解信息，通过分析、应用和评价等能力使知识转移至长时记忆中。认知发展过程表现为元认知能力的理解和观点等方面发展，学习结果包括知识性和技能性获得以及运用有效策略迁移应用，将所学知识解决其他问题。认知提升一方面来源于个体通过差异性选择切实的学习方法和策略获得知识达到提升认知能力的目的；另一方面通过师生、生生、资源等交互中获得对知识的掌握。比如，教师通过任务驱动教学，设计真实项目实践，让学生在真实情境中进行知能转化促进元认知能力有效发展。

我们生存的世界可以分为概念世界和物质世界：概念世界是人对客观世界的认知实践活动的结果，人的意识活动的结果形成精神世界；物质世界即客观世界，包括自然和社会。精神世界和物质世界中都存在着美的事物，精神领域的美比物质领域的美更具有逻辑复杂性和主观能动性。布鲁姆在《教育目标分类：认知领域》中，将知识分成事实性知识、概念性知识、程序性知识和元认知知识，根据认知能力的高低，分别体现在认知的感性阶段、理性阶段和价值塑造阶段。由此对应的思维由低到高分为六种级别，分别是识记、领会、应用、分析、综合和评价，其中前三个级别属于"低层次思维"，后三个属于"高层次思维"。固然我们认识自然界中的一草一木比理解爱因斯坦的质能方程式简单得多，但抽象的定理、理性的思维中也都包含着无与伦比的高深美。大学教育是高深知识的传授，高深知识分为两类：其一是探究知识本身为目的；其二是追求知识的有用性为目的，研究表明只有深度精确的知识验证才能使人们得到深度满足。因此，我们需要通过高阶思维的认知获得描述精神物质美的语言、表达工具和审视方法，由此进入抽象世界美的"王国"。

高校美育具有学术性特点，向学生传输高深美的知识，这是不同于基础教育阶段美育最大特点。课程教学中，教师要根据学生既有认知结构，创设真实问题情境，引导学生在审美认知过程中掌握美的哲学、本质和规律性等，进而把所学用于创作中，形成高雅艺术情趣。创作过程中，创作者的灵感来源于生活中某个生动的人或事，基于理性思维展开创作构思，最后实现形象思维的艺术品创造。即感性思维—理性思维—创造思维。人所获得的知识，最初具有外在性，它作为信息储存于人的大脑，它的进一步内化尚需体会、体认、体悟和体验，尚需要经过情与意的进一步作用，才融化为人自身的东西，成为素质的一部分。[101] 脱离了内在精神的艺术品只是一堆结构元素的简单叠加，正如从古至今的书画家在创作中把自我融于宇宙万物，强调绘画精神和风骨追求，以道心映万物实现"人画合一"。因此，通过对美的高深认知开发身体感官，提升理性思维的心智操作，实现从"识记"和"理解"的浅层次学习投入到"分析"和"应用"的高阶层学习投入，陶冶情感塑造全人。

2. 行为投入

行为，即完整的有机体的外显活动。现代汉语词典里将其解释为"受思想支配而表现出来的活动"。雅可比等提出，行为投入关注学习者在学习活动中的行为表现，包括投入时间、活动强度和努力程度等。行为投入源于行为主义学习理论，教育心理学体系创始人桑代克认为学习的本质是刺激与反应之间的联结，他提出行为是学习者对环境刺激所做出的反应，环境作为刺激源，伴随而至有机体行为则是反应。斯金纳提出，"教学就是安排可能发生强化的时间以促进学习"，教师是教学过程的设计者和组织者，要提供能引起学生"刺激""反应"和"强化"的具体化、精确化的教学目标，根据学习环境设置、课程教材设计和学生行为管理来决定"怎么教"，而不是"教什么"。主要且具典型的行为主义教学策略是莫里森的掌握学习和桑代克的程序教学法。其中掌握学习的流程包括前测、教学、检验学习效果、根据检测结果调整教学、再教学、再检测，如此循环反复。[102]

行为投入作为一种外显化的投入，通过学生在课程中时间耗费、努力程度、活动强度、创作完美度等方面的表现。在学校教育实践上，要求教师掌握塑造和矫正学生行为的方法，为学生创设环境，最大程度上强化和调动学习者的积极行为，安排由深入浅、由简入繁的教学内容，引导学习者反复习得和及时反馈获得对知识的掌握。

　　一方面,学生保持线上和线下整个学习过程的全神贯注参与性,按时、按质完成常规行为动作。在课堂环节中,教师要注意学生的行为投入状态,包括考勤、专注力等学习行为,在线学习环境中,也要及时通过后台数据关注学生登录、章节学习、讨论参与度等学习行为。在教学过程中,教师要及时调整教学策略和方法为学生提供学习上的不同刺激,比如设置多元化考评体系、设计学生耳熟能详的项目情境等,促进或强化学生在学习中形成"行为—强化—维持—进一步强化—进一步维持"螺旋上升状态,获得知识深度认知和技能熟练习得。

　　另一方面,审美感知、联想、思维等审美心理发展成熟后,引导学生通过审美技能训练和创作等显性行为,将由外界获取的浅层审美信息以及经由深度学习内化后所形成的高深审美信息调取出来。躯体运动包括简单的反射活动和各种随意运动,简单的运动反射仅需低位中枢的参与即可完成,复杂的运动则需中枢神经系统高级部分的参与,随意运动需要大脑皮质的直接控制。[103] 这是一种复杂随意运动表现形式,它需要大脑皮质参与创新性的行为投入。雷娜特·克洛佩尔曾在《演奏艺术的生理心理学津要》书中认为,灵活性、敏捷性、力量、耐力及其他各种能力是进行演奏的先决条件,反复练习的强化行为可以让动作自动化,让动作与神经系统联结,但还需感觉器官参与,否则会变得粗糙。因此在美育课程审美技能训练时,教师要引导学生充分发挥大脑中枢的深度行为参与,通过教学活动的刺激获得学生的充足性反应,并不断给予强化,最后获得基于理解和应用层面的教学目标。

　　3. 情感投入

　　上文中的认知主义和行为主义具有共同假设,即认为知识是外部客观的,教学目通过客观知识映射到学习者头脑中实现。[104] 以上两种理论皆可以用标准化测试进行测量,具有标准答案。建构主义则不同,它强调学习者的主动性,认为学习是学习者基于原有知识经验生成意义、建构理解的过程,在一定情境下,借助学习群体的"协作交流"和"意义建构"获得,通过社会文化互动完成,适合"非良构性"知识的测量。基于建构主义的情感投入包括学习者在学习过程中表现出来的对学习的兴趣力、愉悦感、价值感、归属感、厌倦、无奈等情绪体验。它分为正向情绪和负向情绪，正向情绪包括学习者对学习成就感到满意、在学习过程中感到愉悦以及在同伴交互中体验到自我价值。情感投入来源于情绪认知理论，它认为情绪是对身体变化的知觉，产生于对刺激情境或对事物的评价，是由于情境的变化所产生的个体内部状态的感受。阿诺德提出著名的情绪认知理论，它是心理学中主张情绪产生于对刺激情境或对事物的评价的理论。认为情绪的产生受到环境事件、生理状况和认知过程三种因素的影响，即情绪时人与环境共同作用的产物，情绪评价的过程是由个体内在心理和外在环境共同影响形成的。心理学家斯特普和斯特拉克通过实验表明，身体和活动方式对情绪和情感的形式有着重要作用。[105]

　　情绪和情感是人对事物的主观体验，情绪包括喜悦、悲伤、恐惧等，它是由于不同情境所造成的个体短暂而强烈的反应，情感则是一种更为持久且更为深沉的相对固化的情感反应，如自尊、价值、责任等。情感是情绪的高层次化。审美教育是一种以形感人，以情动人的审美体验，并非知识性或技能型的艺术教育所能达到的，近年来，心理学研究中的具身认知强调认知和身体紧密联系，人的认知包括大脑在内的身体和环境交互结果，即"认知、身体和环境"的统一有机体。具身认知为艺术本质探究拓展提供了新的思路，美学研究出现"审美认知转向"，它阐述了知识、技能和情感如何统一于身体，知识通过认知，技能通过实践，情感则是在大脑认知和躯体实践中不断体验、酝酿内化而成。

　　美育课程的实践教学中，"具身"是一种状态，"认知"是一种行为，即"具身"于特定教学"空间"中，"认知"课程传递的信息，在特定状态（教学过程）和特定信息（教学内容）共同作用下，唤醒"人"自身的"感知与记忆"，激发"情感"共鸣。情感投入可以从两方面展开：

　　其一，是学习者在混合式学习过程中通过教学任务和活动对个体和社群所产生的价值成就感、信心感和责任感。高洁通过对学生完成创作作品的信心以及通过在线学习所获得的高效能感的研究，提出当学习者具备较高的在线学习效能感时，其所设定的学习目标和心智努力都会显著提高；戴维斯等通过对小组成员协助进步产生的归属和成就感研究，提出在线学习者对他人和学习共同体产生的归属感能转化和激发学习者的学习动力，促进他们取得好的成绩；迪克森等认为情感投入有助于学习者对学习任务进行深层次的认知加工。因此，情感投入来源于认知和行为投入，且对两者有正向促进和提升，课程中通过情境渲染和综合实践，引导学生在特定积极的情境中参与活动，产生沉浸效果伴随正向情感体验，让学生体会到学习的社会价值感和人生价值感，通过这种正向价值观影响其学习态度，引导学生在认知和情感上予以全身投入。

其二，要鼓励学生将大脑中产生的审美意象转化为手中意象，创作出赋予自身情感和思想的艺术品，在认知投入和行为投入基础上，运用情感投入将头脑中的审美意象由内在化表现为创新外显化。

4. 交互投入

混合式学习中交互投入是由学习社群的社会性决定的，是基于学习共同体，包括学习者、教师、学习同伴、资源提供者等之间的互动。具体包括教师与学生、学生与学生、学生与资源、学生与环境等之间的复杂互动体系。社会交互投入可追溯于社会文化活动理论，该理论源于苏联心理学家维果茨基（L.S. Vygotsky）的文化历史发展理论，强调个体活动是从群体活动中派生出来的。克努兹·伊列雷斯认为，学习包括三个维度，即内容、动机和互动，互动维度指活动、对话和合作。[106] 在这个基础上，恩格斯特洛姆提出了由活动主体、客体、共同体、规则、工具、分工六个要素组成的活动理论框架，认为共同体包括共同完成学习活动的同伴、教师和其他资源提供者。活动理论的核心是主体和客体之间在活动中产生的交互行为。学习过程中有两个层面互动，即"学习者—环境"交互和"学习者—教师"交互[107]；交互会话分为认知性对话、社会性对话和反思性对话。[108]

一方面，社会交互对行为投入有正向影响。研究现实，学习者线上参与互动讨论的次数和他们的学习成绩成正比，积极参与型学习者成绩较高，逃避参与型学习者成绩较低。王莉等提出线上交流能有效改善在线学习孤独感，学习者在讨论交流中主动和同伴答疑交流，促进学习伙伴间建立平等友好的关系，增强学习者对自身和学习伙伴的认同感和对课程平台社区的归属感。

另一方面，盖里森等认为，社会交互还能促进学习者认知投入，认知存在的关键来源于学习同伴间的交互和合作,社会交互能帮助学习者增加情感投入和认知投入,提高课程完成率。

课程中:①要通过社会交互投入为学习者的认知发展提供良好的文化环境,设计不同层次活动交互促进学习者实现深度学习,考虑学习者在认知投入、行为投入和情感投入因个体差异性造成的心理动态表现,对应知、情、意三部分;对在线课程资源打散重组,为学生量身定做符合其认知和行为的内容、资源和项目,激励学生自主认知和策略化学习,提升学习者对在线学习意义和价值的认同感;②从学习共同体出发,促进教师、学习者、同伴和其他资源提供者之间通过有效协同、讨论、批判、反思等行为互动,实现知识建构、认知深化和创新创意。通过在线平台学习支持服务,提升学习者在线学习参与积极性和知识学习的深度化,特别是面对复杂交互性所带来的各种"不确定突发因素"做出对应思考,有效利用技术中介给予学生正面鼓励和及时针对性相应反馈,形成有效的知识输入和输出系统,满足特定学生的特定要求,实现知识的有效性构建,从而凸显混合式教学的设计优势。

总而言之,深度学习是学习者的"递进式学习"和"沉浸式学习",在学习过程中需要学习者的深度参与、身心投入和递进发展,通过深度学习来推动高校美育课程的教学变革有重要的意义。深度学习重在学生在学习过程中根据已有的认知结构和经验,对新的知识进行有效性生成和创造性建构。混合式教学设计中,对教师的需求从单一化向多元化转变,要求教师以学生为中心,从学生需求的角度去重构教学时序、创新教学方法、挖掘深层教学内容,要充分借助信息化优势,利用线上和线下相结合的教学方式,教师充分和有效引导,让学生具备高阶层的深度思维,包括高阶化深度认知能力、问题探究迁移运用能力、协作交流能力、创新综合能力等。开展混合式教学的最终目的不是简单的面对面教授和信息技术的机械叠加,既不是对数字化教学资源的高科技建构,也不是花里胡哨的教学活动华丽外表,而是要通过混合式教学有效提升学生学习的深度性和有效性,通过构建认知投入、行为投入、情感投入和交互投入要素干预课程实践形成知识有效性和系统性建构,满足学生统一性和个体性的学习需求,真正体现以学生发展为中心的教学理念。

三、混合式"三位一体"教学实践框架——保障、载体和实施

以认知投入、行为投入、情感投入和交互投入为载体的混合式教学能够促进学生探究性学习行为和社群化学习行为,实现高阶思维的深度学习。通过对以上教学理论的核心论点结合美育课程教学实践,归纳总结基于学习投入支持的混合式教学促进深度学习的有效课堂实践框架,形成高校美育课程"三位一体"混合式教学体系(图3-3)。主要通过"混合式教学交互支持"为保障、"线上线下拓展时空延伸"为载体、"逆向设计指向美育核心素养"为过程,维持、促进和实现深度学习。

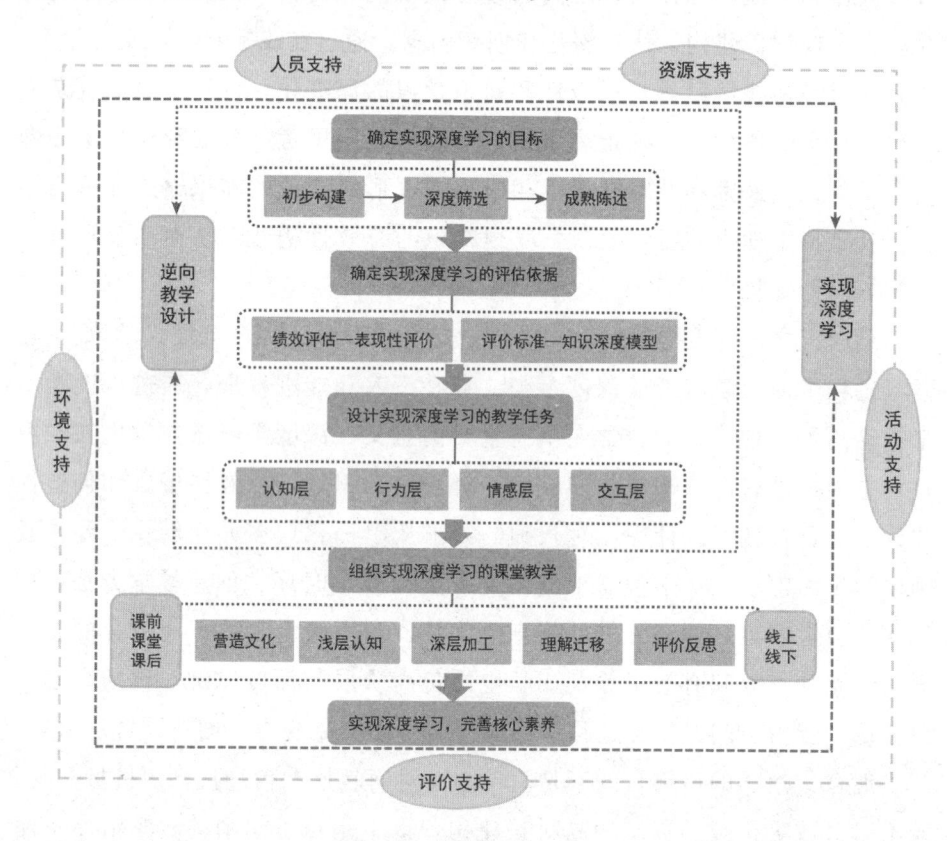

图3-3 美育课程混合式教学"三位一体"实践框架

(一)保障——混合式教学交互支持,维持深度学习

针对美育课程传统教学存在的问题,结合实践经验,依据混合式学习中学习支持服务要素间的内在关联,构建一个较为全面地学习支持服务体

系包括人员支持、资源支持、环境支持、活动支持和评价支持（图3-4）。每个服务维度内容根据课程教学设计为载体进行规划和制定。

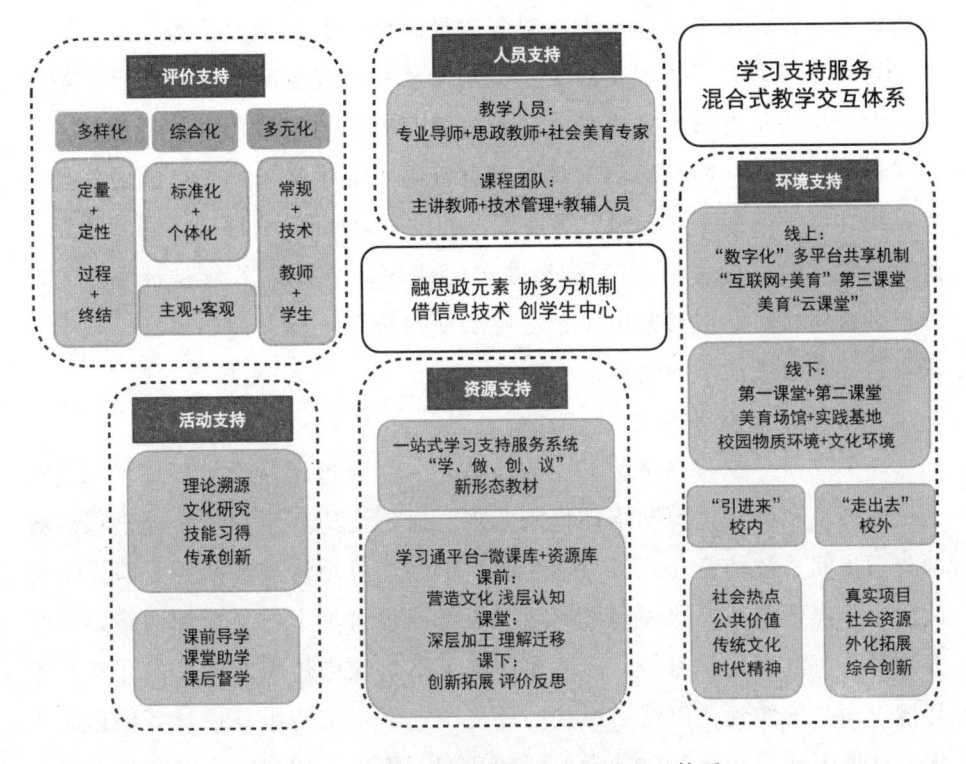

图3-4 学习支持服务混合式教学交互体系

1. 人员支持服务维度

人员支持是学习支持服务中的核心，包括课程主讲教师、技术管理人员、教辅人员、综合管理人员等，提供学习辅导、教学资源提供和学生情感支持等。混合式学习中，主讲教师要能及时做到课堂面授和课后线上及时、认真对学生进行个性化教学指导。配备与学生人数成正比的教学辅助人员，包括在线辅助人员及助教等，及时向学生传输综合信息，通过课堂和网络相结合实现对学生教学管理和媒体学习资源使用管理。教辅人员通过人际面授和线上非面授相结合提供教学辅导，包括学习方法策略等教学相关内容，通过通信手段提供与课程教学内容无关的交流或个人问题指导建议等。技术管理人员包括课程研发员和媒体技术专家，为混合式学习的网络平台提供人员技术支持。

2. 资源支持服务维度

资源支持是学习支持服务中的先导，包括课程教材、课件和媒体信息网络资源等，它决定了学习支持服务质量高低、深层学习是否达成，培养学生自主学习能力。资源支持主要包括信息资源服务和学习资源服务两大类，前者指为帮助学生完成某一学习目标而提供的网络技术支持信息，包括课程平台网站、网络通信工具等信息资源，构建基于SPOC学习支持服务系统，以学习通平台建设"微课库"和"资源库"，从课前、课堂和课后阶段实现"学、做、创、议"；后者包括课程章节视频影音资料、PPT课件、多媒体材料学习档案电子包等电子学习资源，以及印刷讲义、教学书籍资料等传统纸质学习资源。

3. 环境支持服务维度

环境支持是学习支持服务中的保障，主要通过课堂学术环境、课后通信设施环境和课程虚拟网络环境来实现。通信设施环境为学生提供课后教师与学生间、教辅管理人员与学生间、学生学习小组成员间等双向线上交流的通信媒体服务。课程网络环境主要指课程自主学习平台和网络媒体教育途径等。混合式学习中，环境支持服务不单纯指传统意义上的课堂学术环境，而是延伸到任何网络连接的环境中，学习支持服务设计者根据学生学习环境不同设计个性化的学习活动和学习资源，根据学生个体化差异设置个人学习电子任务袋，并提供诸如课程讨论区等学习交互工具，学生根据自己需求选择交流交互方式解决问题。

4. 活动支持服务维度

活动支持是学习支持服务中的实现途径，指为了完成学习任务而设置的师生教与学的活动综合，它基于学习环境支持和学习资源支持，决定了学生的学习积极性和参与性程度。活动支持主要包括课前导学活动、课堂助学活动和课后督学活动。混合式学习中，活动服务要充分体现以学生为中心、多元化原则，活动任务要与教学项目紧密衔接，活动的组织方式、过程和考核要素要围绕活动任务展开，同时要将课堂传统学习活动和课后基于网络交互工具的虚拟学习活动相结合。

5. 评价支持服务维度

结合工具资源多元化，改革教学评价考核方法。结合成长评价，采用表现性评价和档案袋评价，探索以学生线上表现为依据的评价方法考核评价，以及学生线下实践能力的评价，体现学生的参与度和表现度，以学生思想认识分析和解决实际问题能力为主测评。

（二）载体——线上线下拓展时空延伸性，促进深度学习

通过学习投入行为实现混合式教学"认知—能力—情感"三层次，对应"知—情—意"，获取高阶思维，促进"知情意行"全面发展。第一层次，线上理论认知层，主要实现学生学习动机和兴趣的激发和培养，实现课程知识目标；第二层次，线下行为能力层，主要通过学习内容的内化和运用，实现高阶思维的获得和能力迁移；第三层次，时代思政情感层，主要通过课程审美培养学生情感目标，实现全人教育。通过知识传授、能力培养和价值塑造，实现全员、全程、全方位育人。

课程设计基于学习投入因素的混合式教学路径，研究深度学习发生机制（图3-5）。将课程完整单元项目分为五个阶段：前期准备、课前线上、课堂线下、课后线上和外化拓展。每个阶段通过教师、学生、资源和环境方面等学习共同体的交互实现教学活动，包括十一个区域，分别为准备区、资源区实现以教师为主体；认知区、前测区实现以学生为主体；构建区、实践区、互动区和评价区实现以教师组织引导学生为主体；后测区、反思区实现师生互为主体；外化区实现以学生发展为主体。每个教学阶段区域设置针对和侧重性教学活动，促进不同发展阶段深度学习的发生：①准备阶段即课程前期准备，主要实现目标价值引导、激发学习动机和熟悉学习环境；②浅层知识认知阶段，课前线上通过知识地图和学习任务单来激活旧知、启迪新知，通过自主学习、平台自测来达成知识理解，这个阶段是教师设置真实情境，学习者自我监控、运用学习策略来完成自主学习；③深层知识加工阶段，通过课堂线下来形成对知识巩固内化，教师重难点强化促进学生知识迁移应用、技能习得和自主探讨，通过师生提问研讨、生生协作互助形成有效互动，通过多元化评价形成巩固拓展和总结优化，这个阶段主要包括知识系统性、提问有效性、互动参与性、任务真实性、能力挑战匹配性和项目范例化；④评价反思阶段，体现在课后线上，通过学生提交作业来深化意识，作品展览和分享交流实现自我反思评估，这个阶段注重师生间的评价反馈、生生互评和深度反思；⑤核心素养完善阶段，

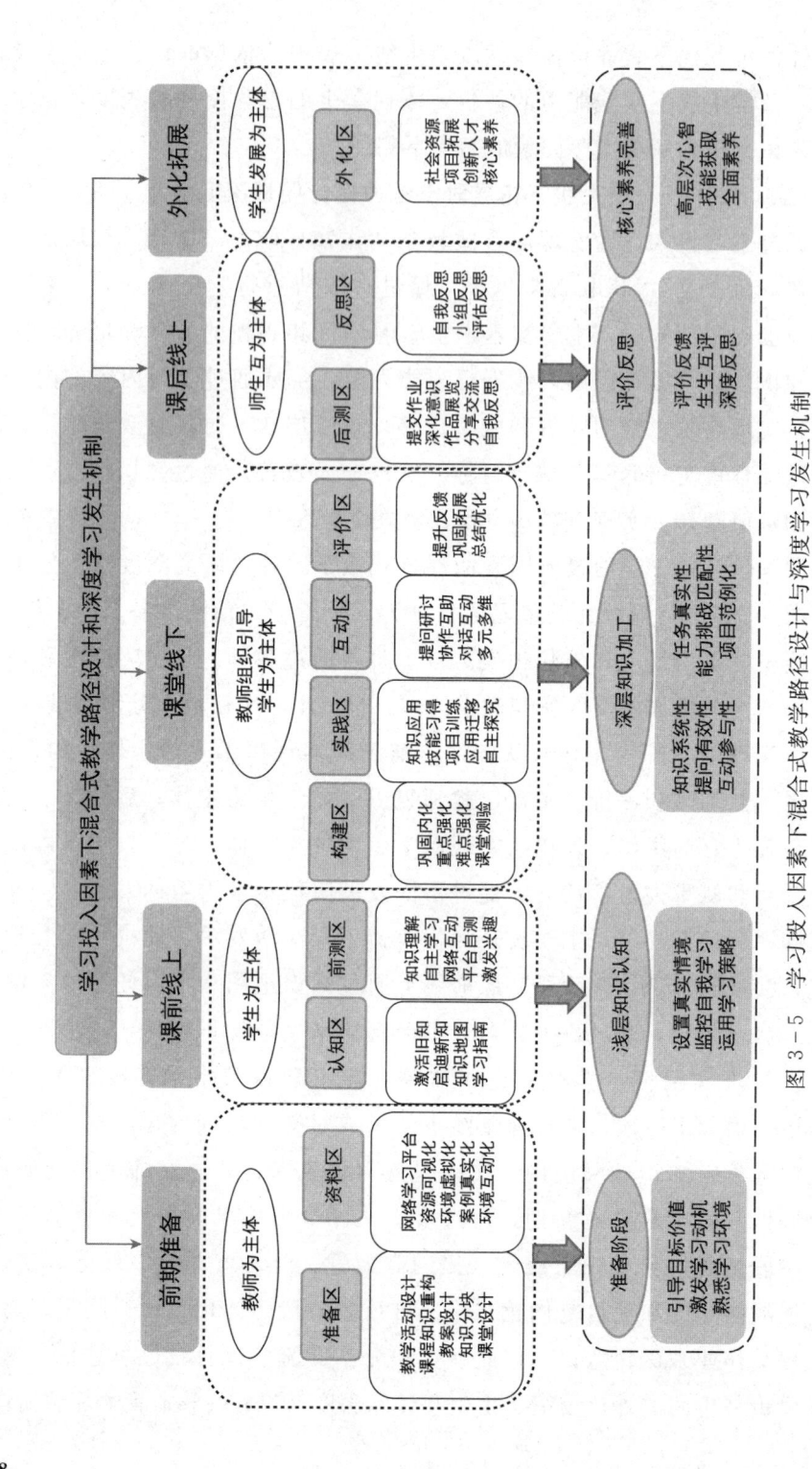

图 3-5 学习投入因素下混合式教学路径设计与深度学习发生机制

是学生知识外化拓展的过程，主要通过社会资源进行课堂内的项目拓展，培养创新人才，完善核心素养，实现高层次心智技能获取和全面素养。

（三）实施——教学逆向设计指向美育核心素养，实现深度学习

逆向设计又称为逆向规划。它是教师为实现特定的教学（学习）目标而设计学习体验和选用教学方法的过程，也是教师联结学生学习经验和运用教学技术来完成特定的教学目标的课程设计思路。逆向设计起源于教育家泰勒（R. W. Tyler）的"泰勒原理"，包括"确定教学目标—选择教学经验—组织教育经验—评价教育计划"，后得到美国教育专家威金斯（G. Wiggins）和麦克泰（J. Mc Tighe）的发展并使之逐渐成熟，认为"逆向设计"以"大概念"和"表现性任务"为核心，是一种设计任意课程的方法，旨在促进学生增加对课程内容的理解性。"逆向设计"有两大突出特点：其一，"以始为终"，即根据学习目标为引导进行逆向思维设计，教师评测学生所能达到的学习结果后，设计并组织开展合适的教学设计活动，提升课程教学有效性，促进学生自主性学习和基于理解的深度学习，引发学生的学习能力迁移；其二，大概念指向核心素养，威金斯和麦克泰在《追求理解的教学设计》书中提出，"逆向设计"注重大概念来引导教学和基本问题，促进教学设计指向学科核心素养，基本问题指能促进学生把注意力转移到学习活动中去的问题。[109] 围绕美育核心素养，将教学逆向设计步骤概括如图 3-6 所示。

1. 大概念

大概念可以是某个学科的核心素养，也可以是某个项目单元的课程主题。我国美育学科核心素养为审美感知、文化理解、艺术表现和创意实践。

2. 确定教学目标

《关于全面加强和改进新时代学校美育工作的意见》明确指出，新时代背景下美育课程以提升学生审美能力和人文素养提升为目标。布鲁姆教育目标分类包括认知领域、情感领域和动作技能领域，在每一个区域又进行了细分。上文中已经阐述过基于深度学习的课堂教学实践是实现学习从浅层认知到深度理解的过程路径。因此，我们可以将美育课程教学目标归纳为：培养感性思维的审美认知力，培养理性思维的审美体验力和审美表现力，培养创新思维的审美创造力；并通过"识记"和"理解"实现认知的

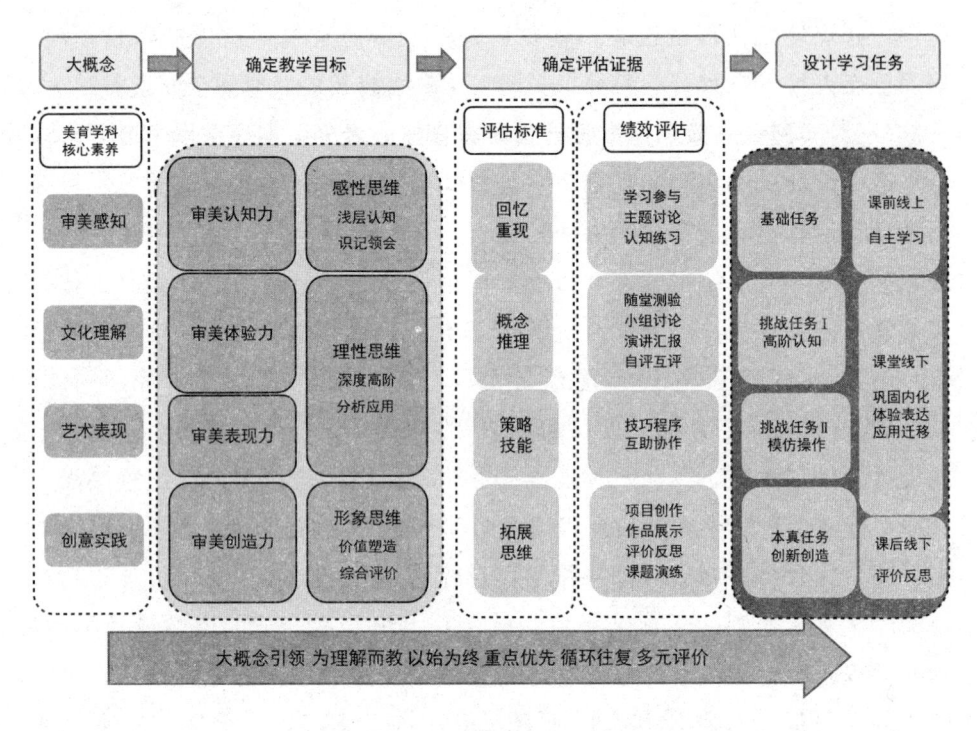

图 3-6　指向核心素养的教学逆向设计步骤

浅表层次，通过"应用"和"分析"实现高阶思维和能力迁移，通过"综合"和"评价"实现创新和反思。

3. 确定评估证据

分为评估标准和绩效评估。评估标准是衡量学习者的学习行为和结果的指导策略或规范，学习结果主要包括言语信息、智慧技能、认知策略、动作技能和态度等。为表征学生应该理解的知识深度，美国教育评价专家韦伯提出了"知识深度模型"（DOK 模型），该模型成为美国 K-12 教育领域推动学生深度学习、培养高阶思维和核心素养的重要教学设计工具。DOK 模型从学生的认知水平层次划分，分别包括：DOK1—回忆/复述、DOK2—技能/概念、DOK3—策略性思维、DOK4—拓展性思维，其中前两个层次被认定为浅表层能力，后两个层次被认为是深度学习层面的基本能力。因此，在美育课程中，将评估标准根据教学目标四层次：回忆重现；概念推理；策略技能；拓展思维。绩效表现的评判指向深度学习，[110] 教育评估专家佩切恩提出，深度学习要具有绩效评估因素。[111] "绩效"中的

"效",具体包括效果、态度、品行、行为、方式、方法等。因此在课程绩效评估中,根据预期教学目标和内容,分为学习参与、讨论、练习、演讲、技巧、协作、创作、反思等。

4. 设计学习任务

将任务类别根据预期目标和认知深浅层次分为三方面:基础任务,通过课前线上自主学习完成;挑战任务,其中又分为挑战任务Ⅰ(高阶认知)和挑战任务Ⅱ(模仿操作),前者从认知角度,后者从技能角度;本真任务[112]通过挑战任务两类的融合,即认知和行为统一形成面对具体项目、案例、真实课题的课内仿真类和社会实践类任务。它需要融合高阶思维、技能行为和情感价值共同完成。以此设计"混合式教学深度学习任务表"(表3-1),通过浅层知能、深度理解和迁移创新三个阶段,融合线上线下环境,从学习目标和评估指标两个方面设计表格内容,实现深度学习。

表3-1　　　　混合式教学深度学习任务表(附要点解释)

姓名			项目	
学号			课时分配	
浅层知能	课前线上	学习目标	基础任务——浅层认知 (事实性知识:对项目基础知识、术语、细节或要素的获得) 能够识记:工艺纹样、造型、图案特点 能够领会:美学规律、哲学精神、发展溯源、人文观念等 任务点:具体章节要点	
		评估指标	评估证据(某个阶段内学习行为、方式和表现,证明是否达到学习目标) 行为过程:例如讨论互动评率、练习完成度等 所获结果:如小论文等	
深度理解	课中线下	学习目标	挑战任务Ⅰ——高阶认知 (概念性知识:对某个领域相关分类、原则、概括理论或结构的理解) 能够分析:艺术语言、形象和意蕴鉴赏分析经典工艺作品 任务点:具体要点	
			挑战任务Ⅱ——模仿操作 (程序性知识:对某个领域做特定事情的信息方法和具体技能技术获得) 能够应用:绘制工艺图案、掌握工艺技法和材料运用 任务点:具体要点	
		评估指标	评估证据(某个阶段内学习行为、方式和表现,证明是否达到学习目标) 行为过程:例如讨论互动频率、演讲汇报完整度技能熟练等级等 所获结果:如调研报告、汇报作品等	

续表

迁移创新	课中线下	学习目标	挑战任务Ⅲ——创新创造 （元认知知识：利用所获知识和能力，解决认知任务和现实世界情境问题的战略性知识） 能够创造：综合实践主题创作 任务点：具体要点
	课后线下		挑战任务Ⅲ——本真反思 （元认知知识：利用所获知能解决问题后，关于如何完成认知任务的反思性知识获得） 能够评价：自评和互评 能够反思：成果、过程和方法反思 任务点：具体要点
	课后线上	评估指标	评估证据 （某个阶段内学习行为、方式和表现，证明是否达到学习目标） 行为过程：例如作品完成度、创新性、第二课堂参与度、社会拓展性等 所获结果：如实践作品、比赛项目、反思报告等
浅层知能	课前线上	学习目标	基础任务——浅层认知 能够识记： 能够领会： 任务点：
		评估指标	评估证据 行为过程： 所获结果：
深度理解	课中线下	学习目标	挑战任务Ⅰ——高阶思维 能够分析： 任务点：
			挑战任务Ⅱ——模仿操作 能够应用： 任务点：
		评估指标	评估证据 行为过程： 所获结果：
迁移创新	课中线下	学习目标	挑战任务Ⅲ——创新创造 能够创造：
	课后线下		挑战任务Ⅲ——本真反思 能够评价： 能够反思：
	课后线上	评估指标	评估证据 行为过程： 所获结果：

综上所述，通过"三位一体"美育课程混合式教学创新，一方面，实现了虚拟和实体教学空间的深度融合化。虚拟线上数字教学资源具有丰富性和综合性，且能反复观看，它改变了传统教学资源中的欠缺性和不可复制性，兼具学生学习需求的统一性和个性化，有利于促进学生从浅层认知到深度理解的学习有效性和系统性，提升知识传播的效益。在这个过程中，教师的角色由传统型的知识传授转变成知识创新指导，引导学生获取深层次、进阶化的审美能力和人文素养。另一方面，混合式教学使学习阶段前移式调整，实现和教学内容的有效结合。教学中通过课前、课堂和课后，改变了传统教学中的预习、学习和复习，而是通过导学、助学和督学来实现，调整学习过程前移。学生通过课前完善旧知和启迪新知形成清晰的课程目标，情景式学习资源有效激发学生学习的积极性。课中通过实体课堂查漏补缺和知识迁移、能力创新延伸，通过有效互动实现知识深度理解，从知识传授到能力拓展，并融合课程思政进行价值塑造。课后，通过美育课程的审美独特性，运用不同艺术手段，结合第二课堂和校外社会服务开展课题实践项目，引导学生独立思考挑战真实任务，塑造新时代创新型人才，进一步完成知识内化和技能拓展，形成学习闭环。美育课程中混合式教学法的运用，让学生从传统的低阶浅层学习转变为高阶深层学习，从以前对课程内容的"知道、了解和领会"，升级到如今的"应用、分析、反思和评价"。在复杂环境下通过高度投入和高度认知，获得了深层的学习价值感。从学习者维度、教师维度、课程维度和环境维度解决了传统美育课程混合式教学中的弊病，塑造了"身临其境"的情境感知、"相辅相成"的交互碰撞、"身心在场"的体验获得和"三省吾心"的反思成长，从深度学习视角下，运用学习投入要素，获得了沉浸式"身心与共"的美育课程审美愉悦感，通过"耳目之美""心意之美"和"神志之美"，实现了"各美其美，美美与共"的最高审美境界。

第四章 "五育融合"导向的新时代高校美育体系

第一节 新时代高校美育形式

事物的形式,指针对其外形而言,即事物内容的组织结构和表现方式。上述中,我们对高校美育的定义和目标有了明确阐述,如何将美育教学内容完善,使其达到我们"意之所属"和"心之所向",则要取决于具体形式。高校美育是一门综合多学科理论与实践的审美教育课程,《关于全面加强和改进新时代学校美育工作的意见》中明确指出,高校美育总体方向要"坚持弘扬社会主义核心价值观,强化中华优秀传统文化、革命文化、社会主义先进文化教育,引领学生树立正确的历史观、民族观、国家观、文化观,陶冶高尚情操,塑造美好心灵,增强文化自信";高等教育阶段课程设置要"开设以审美和人文素养培养为核心、以创新能力培育为重点、以中华优秀传统文化传承发展和艺术经典教育为主要内容的公共艺术课程";课程目标旨在"培养具有崇高审美追求、高尚人格修养的高素质人才";教学改革方面,要"在学生掌握必要基础知识和基本技能的基础上,着力提升文化理解、审美感知、艺术表现、创意实践等核心素养",突破传统教学场域"丰富艺术实践活动",师资方面要"配齐配好美育教师",社会资源要"统筹整合"并"充分挖掘学校艺术场馆社会服务功能。"根据文件精神要求,以下从思想认知、课程设置、师资建设和功能发展等方面对高校美育形式进行阐述。

一、思想认知——加强美育理论研究

美育学科作为一门交叉学科,需要注重其融合性,加强其美学、艺术教育和教育学等相关学科的基础理论研究。古人先哲在"天人合一"哲学

基础上提出"中和论"美育思想,《论语》中的"兴于诗,立于礼,成于乐"强调对人格养成的重要作用。礼乐教育,其实质是"美的教育",无论"礼教"还是"乐教"都与孔子提出的"仁"的学说有着内在渊源。20世纪初,李叔同提出"士之致远,先器识而后文艺""应使文艺以人传,不可人以文艺传",主张个人内在品德涵养、精神境界的重要性应优先于个人的专业技艺。基于对中华传统文化的深厚理解,蔡元培提出了"以美育代宗教"教育主张,把美育作为中国进行道德教育的重要手段,它对美育的定义是"应用美学之理论于教育,以陶冶感情为目的者也",以"审美情感教育"为内涵的"美育"概念沿用至今。他在北大推动了美学与中华文化和当代艺术学相关的基础学科的研究,参与了相关学科体系建设。高校美育实质的认知,是建立在对美育学科知识建设和理论支撑的基础上,通过培养更多的专业型美育人才,构建起完整系统的美育教育体系实现的,它能从根本上解决当代大学生或多或少存在的审美启蒙教育缺位的问题,通过大学阶段的"补偿性"美育教学,实现提升大学生审美能力和人文素养,实现陶冶情操、塑造美好心灵和健康身体的身心协调发展的目标;另外我们也要鼓励并促进新时代背景下的文化产品向经典化、民族化和多元化,保障我国文化产业健康持续积极发展,使两者同向同行,协同共进。

二、课程设置——优化美育课程体系

新时代美育以立德树人为根本,以提高学生审美和人文素养为目标,弘扬中华美育精神,习近平总书记提出了"以美育人,以文化人"的发展要求,一方面,学校要开齐开足开好围绕"自然美""社会美""艺术美"和"科技美"等审美形态内容为主的美育课程,多角度、多元化和全方位保证美育课程内容的丰富性、经典型和时代性。高校美育教育者要充分结合传统通识教育理念,将美育课程划分为公共综合类的美育必修课和选修课,比如"大学美育""审美·跨界""生活美学"等;具有各个专业特色的美育必修课和选修课,比如"服饰美学""音乐鉴赏""木材美学"等,且课程之间具有补充性和连贯性,供广大学生选择和拓展学习,进一步提高其审美鉴赏和审美创作能力,助力其创造意识和批判性思维正向促进。另一方面,按照"必修+选修"双重模式,设计"必修+选修"的教学内容，要求学生大学期间至少选择一门美育必修课，获取美育学分，并在此基础上鼓励学生根据专业实际和个人兴趣等酌情选修美育相关其他课程，并制定贴切该模式和内容相应的考评效果评价机制。

课程设计方面，打造"课内＋课外""理论＋实践"的美育课程体系，融合学校"地缘性"特色，丰富办学载体和美育内容。学校要注重行为文化示范，设计第一课堂、第二课堂和第三课堂相辅相成的美育课程体系，完善和补充学校美育课程体系构建。充分运用多元化、现代化教学方法，创新载体、途径和方式，秉持以"学生发展"为中心的教育理念，充分激发学生美育学习的兴趣和积极性。课程中注重实践和理论融合，以美的感知为基础，传授美的知识和理论，营造审美氛围；进而以体验美和表现美作为更高层次的体验，传授审美技巧和方法，充分调动学生身体互动，培养学生的审美创造力。充分运用VR等现代化科技手段，以更直观和更具体的形式呈现审美艺术，让学生沉浸式享受美育，更好地感受、体会和领悟美。

三、师资建设——统筹美育师资队伍

高素质美育教师队伍建设是实现美育育人目标、弘扬中华美育文化的关键。只有把美育师资队伍作为基础工作建设，学校美育工作才能得以深入开展和实施。高校美育亟须优化美育师资队伍结构，建设一支素质高、能力优、教学能力强的美育师资队伍，可以从以下几方面路径实施：

首先，多方位加强高校美育师资队伍建设，有针对性地健全高校专业美育师资队伍补充机制，根据学生规模和公共艺术课程、美育选修课的教学需要，配备配齐美育专职教师；有计划、分步骤完善以辅导员、思政教师兼职的美育教师队伍；加强社会美育专家资源，可以聘请一批美育专家、手工艺人等为主的客座美育教师。上述三者相结合，综合形成具有高校特色的美育师资队伍，为高校美育教育第一课堂和第二课堂的融合和补充教育教学工作提供高质量的教师师资支持。

其次，多渠道、多途径开展美育师资培训，优化队伍综合素质。把美育师资队伍建设贯穿始终，开展丰富多样的教师培养活动。通过一系列举措积极有效推进美育师资培养模式。荀子说过："国将兴，必贵师而重傅。"

我们应充分秉持"育人者先行"的教育理念，针对高校美育师资零碎化、片面化和单一化，加强专业人才队伍的建设和培养，促进全方位和多元化创新开展，提升高校美育教学的效率性。通过对高校美育教师的专业能力培训，使其具有审美修养、理论知识、研究能力和操作技巧，具备较高审美人文素养，通过举办教师教学技能大赛、开展美育科研研讨会等活动，提升高校美育师资队伍的思想品德、科研水平和教学能力等综合整体素质。

另外，借助"互联网＋美育"教育信息化模式，推进美育师资队伍建设"现代化"速度。通过共享美育资源，以"智慧课堂""人工智能"等信息化通道，开拓美育共享方式实现传播。通过新媒体方式积极开展美育网络公选课、教学在线直播、打造美育云平台等，开发与美育课程和教材相匹配的美育课程优质资源，以"互联网＋美育"让学生学习到本校以外优质的美育课程资源。让高校美育课以网络为载体跨越地域限制，促进教育资源优质均衡有效发展，更加科学、专业和系统化地加速美育教学开展。

四、功能发展——协同美育社会资源

促进美育社会大众化，实现"美育大同"。"大同"一词，出自《礼记·礼运》，"大道之行也，天下为公，选贤与能，讲信修睦。壮有所用，幼有所长，鳏寡孤独废疾者，皆有所养……是故谋闭而不兴，盗窃乱贼而不作，故外户而不闭，是谓大同。""大同社会"是儒家所推崇的"博施于民而能济众"尽善尽美的理想社会，是其修己安人、治国平天下的政治理想与社会目标的完美实现。[113] 社会学家费孝通针对文化的差异性和同一性，基于中华传统文化历史脉络和宏大格局提出"各美其美，美人之美，美美与共，天下大同"的社会理想，旨在通过"文化自觉"使世界文化达成和谐，最终实现"天下大同"。2019年5月15日，习近平总书记在主题为"深化文明交流互鉴，共建亚洲命运共同体"的亚洲文明对话大会开幕式上的主旨演讲中指出，"要坚持美人之美、美美与共。每一种文明都是美的结晶，都彰显着创造之美。……坚持与时俱进、创新发展。"在抗击新冠肺炎疫情中，中国伟大抗疫精神中所体现的"命运与共"的"人类命运共同体"理念，正是对我国传统文化中"大同"思想和"美美与共"思想的新时代继承和创新发展。新时代的美育功能要从"修身"的个人层面发展到"大同"的社会层面，要打破传统美育中仅局限于个人道德情操塑造，按照当代社会的时代精神，从宏观、复杂的现实角度实现从个人境界上升到社会境界。高校履行好发展传播美育理念职责，组织学生根据第一课堂所学内容，走向城镇社区和乡村地区的第二课堂，开展社会公益艺术实践服务，培育全方位创造性人才。引导学生用"美"塑造城市，助力乡村振兴事业，用实际行动真正践行"美就是创造力"，真正打通社会美育和学校美育，促进个体社会化，实现"大美育"理念。通过艺术手段去解决社会真实问题，将艺术作为纽带，学生运用其所学美育知识，实现服务社会和他人的"美美与共"，同时也能在实践过程中获得身心拓展、和谐发展，达到高校美育的育人目的。

新时代下的美育涵盖范围越来越广，所赋予的意义也越发深入，美育的影响范围也从学校层面慢慢向社会和家庭开始覆盖，给大众化带来更多美育资源。美育要在高校发挥其育人价值，首先在顶层设计上要引起思想上的高度重视，其次在实践中不断优化和改善，建立系统完整且行之有效的高校美育体系。弘扬中华美育精神，做好新时代下以社会主义核心价值观引领的美育工作，为高校美育发展指明了新的目标和历史方位。高校美育要弘扬中华美育精神中所蕴含的深层创新智慧，发挥美育在提升当代大学生审美能力和审美素养、培养学生身心协调发展、塑造美好心灵、陶冶个人情操等方面的重要作用，以其多样丰富的形式，让高校美育在新时代下焕发出新生态的蓬勃之势。

第二节 "五育融合"的基本原理

一、"五育融合"的概念提出

《现代汉语词典》将"融合"定义为"几种不同的事物合成一体。"这说明融合是指将不同事物，经过相互贯穿、相互渗透、相互滋养、相互融入，最终形成一个新的有机整体。融合的对象是"不同事物"，通过融入同一个"熔炉"，不同物质元素经过相互糅合的渗透式融合，将各自的"边界意识"消除，最终形成一个整体化或一体化的新生事物。因此我们可以理解"五育"的融合既不是德育、智育、体育、美育和劳育各项的简单拼凑、叠加、整合,也不是各育"谁主谁次"的替代,而是将其通过"自然自在产生"的自发性和"有计划、有目的且有主动意识"的自觉性,融为一体,实现一个不同于各育的新生事物,即一个崭新整体的"五育"的生成。

  追溯到1903年,王国维首倡著名的"心育论",明确提出身心发展知情意行统一的"完全之人物"的"教育之宗旨",将"人的能力"分为"身体之能力"和"精神之能力""完全之人物,精神与身体比不可不为调和之发达。"其中"精神之能力"分为"知力、感情及意志",对应"真善美之理想"分别为"真者知力之理想""美者感情之理想""善者意志之理想",提出"教育之事亦分为三部",即"智育、德育(意育)、美育(情育)""完全之教育,不可不备此三者。"即通过个体"身""心"协调,实现"德育、美育、智育、体育",使之成为"完全之人物"。[24]89 进入新时代,"五育融合"是实现"五育"并举、贯彻党的教育方针和落实立德树人根本任务的基本途径,在我国教育变革和发展中具有代表性,它是大众对教育回归初心的强烈期盼。中共中央、国务院印发的《中国教育现代化2035》中明确提出"融合理念""更加注重全面发展,大力发展素质教育,促进德育、智育、体育、美育和劳动教育的有机融合",即以融合的方式来育人,实现"五育并举,融合育人"。《关于全面加强和改进新时代学校美育工作的意见》中也明确提出,全面深化学校美育综合改革,以学校的角度,倡导四个层面融合:课程、教材与教学的融合;家庭、学校与社会的融合;教师和学生"共育"的融合;德智体美劳的融合。德智体美劳全面培养的教育体系是培养全面可持续发展人的必然要求,在"五育融合"教育体系中,各育的育人价值和作用独一无二,发挥方式亦各具特色,正所谓"各美其美",通过"美美与共"实现"大同之美"。

二、"五育融合"的理论基础

(一)马克思关于人的全面发展教育理论

  人的全面发展是马克思主义基本原理之一,也是我国教育方针的理论基石。人的全面发展是个体内在和谐发展的一种需求,它是人的智力、体力以及人的才能、志趣和道德品质多方面的发展,是一种全面、和谐、充分的发展。它包含在既定历史条件下,人的个性自由发展和如愿从事各种社会活动,是整个社会的人的社会关系的全面发展。

马克思关于人的全面发展是"人的能力"的全面发展,体现了高校"五育融合"的必要性。一方面,认为"任何人的职责、使命、任务就是全面地发展自己的一切能力",这里的能力包括体力和智力、自然力和社会力以及现实能力和潜在能力等,这体现了人内在素质的"全面、自由和和谐"发展,它要求人的素质,即道德、智力、体力、审美和劳动等方面要呈现出一种和谐自由之美,而非割裂对峙之状。另一方面,马克思提出"个性的自由发展就是一切天赋得到充分的发挥",它要求我们将各种先天的素质,通过后天教育在社会环境中实现并得到最大化的发挥,实现潜能的发挥并获得新的素质养成。人的全面发展体现了人的全面和谐发展,教育是一种促进人的身心发展和社会发展的活动,因此,只有高校教育中的"五育"呈现出一种同向同行的融合关系,才能实现大学生的全面发展。

(二)中国共产党教育方针理论的历史演进和时代精神的追求

早在 1930 年苏维埃政府文化委员会第一次会议决定的教育任务中,中国共产党就明确提出了"施政的方针,以养成智力和劳力作均衡的发展为原则,并与劳动统一的教育之前途",新中国成立后,党领导教育界对"全面发展"与"均衡发展""三育"还是"四育"抑或"五育"展开了讨论,以明确社会主义教育的目的。毛泽东认为学生应"健康第一,学习第二",并在 1957 年明确提出社会主义教育目的:我们的教育方针,应该使受教育者在德育、智育、体育几方面都得到发展,成为有社会主义觉悟的有文化的劳动者,即"德智体全面发展的人"。改革开放后,邓小平同志在此基础上明确我国的教育方针是"教育必须为社会主义现代化建设服务,必须与生产劳动相结合,培养德、智、体全面发展的建设者和接班人",即"人的全面发展"。2002 年,党的十六大将教育方针明确为"坚持教育为社会主义现代化建设服务,为人民服务,与生产劳动和社会实践相结合,培养德、智、体、美全面发展的社会主义建设者和接班人",即"德智体美全面发展"。2018 年,习近平总书记在全国教育大会上提出:"要努力构建德智体美劳全面培养的教育体系,形成更高水平的人才培养体系。"即"培养德智体美劳全面发展的社会主义建设者和接班人"。纵观我国关于人的全面发展

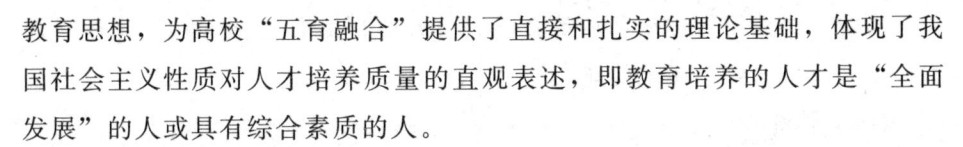

教育思想，为高校"五育融合"提供了直接和扎实的理论基础，体现了我国社会主义性质对人才培养质量的直观表述，即教育培养的人才是"全面发展"的人或具有综合素质的人。

（三）全人教育理念

全人教育可以溯源到古希腊的人文教育与自由教育，亚里士多德曾提出培养"体、智、德"和谐发展，"真、善、美"三位一体的"完善的人"。罗杰斯作为人本主义教学理论的代表人物，他认为，全人教育是以促进学生认知、情意素质全面发展和自我实现为教学目标的教育，即"躯体、心智、情感、心力融为一体"之人。工业革命后，社会开始向理性主义倾斜，人们日渐相信科技的力量，知识和科学技术成了一切的标准，教育忽视人的情感和地位，造成了人的物化。20世纪60年代，西方开始涌起的人本主义、永恒主义哲学等教育思潮，是全人教育的思想基础。隆·米勒最早对全人教育进行系统化阐述，他从三个层面来解释全人教育内涵：第一，教育全人，整合人的不同侧面；第二，将人视为整体而不是部分的组合进行教育；第三，在整体的环境中进行。[114] 针对目前现实教育中知和情分离现状，全人教育提倡教育的目的应该从两个方面展开：一方面通过教育实现学生知识或技能教授；另一方面则是针对学生的情意需求，使其在认知、情感、意志等方面综合均衡发展，培养健全人格，即我们现在所倡导的人"知情行意"统一和谐。总之，全人教育着重从整体角度看待人和世界，它提倡教育应该是对个体的德、智、体等方面全面协调发展，是一种教育整合化，而并非某一能力和单方面素质的提高；教育中的学生是整体的人、完整的人，教育应该以学生为中心，给予学生从知识、技能以及情感、意志等方面极大的关注，使其向"知情意"之"全人"目标前进；"全人教育"不仅要强调"全"，还应该注重"融"，要将"真善美"融入渗透到知识讲授和技能传授始终，促进其和谐心智发展，形成健康人格教育，进而促进学生全面发展，成为有道德、有知识、有能力和谐发展的"全人"。这为高校"五育融合"提供了思想基础。

三、"五育融合"下的各育——各美其美

我们提倡"五育融合"，就必须了解德智体美劳各育的内容，知晓各育美在何处，其独特目标从何体现。只有充分认识五育中的美，才能各展其美，让"五育融合"遍地开花。

（一）德育

德育，是受教育者形成一定思想品德的教育，包括思想教育、政德教育和道德教育。[46]249 无论是我国儒家主张的"德治""以德教民"，抑或是西方古希腊苏格拉底提出的"知识即美德"、亚里士多德的"美德论"，还是新时代背景下，我们强调的社会主义精神文明，无一不体现出德育是人的精神方面需求的满足，它对于促进完善的人的道德品质，提高人的至善能力有重要作用。我们要摒弃当今实用主义、经验主义、个人主义和功利主义等不良思潮影响，学会用积极理性的思维，从自身、他人和社会所存在的意义去重新思考定位人、自然和社会的发展关系，以"和合爱众""民吾同胞""为仁由己"的"爱人（仁）"人文向善精神，达到至真至善的圆融和谐境界。德育在五育中起到了领头作用，它的实现有助于其他四育价值的升华。高校教育旨在立德树人，它是对教育传统文化中"人德共生"的创造性继承和创新性发展，强调"人"对"德"的感悟和"德"对"人"的完善。体现了"立德"和"树人"的辩证统一：树人之道，立德为先；立德的目标是为了树人。在中国特色社会主义新时代背景下，"德"要以社会主义核心价值观作为引领，发扬中华民族优秀传统美德、社会主义道德等。通过德育，引导学生树立正确的世界观、人生观、价值观和荣辱观。

苏联教育家苏霍姆林斯基认为，学校要落实人的个性和谐全面发展，培养真正的全人，培养社会进步的积极参与者，在这个和谐中起到决定性且主导成分的就是道德，所以说高尚的道德是和谐全面发展的核心部分。学校德育包括两个层次：第一层次是传授，即教师有目的、有计划、有系统地对学生传授和施加思想、政治、道德等方面的知识和影响，包括学习规范准则、善恶、美丑等道德知识；第二层次是在传授基础上，教师通过主动积极认知、体验和践行形成品德教育活动，有目的地引导学生将所学的道德内容内化为个体的道德行为，树立道德信念，并外化为行为规范塑造。这个内外转化的过程需要学生个体通过自主构建形成，高校的德育还包括学生职业道德规划，以及更为重要的人生观教育，主要包括生活理想、职业理想等人生理想。立足新时代，高校教育中不仅要通过课堂讲授给予学生知识"物质食量",更要把德育作为"为人"的"精神修养"渗透在教育始终,对学生进行理想信念教育和价值观教育。传统课堂思想品德教育具有"孤立性"和"单一性",削弱了德育核心功能。"五育融合"中的德育,应该是渗透在智育、美育、体育课程中,通过综合教学活动和实践实现。教师在选择和设定具体教学内容和项目时,有针对性地选择能体现德性价值观,在教学对话上注重育人的全面性。比如对民间工艺文化起源、符号语言和工艺美学的认知上,注重从经典工艺本身挖掘蕴含在其中的人文思想、情感伦理、道德价值,引导学生领悟人、自然和社会的关系,培养艺术情趣以及对真善美的追求。教师可以加强相关的人文教育,将中华传统优秀文化、革命文化和社会主义先进文化教育通过艺术作品赋予人性,让学生感受到艺术作品背后所蕴藏的道德价值观。

(二) 智育

智育是通过系统的文化科学知识和技能的教育活动,促进学生智力发展的教育。朱光潜认为,"智育教人研究学问,求知识,寻真理。"高校作为人类知识系统的前沿阵地,高校智育传授的科学技术与专业内容是高深层次认知,具有深、精、广、博等特点,是基础教育内容不可比拟的。高校智育注重培养大学生的观察力、记忆力、想象力、逻辑力等核心思维能力。同时,从社会学角度来说,高校智育对个体和社会发展具有重要促进作用,它是生产力和科技发展、社会进步的助溶剂。智育是育人的基础,处于基座地位。教育以传授知识为主,德育中的道德认知,美育中的审美知识,劳育中的劳动知识,体育中的运动健康知识,各种知识的传授庞大复杂,为辨别真实性就需要我们注重对逻辑性和实证理论的培养,从而具备批判性思维。智育的习得有助于我们用理性的态度去审视知识,提升我们对不同文化的理解性、包容性和接纳性。通过智育,我们理解客观事实、自然规律和原理方面的陈述性知识,掌握技术诀窍、技能等程序性知识,理性逻辑判断使知识具备个体个性化,成为属于自身的独特知识库,从感性认知上升到理性感悟。智育以其强大逻辑思维能力对人的训练,为其他"四育"提供理性知识,成为"五育"中实现育人目标的基础。

智育包括两方面,即有目的、有计划、有组织地传授系统的科学文化专业知识和训练实际操作能力。斯宾塞认为"科学在智慧训练上是最好

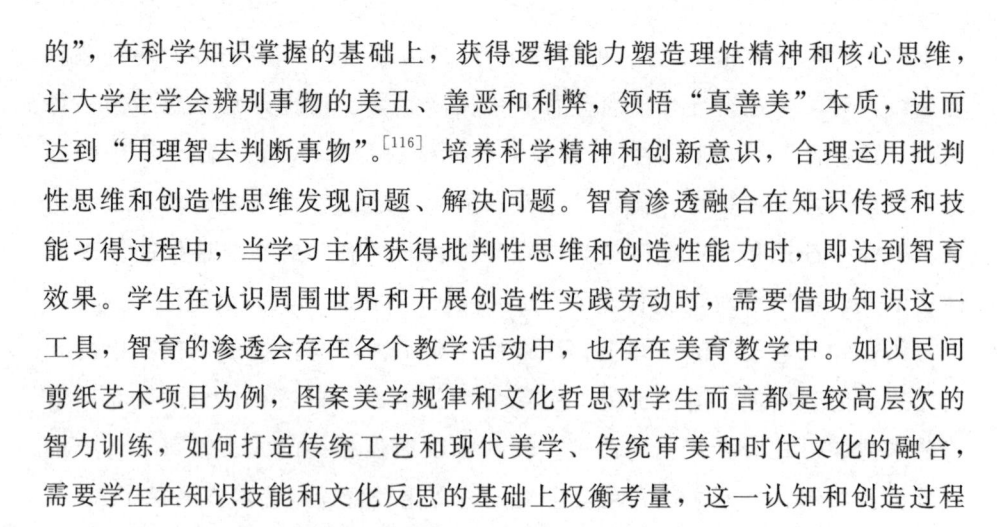

的",在科学知识掌握的基础上,获得逻辑能力塑造理性精神和核心思维,让大学生学会辨别事物的美丑、善恶和利弊,领悟"真善美"本质,进而达到"用理智去判断事物"。[116] 培养科学精神和创新意识,合理运用批判性思维和创造性思维发现问题、解决问题。智育渗透融合在知识传授和技能习得过程中,当学习主体获得批判性思维和创造性能力时,即达到智育效果。学生在认识周围世界和开展创造性实践劳动时,需要借助知识这一工具,智育的渗透会存在各个教学活动中,也存在美育教学中。如以民间剪纸艺术项目为例,图案美学规律和文化哲思对学生而言都是较高层次的智力训练,如何打造传统工艺和现代美学、传统审美和时代文化的融合,需要学生在知识技能和文化反思的基础上权衡考量,这一认知和创造过程实质就是一种隐藏的逻辑推理能力的训练和科学思维能力的获得。

(三)体育

高校体育,既包括基础阶段中增强体质和强身健体的内容,又注重通过体育实现运动参与目标的养成,体现大学精神。运动参与目标,指积极参与各种体育活动并基本形成自觉锻炼的习惯和终身体育的意识,能够编制可行的个人锻炼计划,具有体育文化欣赏能力。[116] 传统的体育是一种锻炼身体增强体质,获得健康体魄和强壮力量的教育,它强调"身"的内容。新时代下的体育要实现"身心"并育,即获得身体健康和心理精神健康的和谐统一,培养学生坚强的意志力和独立的人格品德。这个过程实现内外循环转化:一方面,由表及里的内渗透性,即从身体强壮向心灵至善;另一方面,随着精神世界扩充完整,身体的潜能亦被激发,形成由内到外的外发散性,即由心灵力量实现体能强化,实现人格塑造的身心协调共育。

体育的功能是强身健体,健全人格,锤炼意志,其中蕴含着丰富的人文精神:其一,体育锻炼体魄健康,使人精神饱满,保证大学生身心自如地面对学习和劳动生活;体育运动与脑力的操劳紧密联系,通过运动有效提升人的记忆力、解决力、专注力等,在制订学习计划、人机交互、语言表达性等方面具有促进作用;其二,"体育是培养健全人格的最好工具",蔡元培明确提出,"完美人格,首在体育",体育中体现出自强精神、拼搏气质的积极生活方式,我们通过运动欣赏内在美,即人格美,在各种竞技比赛中,运动员由内而外体现出来的积极乐观、顽强拼搏、团结友爱、追求梦想、专注认真的品格，对大学生组织纪律性、集体主义精神和坚韧意志品格的塑造都有促进作用；其三，体育运动能培养人们健康的审美观念。2022年的北京冬奥会，我们为赛场上运动员的全力以赴欢呼，各国运动员呈现出最完美的竞技状态，让我们体会到从容和谐的"专注美"，感悟生动有趣的"变换美"，感受专注耐心的"精准美"，体会灵动韵律的"节奏美"。

体育是身心结合的过程，通过身体运动来达到强体、增智、立德和赏美。教学中可以利用体育比赛中的人、物、景，引导学生去感受体育文化所带来美感。冬奥会上各处得以窥见的中华文化的内核让全世界感到惊叹，尤其是色彩的运用，处处彰显着传统的中国色彩美学，将中式美学和现代时尚紧密结合，向世界展示着中式美学时尚。诸如天霁蓝与瑞雪白的搭配，体现着悠远绵长的东方美，饱含中华民族美好的信念以及对世界文化的包容。

（四）美育

美育是审美和美感的结合，按照美学理论为指导，用自然美、社会美和艺术美等内容提升人们认知美、理解美、欣赏美和创造美的能力。新时代背景下，美育是培养全面发展社会主义建设者和接班人的重要着力点，在"立德树人"方面发挥着独特且不可替代作用。美育是净化心灵、培养人格的关键。

首先，作为审美教育，它以情感人以善育人。它引导人们感受美、鉴赏美，遵循美的规律，进行美的创造实践活动；利用人们的形象思维，潜移默化实现美的渗透，在感情激荡中获得情感的升华共鸣。

其次，美育是人格教育。它使人们在审美愉悦中获得美的教育，帮助人们克服过度物欲化和功利化，使人受到人文精神美的熏陶，形成积极的价值观和人生观。柏拉图对这种愉悦感看作是对美本身的彻悟所带来的无限信息；亚里士多德则认为这是一种求知、模仿的逼真带来的愉快；中华传统文化认为这是一种忘我于美中的快乐；康德认为审美愉悦是从美的形式引发的个体对艺术作品或者自然之美的情绪性回应。

美育作为其他各育的转化机制，教人养成"美感"，分别体现在以下几个方面：其一，课堂教育中的知识作为美育对象，审美主体即学生，通过审美活动关注知识的本体价值与理性思维之美，获得纯粹美的知识享受，"以美求和"并形成审美愉悦的感受，课堂中教师的仪表作为美育教学中重要输入性方式之一，睿智的言语、和蔼的态度、热情洋溢的表情等美丽的教学姿态，恰如其分地彰显出教师以身示范性，让学生对此保持欣赏态度和充满向往之心，学生产生美的感受，进而激发美的创作；其二，美育技能训练和创作中，以某种动作、技能或活动为载体，通过感官认知达到思维全神贯注，让学生学会欣赏身体展现的各种形体美和力量美，最终达到身心合一所获得的一种欣愉、欢快、满足、享受等感知融合美的美感享受；其三，德性培养上，美育通过塑造美的心灵，让人们以美的尺度来分析和评价道德。艺术作品是艺术家的审美评价和理念，体现着强烈且鲜明的真假、美丑和善恶。大学生在欣赏艺术作品时，会不自觉地与自己生活和思想做对比，唤起自己的是非感和道德观。

美育的融合渗透主要包括：①以美促真，美育具有情感化和形象化，是培养想象力和创新思维的重要途径，我们的生活充满着丰富多彩的元素，仅靠科学和抽象的理性手段认识客观世界是不全面的，要通过美育形象性去认识造型要素，促进学生掌握和认识社会发展规律，启迪思考并树立正确的人生价值观；②以美求善，美育能净化心灵、陶冶性情，培养学生高尚的道德情操，艺术教育通过对生活中感性情节的真实描绘，深层揭示人的自由和道德原则间不可分离的联系，正所谓"从心所欲不逾矩"，这种基于规则性的道德原则应该作为学生成长过程中的价值认同和遵循规范，并对其具备情感上的热爱和追求，通过美育，让学生对外在情境和内在寓意产生思想感情上的真善美或假丑恶的情感共鸣，在"润物细无声"的过程中潜移默化开阔精神境界，实现高尚情操的培养；③以美育美，艺术教育能提高学生艺术修养和审美能力，有效沟通科学和人文，达到感性与理性、形象与思维、情与景、知与行相融统一。

通过美育，使学生训练审美感知，获得审美趣味，指导艺术实践，获得审美特征，掌握审美规律，实现美的人格塑造和个体自由全面发展。在美育教学中，把握我国基本国情，遵循文化本位，以审美和人文素养为核心目标，引导学生确立正向审美观念、陶冶高尚情操、深植民族情感、激发想象创新、强化文化认同、主体意识和创新思维，形成高雅的生活情趣、开阔宽广的胸怀、超越世俗的精神气质，培养新时代下大学生传承和弘扬中华优秀文化传统的使命感和责任感。

（五）劳动教育

劳动教育，是学生树立正确的劳动观念和劳动态度，热爱劳动和劳动人民，养成劳动习惯的教育，它是人全面发展的主要内容之一。2022年5月，教育部批准开设劳动教育本科专业，并在各个高校中首次设立。高校的劳育应遵循教育规律，按照大学生身心特点，运用大学阶段所学的专深特知识，精心选择专业性较强的劳动内容，通过手脑并用，强化实践体验，提升育人时效性。《中华人民共和国高等教育法》中明确规定："高等教育的任务是培养具有创新精神和实践能力的高级专门人才。要完成这个任务，就必须积极推动大学生参加生产劳动和社会实践活动，只有在劳动和社会实践活动中，才能培养大学生的创新思维和实践能力。"大学生参加的生产劳动和社会实践是具有专门性和针对性特点的，它是符合大学生自身专业特点的劳动实践。劳动可以分为体力劳动和脑力劳动；体力劳动指"通过活动来引起、调整和控制人与自然之间的物质变换"；脑力劳动指通过劳动"创造物质财富和精神财富"。[117] 体力劳动是人和自然之间的物质变换，即人对物质客观世界的改造，可以理解为"成事"；脑力劳动是指人依靠头脑中的知识和智慧改造自然和社会的活动，可以理解为"成人"。通过劳动达到"成人"和"成事"的双重价值意蕴，是"五育"育人价值的高度凝练。正如恩格斯认为的"劳动使人的前肢变为双手，猿脑变为人脑，猿从此转变为人，人在劳动过程中不断创造新的物质财富，人类文明由此产生。"这个过程就是劳动创造了人，随着劳动能力的提升，人类成为"自由而自觉的存在"的精神进阶。高校中的劳动教育，要充分利用劳育的"动手"和"动脑"特性，构建与德智体美育紧密练习的劳动课程群，实现以劳益智、以劳强体、以劳立德和以劳育美。不同的课程群以育人目标为教学核心和主体定位，把劳育目标渗透并贯穿始终。根据课程属性，我们可以分为认知性劳动课程群、技能性劳动课程群和创造实践性劳动课程群，再把自身课程群和所属学科相结合，派生出适合高校不同专业的高深性知识的劳动课程。实现在学习中劳动，在劳动中学习，实现融合育人状态。例如在技能性劳动课程中，通过以手、眼为主的技能方法的劳动习得，让学生用心和脑感受审美观念、美好生活，培养具有工匠精神的操作力、意志力和劳动精神。

劳动具有融合"五育"的综合性功能，能实现"以劳促全"。发挥出教育功能的劳动是动手和动脑的紧密结合以促进作为"四育"身体物质基础的不断发展。[118] 主要表现在：第一，"以劳立德"，在物质主义、消费主义和享乐主义等多种不良思潮并行的今天，物质至上主义严重影响着当代大学生审美理想和人格的树立，劳育作为一剂良药，使学生领悟"美好生活靠劳动创造"，劳动不仅创造物质财富，更是精神财富的源泉，是道德主体和道德自身具有成长性的动因；第二，"以劳益智"，劳动教育作为一种"眼、手、心、脑"并用且充满趣味的教学方式，引导学生通过劳动发现美、创造美和感受美，将所学知识和技能有效运用于实际，形成知行合一，这个过程中学生以更高质量的"智"参与到其中，使"学""做""创""悟"得到高度融合；第三，"以劳强体"，体现在需要特殊技巧参与的体力劳动，相比运动更需要体能和技巧融合，身体力行中感受劳动乐趣，汲取劳动经验，强健自身体魄，收获身心愉悦；第四，"以劳育美"，劳动创造美好和奇迹，每一位劳动者在不同的岗位、不同的方式和付出，为人类的进步和社会的发展贡献着自身力量。"锄禾日当午，汗滴禾下土"中农民用勤劳的双手养育中华土地上千万人；"人命至重，有贵千金，一方济之，德逾于此""大白"在抗击新冠肺炎疫情中成为国人的守护神，用精神的力量和坚毅的行动，锚定我们必胜信念，成为"新时代最可爱的人"。

第三节 "五育融合"下的美育建设

2020年10月，中共中央办公厅、国务院办公厅印发的《关于全面加强和改进新时代学校美育工作的意见》中明确要求"树立学科融合理念"，具体来说就是"加强美育与德育、智育、体育、劳动教育相融合"。融合作为相关教育政策、顶层设计的产物，即德育、智育、体育、美育和劳育在培养"全面发展的社会主义建设者和接班人"的目标中缺一不可。不仅要并举，更要通过相互联系实现协同促进，让"各育"在新的大系统中发挥自身特色，形成有益组合共同推动学生全面发展。

一、美育在"五育"中的地位

美育的职能决定了它能够促进大学生德育、智育、体育和劳育等方面的全面发展。美育是培养全面发展人才不可或缺的环节,"五育"中,美育与其他"四育"相互联系、相互依存又相互促进,但"五育"之间不能相互代替。美育主要靠美的形象打动人,通过经典模范引领把思想品德教育融于美育之中,做到以美引善,以美育人,使大学生在效仿榜样的潜移默化中实现道德教育,使其乐善好为,最终达到"五育"美美与共的目的。新时代应发挥美育在"五育"中独特的调和作用,遵循教育规律和发展节奏,既要明确美育的独立地位,又要将其和谐安排在"五育"关系中,使美育和其他各育形成联动,共同做好立德树人工作,促进学生向美而生。

(一)独立和调和

一方面,把握美育的独立性,强调美育在人的全面发展构成中具有独特和独立地位,寻求"立美"和"审美"的交融性。强调美育是一种独特的教育类型,与德育、智育、体育和劳育"四育"既互相渗透又相对独立,具有各自教育功能、建构、体系和途径,是其他各育不能替代的。美育教学中,构建丰富的美育课程内容,运用教学多元化形式营造更高层次的艺术氛围,安排美育实践创作活动,唤起学生的美感,培养学生的审美鉴赏能力,提升学生审美创造和表现能力,最终形成向美而生的美好人格。

另一方面,在美育中调和德智体劳四育相关内容,以自然美、社会美、艺术美和科技美等内容丰富和滋养人性。美育内容丰富多样,不仅包含各种艺术技能学习,还包括自然中的生命之美、社会中的风俗之美、艺术中的意境之美、科技中的理性之美等多种表现形式。美育课程应融合各育中的美学因素,以丰富的内容引领学生向美而生,美美与共。遵循学生成长节奏和个体发展特点,从审美知识、审美感受、审美生活三方面打造情感、信念和理性的美育课程教学过程,在美育唤起情感的基础上形成对美好事物的感知,在美的知识积累中形成积极向上的美的鉴赏力和创造力,在综合运用阶段的美育中逐渐构筑其向美而生式的积极人格。

(二)融合和共生

首先,"五育融合"以融合的方式来育人,实现"五育并举,融合育人",用关联思维、整体融通思维和综合渗透思维设计和推进育人全过程。以美育作为唤起情感的纽带,促进"五育融合"的全面培养。美育在其他各育中的作用应该体现为:在德育中激发学生的道德情感;在智育中唤醒学生的求知欲望和热情;在体育和劳育中发展锻炼身体,充分感受生命的张力与美感。正如一名教育家曾经说过,美育的情感补充,旨在帮助学生在生命发展节奏中把握感性和理性、自由和纪律的动态平衡,引导学生超越专门化、狭隘性的存在方式,以审美的整体角度感受世界,实现"鸢飞鱼跃"式的人生生命境界。

其次,"共生"指不同的生物生活在一起,相依生存,对彼此都有利。"共生教育"关注人的发展的完整性和全面性,以此为视域下的美育与其他各育的融合,通过学生个体生命成长中的共生共长体现各育的育人价值。通过"以美育人"和"以美化人",走向"立美育人",把美育过程变成育人过程;并把美育置于"五育融合"新体系内,重新理解美育育人价值,通过美育使"五育"更好地融合,丰富和创新其他各育的育人价值和育人方式。

二、以美育为视角推进"五育融合"——美美与共

中华传统文化历来就特别重视美育的育人价值。传统六艺,包括礼、乐、射、御、书、数,通过"游于艺"的"成于乐"实现人格完满。其中"乐"担任美育功能,它与其他五艺关系,如同当代美育与其他四育关系。《论语·里仁》中,孔子提出"里仁为美",强调美善共生。美德统一,即美育是塑造精神的核心力量,无论是德育、智育还是体育或者劳动教育,都能通过"美育"的审美体验和精神呼唤与"感性的素质"遥相呼应,将"体验美、感知美、鉴赏美、表现美和创造美为目标的身心能力等,转化为自身育人目标、育人过程和育人方式的一部分"[119]。美育似水,兼容"无形"和"有形""无用"又"有用",无形可不拘一形,无用可不限私用。古代先哲荀子将水与"德""义""道""勇""志"等"比德"。新时代下,通过美育的如水般浸润,消除"五育"各自的"边界意识",促成"五育"彼此渗透、融入、滋养、融合过程。美育不同于价值论的工具理性和道德观的价值理性,它通过对人的情感潜移默化影响,熏陶、感化和浸润心灵。

培养学生审美态度、审美能力和审美趣味，促进学生对自然美、人格美的向往和追求，强调美育的精神性而非功利性，以美育为核心兼顾"四育"均衡发展，实现全面发展的人的塑造。"五育融合"背景下的美育，我们不仅要强调美育是不可或缺的重要地位，更要把握好美育和其他德智体劳"四育"间的相互融合、相互渗透、相互滋养和协同并进，形成以美启智、以美立德、以美促劳和以美健体的育人成效，共同促进学生的全面发展。

（一）以美立德，以美化人

通过审美教育培养道德情感，是高校美育的重要内容。人的思想道德修养包括道德认知、道德行为和道德情感。道德认知是个人对客观存在的道德关系，以及如何处理好这种关系的原则和规范的认识，它是品德形成和发展的基础，对道德情感和道德行为具有指导和调控作用。道德行为是指在道德意识和情感支配下表现出来的对待他人和社会的有道德意义的活动，它是道德认知和道德品质的外化表现。道德认知和道德行为是内在和外化、动机与效果的关系，只有经过道德情感，道德认知才能通过道德行为付诸实现。即在一定社会条件下，个体根据道德认知进行道德活动，产生爱慕、憎恨、信任等持久稳定的内心体验，并将这种情感以具体行为表现出来。例如，爱国主义情感与爱国主义道德品质紧密相关，国际主义情感、集体主义情感也都是主体对社会客体的态度在不同历史背景下的不同体现。蔡元培认为，道德情感是道德行为的动力，只有通过美的陶冶才能培养人们的道德情感。美育是形象思维和心灵塑造的情感化教育，具有愉悦、个性、审美和自由的特点。通过审美教学实现德育，由陶冶启迪、感染熏陶达到交互之目的，不知不觉中提升学生思想境界，引导学生道德判断，实现道德自律。

通过美育"立德"进而实现"化人"，从古至今美育都被视为人全面发展不可忽视和分割的部分。孔子提出"志于道，据于德，依于仁，游于艺""艺"是"礼、乐、射、御、书、数"的"自由游戏"，在"艺"中掌握技艺，获取事物客观规律性，从而实现人的自由发展；"兴于诗，立于礼，成于乐"意为通过知识启迪智慧，规范塑造行为，"乐"的陶冶、感染、熏陶、塑造人的心灵和修养，即"乐以治（治）性，故能成性，成性亦修身也"。唐代孔颖达将《吕氏春秋·适音》中的"适音"解释为："乐以和通为体,无所不用,是广博;简易良善,使人从化,是易良。""广博""易良"阐明了"乐"的教育之教化育人重要功能。席勒提出的"游戏冲动",旨在通过审美把人从物质和精神枷锁中解脱出来获得自由,塑造人格完满境界。王国维将美育作为人才培养目标纳入学校教育,认为可以将教育分为德育、智育和美育三部分。蔡元培提出"以美育代宗教",主张"美育者,应用美学之理论于教育,以陶养感情为目的者正",应"使人类在音乐、雕刻、图画、文学里找见他们意识了的情感,人的性格之所以健全高尚,完全是美育陶养感情功劳,将美育贯穿到培养健全人格和改进社会发展实践中"。革命民主主义文学批评家维·格·别林斯基认为审美力是"人的尊严的一个条件",只有"具备了这个条件,才能有智慧,有了它,学者才能达到世界思想体系的高度,从共同性上认识自然和现象;有了它,公民才能为祖国而牺牲自己的愿望和利益;有了它,人才能把生活看作维业盛世,而不感到创业的艰辛困苦"。因此,美感是"善心之本,品德之本"[120]。

(二)以美益智,以美促教

智能,智力和能力的统称。《吕氏春秋·审分》认为:"不知乘物而自怙恃,夺其智能,多其教诏,而好自以,……,此亡国之风也。"东汉王充在《论衡·实知篇》中认为"故智能之士,不学不成,不问不知""人才有高下,知物由学,学之乃知,不问不识"。他把"智能之士"和"人才"相提并论,认为人才就是具有一定智能水平的人,实质是把智与能结合起来作为考察人的标准。[121]

一方面,美育是个体智力开发的重要举措。现代脑科学研究将人的大脑两半球,分工为左半球控制负责人的语言、数字等逻辑思维,俗称"数学脑";右半球负责管理人的说话、阅读、图像、音乐等形象思维,俗称"模拟脑"。大脑皮质的活动包括兴奋和抑制,如果某个部分处于长期兴奋状态,则会引起疲劳转为抑制状态,其工作效率随之降低。传统教育观念对左半球大脑功能较为重视,使之长期处于主导地位,始终忽视甚至压抑右半脑的"能动性"。美育可以有效激发调动"右半脑"的功能性和积极性,全面开发个体智能。例如,在紧张的逻辑思维后听听音乐,马上能消除我们的精神疲劳感,因为此时左半脑由于过度兴奋处于抑制状态,通过调动右半脑的皮质兴奋使左半脑适度休息,从而发挥美育的艺术效果提高工作效率。达尔文在自传中说,"假如我能重新度过此生,我一定不要忘记,至少每星期读一些美的诗句,它们使我脑中衰弱的部分保持生命力。若失去这些爱好,会影响我的智力,更确切地说,会影响精神性格,因为它削弱了我们天生的感情。"

另一方面,美育是个体能力实现的重要途径。能力是智能中最活跃的部分,分为心智能力和行为能力。心智能力包括抽象的思维能力和形象的想象能力,遵循从感性到理性、从个别到一般的法则,前者以概念为手段,后者以形象为手段。想象能力对人的判断认知起着关键的重要作用,属于最高级思维。爱因斯坦说过:"想象力比知识更重要,因为知识是有限的,而想象力概括着世界上的一切,推动着进步,并且是知识净化的源泉。"[122] 通过想象才能创造发明和发现新的事物定理,审美教育中的审美能力主要体现在审美想象力的培养。传统的学校教育主要以智育为方式,往往在理论知识的传输上比较枯燥单一、呆传凝滞。"教育的美是浸润学生内心生命的清泉",美育教学通过艺术形式让学生认知世界,通过其特有的形象性和丰富性促进学生发挥创造性思维开展创造性想象,形成有价值的艺术成果。将美育作为教育创新的有效抓手,通过富有美感的跨学科课程设计和创新教学方法,以美育项目"跨域综合"渗透各育教学活动,让学生浸润在具体情境中,激发其好奇心和求知欲,促进自主探索和自信创造。列宁在认识论上提出,"现象比规律丰富,生活比理论丰富"。李泽厚将艺术中的"线"看成"充满情感的时间之流""它组成节奏、韵律、人物、图景、故事、装饰、主体……它们流动着、变换着,或轻盈或称重地走向前方",认为这就是"华夏文艺的精神"。[123] 将美的符号和形象带入到枯燥的理论知识中,给予新的生机,创设轻松自由氛围,从而促进学生在愉悦的沉浸式心理体验下更加自如有效地掌握知识,形成审美体验,获得审美素养,达到良性循环。引导学生在课程中合理幻想并大胆想象,例如,中华文化中"诗画不分家",在教学中可以通过书画形式展示诗词内容,学生通过理性知识和形象思维的融合,理解诗词体会意象之美,培养学生鉴赏中国古诗词和山水画的双重审美能力。传统工艺文化"寓意之象"的皮影教学中,带领学生领略皮影艺术"光、影、色、乐"表演手法,体会"物象"到"意向"的变迁,感受皮影艺术家在表演中寄托"自我"的"心物合一"的

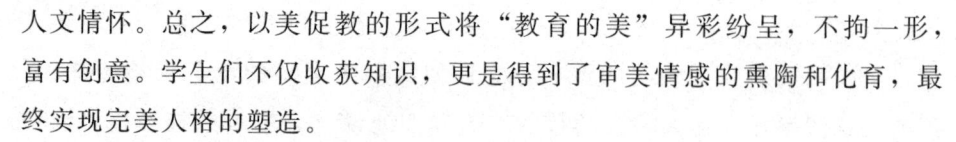

人文情怀。总之，以美促教的形式将"教育的美"异彩纷呈，不拘一形，富有创意。学生们不仅收获知识，更是得到了审美情感的熏陶和化育，最终实现完美人格的塑造。

（三）以美育美，以美践创

自古以来，美育被赋予了超越其自身的社会理想和政治因素，庄子提出"大美"和"壮美"，蔡元培提出"以美育代宗教"，王国维构想以美育培养"完全之人物"，席勒提出以美育促进人身心和谐发展的思想。回归美育本身，通过美育解决实际问题，要将美从功利和逻辑的关系网中解脱出来。"美"作为"活的形象"是一种审美意象，是生活和形象、感性和理性、物质和精神的统一。"只有当人充分是人的时候，他才审美；只有当人审美的时候，他才完全是人"，美应该具有其纯粹性和非功利性。人们一直在追求和向往美，在保持自身"生存"的同时，通过"美"来"享受人生"，达到精神方面的愉悦，通过"美"追求人性完满，精神升华，并最终实现人的全面发展。历史上，涌现了一大批令人叹为观止的艺术作品和审美著作，但在21世纪的今天，随着工业化、智能化等高科技飞速发展，社会不良思潮泛滥，审美教育被边缘化和功利化，造成艺术创作跌入低谷，特别是高校中普遍存在重视艺术技能训练而忽视了艺术对学生审美态度、审美能力和审美趣味等审美素养的培养。当下美育亟须重塑审美观念遵循美育规律，重新唤起人们对美的感知和创造能力，"以美育美"。鞠玉翠教授曾谈到"立美教育"，指出重视日常生活实践中的立美与审美体验，可以大大活化和拓展对美育乃至教育的理解。[124] 以美育美，即对美的元认知教育。学校作为美育的主要实施者，是实现美育创新发展的中坚力量。高校以提高学生审美和人文素养为目标。我们身边充斥着各种美，一景一物都体现着设计者的审美认知，所以，高校教育要从全方位让学生"浸润"于美中，打造美的环境浸润，积极构建以美育美的环境文化，让环境中美的育人元素对学生进行美的熏陶；通过学科融合渗透美，让学生在掌握学科知识和综合能力的同时，具备认识美、欣赏美和创造美的能力；通过实践让学生体验美，通过丰富的活动引领学生触摸生活，拓宽美育渠道，深挖美育资源。

美学大师席勒表示，美育可以培养人的感性和理性思维。朱光潜认为，美育可以激发个体想象力，是发展个性、激发潜能的独特教育形式。科技创新是赢得未来的关键，创新中最不可少的要素就是灵活的思维和丰富的想象力。高校作为培养社会未来人才的主渠道，不能脱离时代和社会背景，否则就成为无源之水、无本之木。新时代高校美育工作要找准与时代、社会发展的结合点，开设多通道育人途径。美育有其独特育人途径，它通过感知美培养学生的态度、审美意识和审美能力，使学生在学习和创作中发现美、欣赏美和表现美，在培养过程中将智力和审美因素有机融合，为创新能力培养奠定基础。一方面，要结合高校定位，在美育通识教育基础上开展特色美育，将科技之真和艺术之美融合，"想象力是科学研究中的实在因素"，以美育驱动科技和艺术融合创新，将"美术、艺术、科学、技术相辅相成、相互促进、相得益彰"，让学生掌握专业理论和技术能力，具有美的眼光和情操，培养具有创造能力的开拓性人才。另一方面，结合地缘性，把握时代要求，以文化作为时代变迁和社会变革的先导，围绕"扎根时代生活，遵循美育特点"要求，加强思想引领和价值塑造，引导学生用"美"塑造城市，助力乡村振兴事业，用实际行动真正践行"美就是创造力"，拓宽社会实践平台，鼓励学生投身大实践，以强烈的社会意识激发学生在创造活动中产生幸福感，真正实现以美创新。

总而言之，高校应构建"五育融合"下覆盖学生发展全过程和全方位的美育实践路径，在潜移默化和润物细无声中培养学生的审美能力，真正做到"盐溶于水"。只有实现"时时美育""处处美育""人人美育""美美与共"，我们朝夕相伴的环境才会拥有"和谐之美"的最高境界。

三、高校大美育平台载体搭建——大同之美

美育是一种特殊的育人方法，它是一个"潜移默化"渐进的过程，作为心育和情育的美育是"润物无声"的教育过程，它讲究的是自然而然、水到渠成，学生通过耳濡目染，受到熏陶。"五育融合"体系中的美育既是整个体系中不可忽视的独立个体，又融合渗透在整体中。把美育这个抽象的概念日常化，落实到每个教学环节中，才能具有融合其他"四育"的功能。高校美育坚持以美育人，以文化人，定位高校美育目标，探索美育内容途径，健全美育课程体系，真正实现美育促进个体和带动社会发展功能。

高校美育要实现学生的审美素质、人文素质、全面素质和专业审美素质发展，充分发挥课堂内外以及"高校—社会"协同环境和资源育人功能，通过多元化审美教育实践活动，丰富审美教育理论，促进学生全面发展。

"载体"一词，起源于化学领域，后又被扩大到社会科学领域。[125] 现通常被理解为承载知识和信息的物质形体。高校美育育人载体就是"能够承载和传递以审美和人文素养为指归的美育课程内容和信息的形式"。通过课程、活动、网络、文化四个维度，对以审美和人文素养提升成为主旨的美育课程的载体学习进行阐述。赵伶俐提出适合高校大美育五圈模式，由内向外第一圈为美育综合（核心）课，第二圈为艺术课程，第三圈为学科课程审美化教学，第四圈为美育实践活动，第五圈为校园文化建设潜在形式。前三圈层主要以第一课堂教育打造，后二圈层以实践活动主体的第二课堂打造。基于上述，构建高校美育课程载体的"一核心两方面三协同"（图4-1），将美育融于学科教学、实践活动和校园环境文化中，实现多方协同育人。依托第一课堂的课堂教学和第二课堂的课外活动共同展开，通过顶层机制和校园文化双引领推动、加强人员和平台支持，统筹带动相互融合，将美育浸润涵养心灵与道德塑造外化行为有机结合。开展形式多样、丰富多彩、体现学生个性化的美育课程和活动，实现"知情意行"统一。引导学生在生活中塑造"真善美"的人生观和价值观，通过欣赏美、体验美和创造美，引导学生追求完满人性，提高精神境界，提升人文修养、审美品格和全面素质，实现"以美育人、以文化人"。

（一）高校美育保障——强化顶层设计

通过顶层设计凸显"大美育"理念，在指导思想上树立"大美育"理念。美育涵盖生活的方方面面，自然美、社会美、艺术美和科技美等一切审美对象都可以成为美育素材。因此，高校"大美育"的构建和育人过程中，要将美育渗透在学校全部生活和学习的点滴中。艺术教育固然是审美教育的主要手段，但高校美育以培养学生审美能力和人文素养为指向，包括学生的审美能力和审美趣味，更为注重培养学生文化理解力。

一方面，美育实施要具有多元化和多样性的途径和形式。高等教育阶段开设以审美和人文素养培养为核心、以创新能力培育为重点、以中华优秀传统文化传承发展和艺术经典教育为主要内容的公共艺术课程。在对美

一核心两方面三协同

第一课堂
- 艺术经典教育
- 优秀传统文化
- 高深美知识
- 技能迁移运用
- 学科跨域融合

↕ 互相融合

第二课堂
- 美育社团专业性精品化
- "引进来"社会资源时事
- "走出去"真实实践课题

← 统筹带动

"一核心"
融美育精神
道中国文化
传技能匠心
担时代使命

"两方面"
以美育人
以文化人

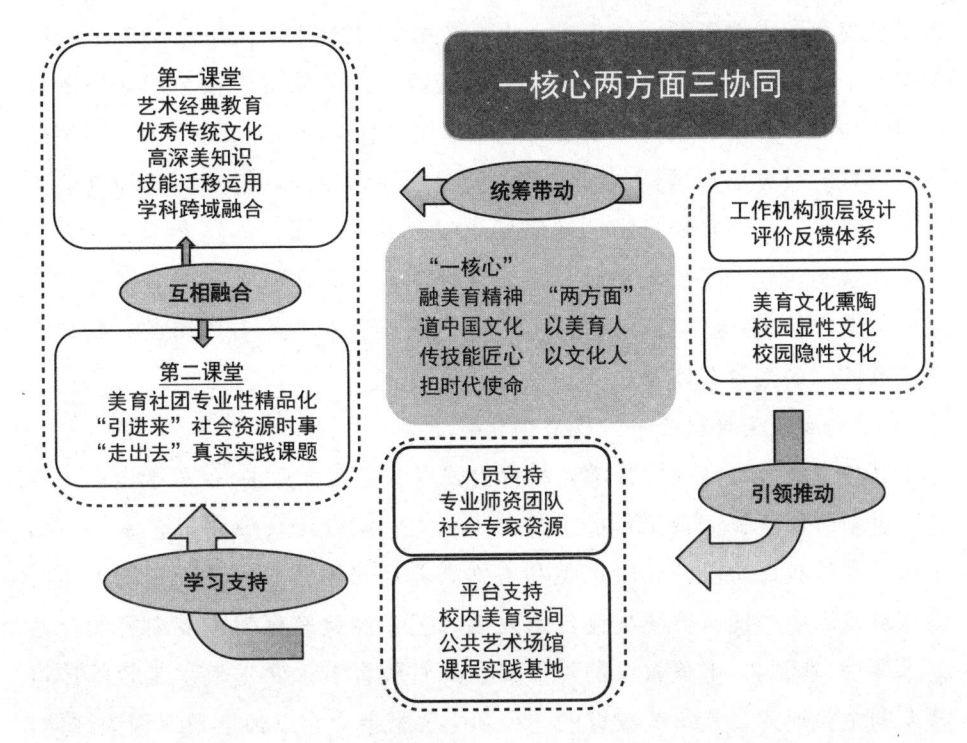

工作机构顶层设计
评价反馈体系

美育文化熏陶
校园显性文化
校园隐性文化

→ 引领推动

人员支持
专业师资团队
社会专家资源

平台支持
校内美育空间
公共艺术场馆
课程实践基地

↑ 学习支持

图 4-1 高校美育课程载体——"一核心两方面三协同"

育进行顶层设计时,要充分考虑美育是情感化和过程性教育,不能把美育限定在某一门或几门艺术教育课程和通识教育中,而是要将其看成一个统一整体和系统,有机整合相关学科的美育内容,推进课程教学、社会实践和校园文化建设深度融合,大力开展以美育为主题的跨学科教育教学和课外校外实践活动。推动高雅艺术进校园,持续建设中华优秀传统文化传承学校和基地,创作并推广高校原创文化精品,以大爱之心育莘莘学子,以大美之艺绘传世之作,努力培养心灵美、形象美、语言美、行为美的新时代青少年。形成课堂教学、课外实践、校园文化于一体的第一课堂和第二课堂联动的育人合力有机生态体,建立起全面综合的高校审美教育。

另一方面,促进高校美育和社会美育有效联动,实现美育社会化和社会美育化。《关于全面加强和改进新时代学校美育工作的意见》中提出,"大力推进艺术实践工作坊和博物馆、非遗展示传习场所体验学习等实践活动"。统筹整合社会资源中提出,"每年组织学生现场参观 1 次美术馆、书法馆、博物馆,让收藏在馆所里的文物、陈列在大地上的文化艺术遗产成

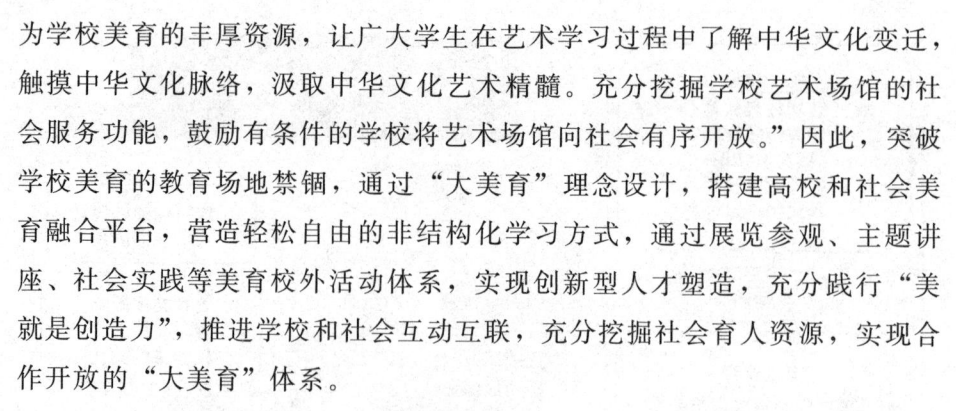

为学校美育的丰厚资源,让广大学生在艺术学习过程中了解中华文化变迁,触摸中华文化脉络,汲取中华文化艺术精髓。充分挖掘学校艺术场馆的社会服务功能,鼓励有条件的学校将艺术场馆向社会有序开放。"因此,突破学校美育的教育场地禁锢,通过"大美育"理念设计,搭建高校和社会美育融合平台,营造轻松自由的非结构化学习方式,通过展览参观、主题讲座、社会实践等美育校外活动体系,实现创新型人才塑造,充分践行"美就是创造力",推进学校和社会互动互联,充分挖掘社会育人资源,实现合作开放的"大美育"体系。

(二) 高校美育核心——课堂内化教学

高校主要教育活动即教学,教育模式以课堂教育为主。《关于全面加强和改进新时代学校美育工作的意见》中指出,学校美育课程以艺术课程为主体,高等教育阶段开设以审美和人文素养培养为核心、以创新能力培育为重点、以中华优秀传统文化传承发展和艺术经典教育为主要内容的公共艺术课程。因此,审美教育的重点仍在课堂教育上。课堂教学是教师传道授业的主要形式,是审美教育的途径和主要渠道,它以师生和课程为载体,包括教师教授、学生互动和课程设置。

1. 教师——内外兼修、传道授业"大先生"

美育课程中强调学生主体体验作用和地位,但教师作为传道授业解惑的角色,在课堂教学中仍然处着至关重要的地位。现实层面教师的主要作用和身份体现在"立德、育人、引路"。正如冯秀军认为,教师要具备"贯通中西古今的大视野,要做理论联系实际的大先生",要有历史视野和价值格局,既要潜心问道,提升自身艺术专业素养和教学科研能力,又要与时俱进关注社会热点。课堂教学中,教师从外表的"形"与内在的"德"形成共同的"美",将自己"活成一件艺术品",感染熏陶学生成为"生活艺术家"。

一方面,"形"体现在教师外在形体和肢体语言上,充分发挥美好健康形象的示范功能,表现为仪态风度和教学语言的音调节奏等。审美教育培养学生对美的感受,教师应该通过自身的形象之美作为最好的"活教材"影响感染学生。作为人民教师,在外表上要注重着装大方、妆容得体、朝气蓬勃。得体的衣着和良好的精神风貌会给学生以美的感染和美的启迪。

同时，在审美教学中，教师要通过幽默风趣的语言营造轻松且具有感染力的课堂教学气氛，营造良好的学习氛围，在教学中展现出对学生和课堂的高度热情感、激情澎湃的形象。这对教师提出了更高的要求，正如杨斌在《教育美学十讲》中讲到的，"他（梁启超）真是手之舞之足之蹈之，有时掩面，有时顿足，有时狂笑，有时叹息"。美育课程的教学过程区别于其他课程，更是一个艺术欣赏、体验和创作的过程，只有每位教师拥有足够的知识储备和游刃有余地驾驭课堂的能力和技巧，全副身心投入并沉浸在美的教育中，才能够将内在的知识外显转化为感染学生的美的正能量，形成对学生美的形象的熏陶。

另一方面，"德"源自在教师自身高尚的品德给学生带来的感染力，即"心灵美"的影响，充分发挥言传身教的心灵化育、春风化雨的情感滋养和启迪认知的求知激发功能。教师要身正为范，渊博的学识、精深的技艺和高雅的内涵品位才能培养出"美"的学生，将自身审美之眼获得的方法论和价值观融入教学且陪伴学生始终。其一，要强化美育主导型，激发学生能动性、主动性和创造性，体现出时代精神和要求，促进学生通过知识内化将美育转化为内在品格，涵养学生品德，润泽学生心灵，培养学生拥有一颗"大爱之心"，做好"育人之师"。其二，要善于挖掘美育课程中的教育元素，并和专业进行整合，用于"立德树人"。整个过程中，让鲜活的实践和生动的现实转化为极具沉浸式的美育教育效力，让学生在理论和实践中学会思考、辨别和行动，真正做到知行合一，做好"立德之师"。其三，教师要充分尊重学生的个体发展，遵循"以人为本"原则，有意识、有目的地将课程中的见解理论知识和学生的直接认知经验结合，给予学生民主、平等的关系，深入学生内心世界，充分尊重学生个体差异，做好"引路之师"。

总之，新时代要求我们通过美育实现"五育融合"，把模范引领和思想品德教育融于美育之中，做到以美引善，以美育人。引导大学生在效仿榜样的潜移默化中实现道德教育，使其乐善好为，达到"五育"美美与共的"师生沉浸共同创造的学习情境"，实现"教师专注于教学是出于对教学本身的由衷喜欢和精神上的美好享受，学生是出于求知的热望和求知过程带来的生命的愉悦和精神上的充实与满足。"[126]

2. 教学——构建美育课程体系

课程是促进学生增长知识和提升能力的"跑道"，是实现教学目标的重要路径。我们要通过构建完善的美育课程体系发挥学校美育的强大育人功能。目前,多数高校美育课程采取的是必修课和选修课相结合方式,通过第一课堂为平台构建综合美育课程、艺术美育课程和专业美育课程在内的美育课程体系。

(1) 第一类——综合美育课程。作为美育的核心课程和通识课程,包括美育基本理论知识,审美教育并非艺术教育,除了艺术美育还包括自然美育、社会美育、科技美育、校园文化美育等,综合美育课程包括了各种美的特征以及美之间存在的关联等内容。《关于全面加强和改进新时代学校美育工作的意见》要求,"大力开展以美育为主题的跨学科教育教学,将相关学科的美育内容有机整合""各学科相互渗透融合,重视美育基础知识学习,增强课程综合性"。综合美育课程通过课程关联多个学科,实现学科大跨度和深度练习,以美的高深层次知识为视角组织开展审美教学活动,贯穿教育全过程,帮助学生更真切地感受美和表达美。此类美育课程主要是促进学生深层认知思维发展,通过审美素质和人文素质、道德素质等融合,促进学生的正向价值观和完美人格的塑造。通常以"生活美学""高校美育"等课程的开设,针对全校学生,一周2~4学时,总学时一般为16~32学时,记为1~2学分。

(2) 第二类——艺术美育课程。该类课程又可以具体分为艺术鉴赏类课程、艺术技能表达类课程和艺术创作实践类课程。

1) 艺术鉴赏类美育课程旨在提升学生艺术感知能力、想象能力、理解能力、体验能力、批判能力。引导学生从浅层认知向深度理解高阶思维发展,要求学生在掌握一定的艺术感知理论基础上,提升学生的审美体验能力,并进而能用所学理论迁移运用,解释、评论、批判艺术,阐述艺术和人文的关系,促进人文素养提升。此类课诸如"传统工艺美术鉴赏""美术欣赏评析""音乐艺术概论""中国古典舞与乐舞文化""楚辞鉴赏与诵读"等。

2) 艺术技能表达类美育课程主要打造学生表现能力,通过艺术技能习得和熟练运用,开发运动技能,实现身心全面发展。在教学过程中,教师不光要注重学生的技能掌握和熟练,更要通过外在到内化重视学生艺术身心表达能力,通过技能学习和艺术养成来塑造学生的审美观。诸如"布艺技法实践""体育舞蹈""油画写生""手机摄影"等。

3）艺术创作实践类课程是前两类的综合和深化，引导学生认知美的理论，遵循美的规律，掌握美的技巧，进行美的创造。课堂教学中教师通过对某类艺术的创作思路进行阐释，传授创作技能、方法和材料，引导学生进行联想和想象高阶思维形成审美意象，并以艺术作品等案例范本为辅助，完善学生头脑中的创作意象，进而将这种大脑意象转变为手中意象。此类课程要综合学生的认知、技能和情感，创作作品中能体现学生对美的理解以及创作思想、文化情感和主观个性。诸如"装饰图案设计""审美文化专题创作""工艺人文创作"等。

（3）第三类——专业美育课程。将审美教育融入各自专业中，创设符合专业特点和内容的美育课程，旨在激发学生专业学习热情、培养创新动机，提升专业审美素质和职业素质。一直以来，对于艺术审美教育都是重"术"乏"美"，结果就是培养出来的人才专业技能有余，而精神和艺术创新力欠缺。艺术专业课程亦如此，更别说其他专业对于针对和适合本专业特色内容的审美教育了。因此，在各专业选修课程中，可以开设针对本专业实际的审美课程，激发学生对于专业的热爱度和创新性思维。理工科专业可开设科技化和艺术化相结合的美育课程。针对不同专业开设"服饰美学""医学美学""建筑美学""多媒体美学"等课程。

在美育课程中实现"跨域融合"，以美育发现、渗透、引领和践行五育并举。《关于全面加强和改进新时代学校美育工作的意见》指出，"加强美育与德育、智育、体育、劳动教育相融合，充分挖掘和运用各学科蕴含的体现中华美育精神与民族审美特质的心灵美、礼乐美、语言美、行为美、科学美、秩序美、健康美、勤劳美、艺术美等丰富美育资源"。在艺术实践类课程中，可以通过设置某个项目任务或教学活动为框架融合各育。以"工艺美术创作"课堂教学为例进行教学研究和实践论证，课程教学内容包涵古代思想、文学艺术、伦理道德、社会生活、科学技术等专题，思政教育角度主要体现在于思想观念、人文精神、道德规范等方面。以"工艺"为载体，从德育、智育、体育、美育和劳育方面确立融合育人目标，结合课程群、师资力量及评价标准等形成为"从美育到各育、以美带全"的"五育融合"之路；并设置主题式、项目式工艺体验和创造活动，通过探究迭代、合作交流来解决问题或创作作品，较好地融合"五育"元素并实现"五育"共育。

（三）高校美育外化创新——课外实践拓展

在第一课堂审美化的基础上，通过第二课堂外化拓展实现美育个性化。自然环境和人文环境遥相呼应，物质文明与精神风貌相得益彰，共同铸造校园生态文化。通过项目实践创新，积极引导学生审美情趣以及审美观念的提升，实现"知情意行"合一发展。

1. 显性文化和隐性文化——实现校园文化浸润

审美教育重在润物细无声，校园文化中的自然环境、人居环境、艺术环境和学习环境的建设为学生提供了文化浸润感。小到一棵植物、一棵树、一朵花，大到宏伟的教学楼建筑、清新自然的校园农场、优雅的读书角、完善的多媒体多功能教室。无论是环境优美的校园体现的自然美，还是富有美感的环境带给学生的艺术美，校园里的每个角落每种文化都具有高雅韵味和美育功能，它不仅是每个高校独特魅力的展示，更能对学生人格塑造和审美情趣的培养有至关重要的影响。校园文化主要通过显性文化和隐性文化来综合体现。

校园显性文化可以理解成校园物质文化，包括校园环境、教学场所设备等。校园环境体现了自然美和人文美的结合，优雅的校园环境为教师教学和学生学习提供好心情。正如蔡元培所言，"学校所在之环境有山水可赏者，校之周围，设清旷之园林。而校舍之建筑，器具之形式，造像摄影之点缀，学生成绩品之陈列，不但此等物品之本身，美的程度不同；而陈列之位置与组织之系统，亦大有关系也。"[127] 良好的校园环境是一种教育资源，它可以陶冶情操、净化心灵、调动人积极正向情绪，达到"不言而教"的效果。校园内丰富的图书收藏也可以使师生受益颇多，获得知识外，也能从读书中长见识学做事做人之理。各种艺术类书籍帮助学生领略古今中外经典的艺术作品，让学生"身临其境"感受艺术之美。透过艺术作品领略艺术家丰厚的哲学内涵、高雅气质，对学生自身素养的提高也有极大帮助。多功能一体化教室为学生提供"身心合一"的美的沉浸场域，依托现代化科技，教师利用多媒体资源寻找审美视听素材作为课堂理论教学的有效延伸和拓展。VR多功能技术为学生带来五官沉浸感，形成多通道美感教育，让学生对艺术作品的鉴赏能力达到更深层次，领略到更多艺术作品后的文化内涵和人文精神，理解作品的真谛和精髓。无论在线下课堂教学，还是线上虚拟环境中的课前导学和课后督学，利用先进的教学设备，帮助学生拓宽获取知识的渠道，同时也激发学生对美育学习的兴趣和动力。

校园隐性文化即校园精神文化，它是校园文化建设的核心内容，也是校园文化的最高层次。它体现的是一所学校经过长期发展所沉淀下来形成共识的一种价值体系，主要包括价值观念、群体意识、行为规范等，可以通过良好的学习氛围、积极向上的精神风貌、健康正向的文体活动、和谐融洽的人际关系等来体现。温馨积极的精神文化有助于培养学生健康向上的审美情趣，促进学生健康和谐地发展。正向地学习氛围有助于引导学生形成积极审美观，使学生精气十足，无论对待学习还是生活都充满乐观和信心。引导学生在生活中去捕捉瞬间和美的点滴事物。在学校内定期举办美育类精品学术讲座，开展深受学生欢迎的品牌校园文化活动，在品牌活动中渗透学校办学理念，从而让学校形象深入每个同学的内心。学生通过健康正向的文化活动中获得课堂之外放松娱乐的方式，有利于他们投入新的学习中，同时也能锻炼良好的人机关系处理。和谐融洽的人际关系体现了人与人之间社会美的体现，大学校园作为一个"小社会"，同样也是一个纯净祥和的文化圈。校园里有师生情、同学情，只有处理好师生、生生之间的关系，才能体会在美好的校园里发生的所有美好之事，有友爱、美好的心去体验生活、体会生命的意义。

2. "走出去"和"引进来"——塑造美育创新人才

实践创造美，它是一个全开放的自由活动，也是一个自主安排的过程。结合课内和课外、校内和校外，融合"引进来"和"走出去"，通过课内引入项目增强美育体验、课外项目实践塑造创新人才。在具体项目中，要具有任务目标明确性，即实践任务前要做好相关准备工作熟悉审美对象；主观能动性，在创造美的过程中我们要不断去获取事物上美的闪光点和细微点；还要学会从不同角度、方法和途径，去从不同角度把握和审视审美事物（图4-2）。

课内引入项目，增强美育体验。校内课堂中根据教学内容设置体验创

图 4-2　塑造创新人才——美育课程课内实践项目和课外真实课题

作项目，通过实践活动对周围事物产生认知，体现实践性、认知性和情感性。只有全身心地投入活动，体验者才能从中获取到一个有凝聚力的、统一的感知整体，这种感知与人的行为密切相关。通过任务型体验，结合工艺课程，融入现代陶艺、百衲布艺、民间剪纸、皮影文化等工艺技法，推出"'陶艺抗疫'彩陶创作""'众志成城'皮影人物创作""'冬奥中的中华传统色'百衲布艺创作""'社会主义核心价值观'剪纸创作"等项目，用艺术创作的方式体现当代大学生的家国情怀和责任担当。创作中引导学生体验式学习，深入体味传统技艺魅力，学生从文艺创造中对传统工艺文化体验从浅至深，在沉浸体验中有效完成既定学习任务，并将美的知识运用于实践中，塑造健全人格。

课外项目实践，塑造创新人才。善用社会资源，体现出它作为活教材具有的情境化感染作用,在特定环境中激发学生"心流"体验,彰显"新时代"美育课程实践品格。引导学生用"美"塑造城市,助力乡村振兴事业,用实际行动真正践行"美就是创造力",真正打通社会美育和学校美育,促进个体社会化,实现"大美育"理念。课程教学拓宽社会实践平台,鼓励学生投身大实践,引导学生深入地方开展地方社区志愿服务,学生带着真实课题进行校外场域,调动直觉决策和理性决策"双轨制模式"思维,积极且有效率地完成任务,并通过明确的目的和强烈的社会意识,激发学生在创造活动中产生幸福感,随即产生美育的沉浸体验。

3. 校内美育和社会美育——打通审美育人空间

美育第二课堂是第一课堂的有效延伸,结合校内机构,依托专业特色,培养打造美育第二课堂品牌,实现第二课堂协同育人,充分发挥美育特色,挖掘、培育和营造校园文化环境,塑造"文化浸润"熏陶感染师生。例如,以工艺美育课程为载体,学生以建党百年为主线,发挥专业特长,开专艺术创作,举办"传承'五四'精神,点亮青春色彩"布艺扎染工艺游园会(图4-3),引导全校师生感受五四精神是中华民族百折不挠、自强不息的

图4-3 "传承'五四'精神,点亮青春色彩"布艺扎染工艺游园会

民族精神的生动写照；以实践教学突破场域局限，营造轻松自由的非结构化学习方式，将教学活动伸展到生活中。美育课程中的沉浸感来源之一是充分利用社会资源和空间来增强教学效果，社会中带有教育性质的工艺文化场馆，是美育课可以延伸的教学场域，设立大课堂理念，充分挖掘整合社会育人资源。利用"博物馆""工艺展馆"等机构平台，展开人与自然、人与造物对话，以美育为视角，展现物的传承和审美，场所资源丰富、环境轻松、不仅让学生从内心愉悦，而且也使美育教学更加深刻真实。例如组织学生在"宁波金银彩绣艺术馆""上山文化考古成果展"等具有真实震撼力的场域中进行体验感悟，学生通过实体考察、探究、体悟得到更加深刻直观认识，获得情感升华，获得课程价值感和认同感。积极拓展课程校外美育实训教研基地，例如邀请宁波夹纻漆器非遗传承人讲述并演示民间美术结合当代漆器创作的艺术实践，组织学生参与当地全民艺术普及及非遗课堂联盟工艺项目等，提高学生美育眼界的宽度和深度。

学校的审美教育作为最高级的教育表达，它充分体现了教育"初心不变"的主旨，作为一种情感教育，美育引导学生向美而生、向爱而生。新时代背景下的高校美育，要以社会主义核心价值观作为引领，弘扬中华美育精神，坚定中华文化自信，实现文化自强。"以美立德""以美启智""以美铸魂"。"五育融合"背景下的高校美育，是为国家和民族培养有本领、有理想、有担当、人格健全、身心和谐发展的新时代大学生。作为美育教育者，我们要构建起高校美育新生态体系，致力于培养高素质和高质量全面发展的人才，实现立德树人根本任务。

第五章　高校美育课程的教学实践创新

第一节　实　践　背　景

课程理论和模式从设想到可操作化，都需经过数轮一线教学实践的检验，最终理论目标指向旨在促进教学实践、改进教学过程、优化教学效果、实现教学育人。

一、"五育融合"赋予时代新使命

高校思想政治教育工作历来受到党和国家的高度重视，2016年12月7—8日，习近平总书记在全国高校思想政治工作会议上强调："要坚持把立德树人作为中心环节，把思想政治工作贯穿教育教学全过程，实现全程育人、全方位育人，努力开创我国高等教育事业发展新局面。"2019年2月，中共中央、国务院印发《中国教育现代化2035》，重申了高校思想政治教育以及"课程思政"改革的重要性。2019年8月，中共中央办公厅、国务院办公厅印发的《关于深化新时代学校思想政治理论课改革创新的若干意见》指出："整体推进高校课程思政和中小学学科德育……建成一批课程思政示范高校，推出一批课程思政示范课程，选树一批课程思政教学名师和团队，建设一批高校课程思政教学研究示范中心。"2020年5月，教育部印发《高等学校课程思政建设指导纲要》中提出，课程思政建设应围绕"政治认同、家国情怀、文化素养、宪法法治意识、道德修养等重点优化课程思政内容供给，系统进行中国特色社会主义和中国梦教育、社会主义核心价值观教育、法治教育、劳动教育、心理健康教育、中华优秀传统文化教育"；课程思政教学体系中提出要"打造一批有特色的美育类课程，在美育教学中提升审美素养、陶冶情操、温润心灵、激发创造创新活力"，专业教育课程要"增加课程知识性、人文性，提升引领性、时代性和开放性"，实践类课程要"注重学思结合、知行统一"；在对专业类课程思政建设中，提出要"坚持以美育人、以美化人，积极弘扬中华美育精神，引导学生自觉传承和弘扬中华优秀传统文化，全面提高学生审美和人文素养，增强文化自信"；在课堂教学建设中，提出要将课程思政"贯穿于课堂授课、教学研讨、实验实训、作业论文各环节创新课堂教学模式，推进现代信息技术在课堂思政教学中的应用，激发学生学习兴趣，引发学生深入思考，提高课程思政内涵融入课堂教学的水平……综合运用第一课堂和第二课堂……深入开展社会实践、志愿服务、实习实训活动，不断拓宽课程思政建设途径"。

综上所述，党和国家的方针政策为高校课程思政提出方向目标，为设计和实施提供了具体方向，课程思政开始"由理念走向实践，从雏形走向体系，从试点走向全面"。[128] 学校美育工作"以立德树人为根本，以社会主义核心价值观为引领，以提高学生审美和人文素养为目标，弘扬中华美育精神，以美育人、以文化人、以美培元"，旨在"培养德智体美劳全面发展的社会主义建设者和接班人"。美育从"美"的感性教育出发，陶冶学生心灵，实现情感化人；课程思政从"德"的理性教育出发，塑造学生行为规范。在"五育融合"背景下，将"思政融入课程，美育贯穿教学"，以目标为导向，以课程为载体，以课程育人为方式，深入挖掘美育中的思政元素，强调知识与价值共生，探索同向同行、互融互通、共建共享的"思政＋美育"协同育人模式，最终提升学生审美和人文素养，实现身心协调全面发展。

二、教育数字化改型提出新需求

混合式学习整合课堂"面对面"教学和在线"端对端"学习优势，克服了传统课堂教育和在线教育的弊端缺陷，实现了两者的优势互补，已经成为高等教育教学的"新常态"。通过"线上资源＋线下活动＋全程评价"模式，实现学习者深度学习。2018年，《教育部关于加快建设高水平本科教育全面提高人才培养能力的意见》（教育〔2018〕2号）提出"以现代信息技术推动高等教育质量提升"的要求；2020年5月28日，教育部印发的《高等学校课程思政建设指导纲要》（教育〔2020〕3号）指出："要创新课堂教学模式，推进现代信息技术在课程思政教学中的应用，激发学生学习兴趣，引导学生深入思考。"2022年6月，教育部高等教育司司长吴岩在《扎实推进高等教育数字化战略行动》文章中提出："高等教育数字化战略不是一般的策略问题，而是影响甚至决定高等教育高质量发展的重大问题，是实现高等教育学习革命、质量革命和高质量发展的战略选择和创新路径……事关中国高等教育能否真正适应普及化阶段质量多样化、学习终身化、培养个性化、治理现代化需求。"数字信息化教育已经为教育领域带来创新性变革，信息化混合式教学也为课程思政开拓了新思路。如果说思政元素是"盐"，美育课程是"汤"，那么混合式教学则是促进"盐溶于汤"的催化剂，它开阔了课程思政价值引领和塑造的途径和方法，从教学前期准备、教学互动开展、教学评价反思等课程教学各个阶段对课程思政有效实施发挥重要作用。面对传统美育课程中学生对课程思政认识不够全、理解不够深入、教学模式单一、"思政"融入考核评价不足等状况，混合式教学为解决当前问题提供了解决思路和途径，主要体现在：第一，混合式教学阶段性细化课程思政目标，以"嵌入型原则"科学合理完善教学内容、教学目标、教学方法和教学评价；第二，利用信息化数字技术提升教学有效性，基于MOOC和SPOC丰富课程思政教学资源，拓展课程教学内容，使思政元素和专业教学无痕融合，达到美育沉浸体验，让学生更直观接受知识促进深度学习，实现高阶思维；第三，依托"学生为主体""教师为主导"理念，运用线上线下丰富的教学内容和活泼轻松地教学手段，促进学生主动认知、互动实践和反思感悟，实现了课程思政教育与学生心理、行为和发展需求贴切，寓价值观引领于知识传授和能力培养中，为学生提供激励驱动，引导目标价值，构建成就感。

第二节　教学理念和课程价值取向

　　美育课程根本任务旨在促进立德树人，实现学生全面发展。挖掘课程蕴含的思政元素是美育课程思政教学创新实践的重中之重，将思政元素有效融入课堂教学是实现思政育人目的的关键环节。课程充分提升学生在线学习效率，提供个性化学习需求，促进认知、行为和情感三方面深度高阶思维学习，创新美育课程教学模式，提升教学质量。

一、教学理念——深度学习，知行合一，全人教育

（一）立德树人，从"好老师"到"大先生"

高校教育不仅向学生传授科学文化知识，还要帮助大学生形成正向健康的精神风貌、良好的道德品质，塑造高尚人格。2014年9月9日，习近平总书记在同北京师范大学师生代表座谈时的讲话中，对什么是"好老师"做了专门阐述，他认为，"做好老师，要有理想信念""要有道德情操""要有扎实学识""要有仁爱之心"，将师德放在重要的位置。优秀的教师不仅要能"授业"和"解惑"，更要以"传道"为责任和使命，要做到"经师"和"人师"统一。2021年，在第十二届新华网教育论坛上，教育部高等教育司司长吴岩表示："所谓的'大先生'要有五术，即道术、学术、技术、艺术、人术，他们要有胸怀、有格局、有境界，学科深厚，专业精湛，育人水平高超，方法技术娴熟。教学不仅是技术，还要有艺术，要有滋有味，有情有义。"作为高校美育教师，首先，我们要以创新教学克服立德树人中的难点，不仅要深入发掘思政元素，讲好文化故事，还要将德育和智育统一起来。陶行知先生说："学习知识与修养品行是受同一学习心理定律支配的。我们如果强为分家，必致自相矛盾，必致教知识的不管品行，管品行的不学无术。所以，我们希望担任修养的人，要打破知识、品行分家的二元论，而在知识品行合一上研究些办法出来。"其次，作为帮助学生启迪心智、辨别是非、筑梦理想的"大先生"，我们要有家国情怀，从内心深处心系国家和民族；要心怀仁爱，具有传道之情，只有心中有爱有情怀，树立真正爱学生之心，才能走进学生精神世界，帮助学生树立起健康正向积极的世界观、人生观和价值观。教学创新的根本目的是改变传统教学课堂中学习积极性缺乏、浅层性学习等弊端，如何调动起学生求知欲、在追求真理和真知路途中给予学生启发和指引，在课程中渗透文化自信和精神力量，让学生从情感深处爱上美育课程，就需要我们在教学过程中积极发掘人文精神，扩充课程内涵，将知识教育和家国情怀教育、文化自信教育和全人教育结合起来，真真正正地发挥美育课程的育人导向功能，守好一段渠，

种好责任田。

（二）实践对话式教学，兼顾学与教，促进深度学习

混合式教学过程中秉持"以学生为中心""以教师为引导"的教学理念，在不同个体"社会文化机制"背景下，引导学生"从原有经验出发，生长（建构）起新的经验"。学生存在个体差异性，基于自身知识经验的建构和不同情境下的学习历程，对同样的知识有不同的理解，作为教师在教学中应以学习者既有知识经验为基础，改变简单强硬的"填灌"方式，把"学习者原有的知识作为新知识的生长点"，引导学习者以原有知识和经验累积，发挥积极性和能动性，发掘新知识、构建新体系、形成新经验。在学习过程中，学生是参与者、探究者和活动者的学习主体，教师是课程促学、助学和督学的引导者、组织者和设计者，通过引导探究、构筑支架、创设情境，促进学生达成深度认知。课程中运用有效对话式教学，促进平等民主的师生关系，营造爱与尊重的教学氛围，构建交往互动的教学方式，师生在经验共享、精神共通中实现知识的创生，教学意义的生发，从而提升人生的境界、品位、价值。[129] 西方的苏格拉底和我国古代先哲孔子是最早探索具有对话精神的人。苏格拉底认为，教育不是一个知识者能够随意驱动无知者的行为，而是一个教师和学生共同寻求真理的过程。同样的思想在孔子的《论语》中也有体现，孔子以其人格魅力和对话艺术，通过"因材施教""以问为教""启发诱导"和弟子门人开展有效对话。这种师生平等、自由、和谐且融洽的对话关系，正是教育的本真意义。雅斯贝尔斯认为："所谓教育，不过是人对人的主体间灵肉交流活动（尤其是老一代对年轻一代），包括知识内容的传授，生命内涵的领悟、意志行为的规范，并通过文化传递功能，将文化遗产教给年轻一代，使他们自由地生成，并启迪其自由正确性"。[130] 师生作为教学活动的主体，双方"敞开心扉，发表观点，交流沟通，在合作中完成跟文本的对话"，在整个过程中，学生"不仅学到了活的知识，更重要的是培养了对话理性和对话能力，在对话中得到主体性的发展"。[131] 课程中通过混合式互动，有效运用对话式教学，通过对话交流达成师生思想互动。运用既有的知识认知生成有效性新知识，不断思考和生成，以此循环往复并升华达成深度学习。

具体教学中，教师要充分了解和掌握学生既有知识经验、认知能力水平。沉浸核心要素之一，即"学习任务挑战和学习者能力匹配"，只有当两者达到和谐状态时，个体才能进入沉浸状态。一方面，教师创设教学任务应根据学生个体能力水平作为基准，注重学生的兴趣、动机和参与，教学过程中，不断根据实际和突发情况调试和生成教学活动挑战，与学生能力的动态平衡。采用适合的教学策略激发和维持学生学习维持度，使学生始终保持"心流"状态并伴随着高涨愉悦的情感体验，使高阶思维技能能够顺利融合到学生原有认知中，在理论和实践的双向互动中产生深度学习。另一方面，强化互动为主的教学形式，关注学生在学习过程中的知识有效输出，合理运用"反馈"机制，进行有效学习的同步反馈。学习过程中，教师有效运用支架教学的"搭脚手架、进入情景、探索认知和效果评价"，在"课堂教学实践中利用情境、协作、对话、意义建构等要素"为学生提供可理解语言输出的途径。[132] 强调学生主体体验，关注学生表现、情感和反思，将课程内容有效转变为学生认知意识、个体品质和社会行为等。

（三）深度参与促进高阶思维，实现知情意行合一

教育部提出的"美育核心素养"，包括审美感知、文化理解、创意实践、艺术表现，前两者重在连接眼与心，后两者重在连接手与脑。"知识深度"理论（DOK 理论）将学生认知水平分为四个级别：回忆、技能和概念、策略性思维、拓展性思维。运用 DOK 理论开展深度学习，要求学生围绕挑战性的学习主题深度参与，全身心投入产生心流体验；也要求教师运用应用、分析、评价、创造等高阶思维能力培养为指向，促进学生思维由浅层的识记和理解向策略性和拓展性深层思维发展，实现能力在其他情境中的迁移运用，实现知情意行统一。杜卫提出："艺术人文教育的实质是通过引导学生认知、体验和领悟经典艺术的人文意义，树立正确的人生价值观和艺术观。艺术技能教育是方法论为主的教育，艺术人文教育是价值观为主的教育，二者紧密联系，不可或缺。"在美育课程中，依托课前、课中、课后混合式互动，围绕"互动"和"探究"打造基于深度理解的"认知—情感—行为"的学习模式：认知层面旨在建立历史系统性和连续性的知识体系，通过艺术认知，超越简单的视觉美感，从情感、历史、文化的层次欣赏作品。这个过程中要充分调动学生的视觉、听觉感官功能，进而产生特定思维，思维经历继而丰富感官产生沉浸循环，而非简单欣赏，使

学生深入理解艺术文化的形式美感和内涵意蕴；情感层面强调学生对经典优秀艺术作品的主观感受，感性认知上升为理性思维，促进学生与艺术品产生共情，继而提升审美意识，培养学生高雅的艺术品位和格调；行为层面主要打造创造性输出，由美感认知、高阶思维升华发展为艺术创作体验。学生将材料、工具的运用与创新向内转换形成自我感受，移情作用形成心手合一、身心融合的特定情境和场域，内心沉浸专注产生浑然忘我的心流体验，实现对精益求精匠艺和超凡脱俗境界的价值追求。

（四）任务驱动化，促进全人教育

任务驱动的教学方式，是指为学生提供体验实践的情境和感悟问题的情境，围绕任务展开学习，以任务的完成结果检验和总结学习过程等，改变学生学习状态，使学生主动建构探究、实践、思考、运用、解决高智慧的学习体系（图5-1）。它来源于建构主义教学理论基础，特点是任务的目标性和教学的情境性。教学过程中，教师通过为学生创设真实环境，确定和学习主体密切相关的真实任务，提供学生自主交流、对话和协助合作等交互机会，引导学生利用既有知识经验提出方案、解决问题，产生新的知识经验。这个过程中强调学生主动建构自身知识经验，促进学生主动参与和自主协作，通过新经验的获取丰富自身能力。教学任务设定：一方面，要考虑和学生个体能力匹配关系，做到统一性和个性化兼容并蓄；真实情境中的任务要能让学生能够亲身参与实践，激发起学生挑战意识，促进学生主动参与性，提升学生深层次投入，探究分析、实践操作、创新创意、反思评价等高阶思维技能得到完善和发展；另一方面，要实现任务价值化，即教学任务除了能达成学生的认知和能力目标外，还需要能对学生的思维方式、道德情感、行为习惯、价值塑造和人格完善等思政、目标进行强化，实现"躯体、心智、情感、心力"统一的全人教育目的。

二、课程价值取向——政治引导，思想引领，道德熏陶

（一）政治引导，把准方向

坚持以中国特色社会主义和中国梦为中心政治认同教育。《高等学校课程思政建设指导纲要》中提出："课程思政建设内容要紧紧围绕坚定学生理想信念，围绕政治认同、家国情怀、文化素养、宪法法治意识、道德修养

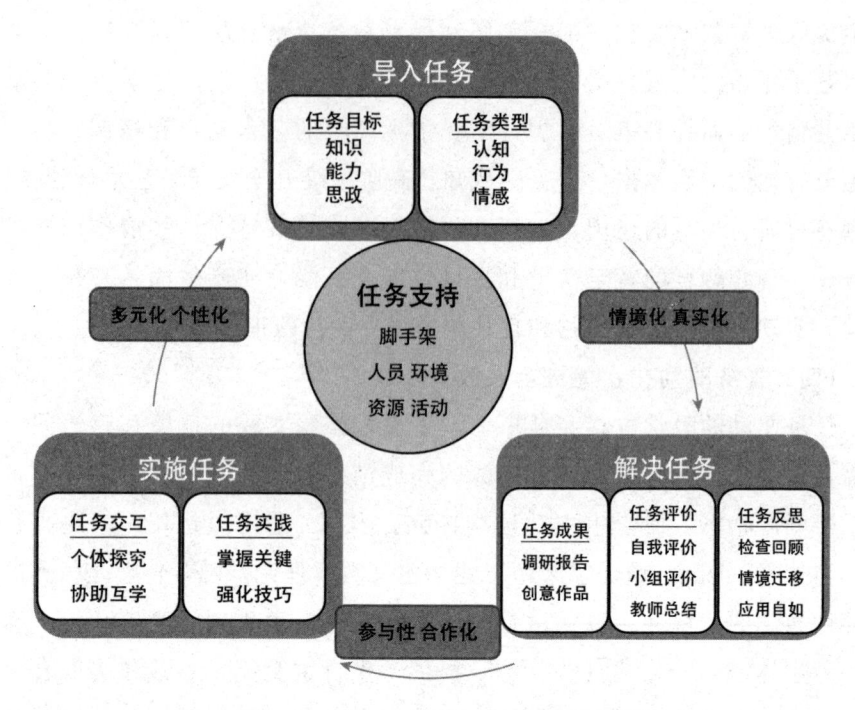

```
                    ┌─────────────────┐
                    │    导入任务      │
                    │ 任务目标  任务类型 │
                    │  知识     认知   │
                    │  能力     行为   │
                    │  思政     情感   │
                    └─────────────────┘
      多元化 个性化        任务支持         情境化 真实化
                         脚手架
                         人员 环境
                         资源 活动
 ┌─────────────────┐                    ┌──────────────────────────┐
 │    实施任务      │                    │         解决任务          │
 │ 任务交互 任务实践 │                    │ 任务成果 任务评价 任务反思 │
 │ 个体探究 掌握关键 │                    │ 调研报告 自我评价 检查回顾 │
 │ 协助互学 强化技巧 │                    │ 创意作品 小组评价 情境迁移 │
 │                 │                    │          教师总结 应用自如 │
 └─────────────────┘                    └──────────────────────────┘
                       参与性 合作化
```

图 5-1 "任务驱动化"教学过程

等，重点优化课程思政内容供给，系统进行中国特色社会主义和中国梦教育。"政治认同指"人们在社会政治生活中产生的一种感情和意识上的归属感"[133]。高校大学生的政治认同程度，是"国家政治体系的发展水平"的最直接体现[134]，课程中主要引导学生认同中国特色社会主义和中国梦，结合课堂教学、实践创作和社会活动等方面开展深化新时代大学生政治认同教育。

弘扬新时代下基于"家国情怀"的爱国主义教育。"家国情怀"是中华优秀传统文化的基本内涵之一，包括"家国同构、共同体意识和仁爱之情"。2015年2月17日，习近平总书记在2015年春节团拜会上的讲话提出，"家庭是社会的基本细胞，是人生的第一所学校"；2016年12月12日，习近平总书记在会见第一届全国文明家庭代表时的讲话中提出，"国家好民族好，大家才会好"。爱国主义教育，是"对人们施加教育，使人们的爱国主义情感得到升华，成为一种自觉遵守的政治原则和道德规范"。其本质就是坚持爱国和爱党、爱社会主义高度统一。结合课程内容和时代主题凝练思政元素，培养当代大学生民族自尊心和自豪感，树立崇高爱国理念（图 5-2）。

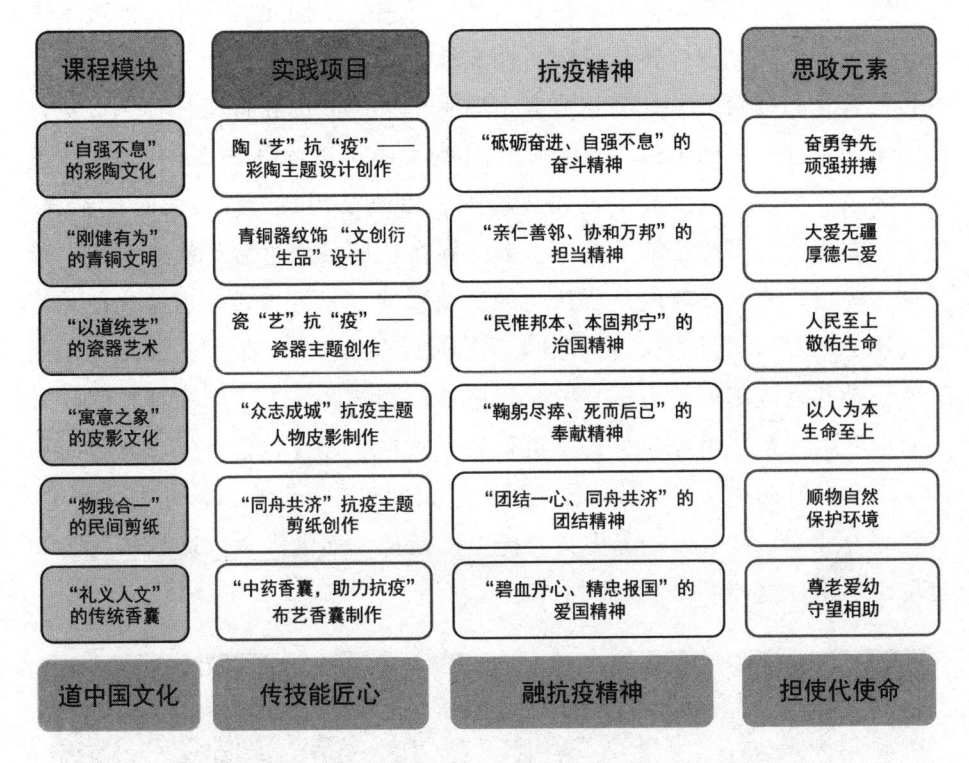

课程模块	实践项目	抗疫精神	思政元素
"自强不息"的彩陶文化	陶"艺"抗"疫"——彩陶主题设计创作	"砥砺奋进、自强不息"的奋斗精神	奋勇争先 顽强拼搏
"刚健有为"的青铜文明	青铜器纹饰"文创衍生品"设计	"亲仁善邻、协和万邦"的担当精神	大爱无疆 厚德仁爱
"以道统艺"的瓷器艺术	瓷"艺"抗"疫"——瓷器主题创作	"民惟邦本、本固邦宁"的治国精神	人民至上 敬佑生命
"寓意之象"的皮影文化	"众志成城"抗疫主题人物皮影制作	"鞠躬尽瘁、死而后已"的奉献精神	以人为本 生命至上
"物我合一"的民间剪纸	"同舟共济"抗疫主题剪纸创作	"团结一心、同舟共济"的团结精神	顺物自然 保护环境
"礼义人文"的传统香囊	"中药香囊，助力抗疫"布艺香囊制作	"碧血丹心、精忠报国"的爱国精神	尊老爱幼 守望相助
道中国文化	传技能匠心	融抗疫精神	担使代使命

图 5-2 "传统工艺美术鉴赏"课程结合抗疫精神思政框架

（二）思想引领，凝聚合力

融入社会主义核心价值观，促进学生全面发展。党的十八大从国家层面、社会层面和公民个人层面提出了价值准则，坚持"以人为本，尊重群众主体地位，促进人的全面发展""坚持以理想信念为核心，抓住世界观、人生观、价值观这个总开关"。引导学生尊重生命的存在性和价值感，养成关爱情怀和人文精神。在课程具体教学中，将社会主义核心价值观和教学内容、主题创作系统性结合，挖掘工艺背后所蕴含的中华优秀传统文化的思想哲学观和人文价值观，萃取中华美育精神思想精华。通过审美引导，树立中华传统美学中的文化自信；以传统工艺技法为载体，通过引入时代主题内容，进行实践创作，引导学生树立正确价值观视角理解各种社会意识和现象。

弘扬民族精神，以时代精神激活中华优秀传统文化的生命力。习近平总书记强调,"我们坚持把马克思主义基本原理同中国具体实际相结合、同中华优秀传统文化相结合,不断推动马克思主义中国化时代化,推进了中华优秀传统文化创造性转化、创新性发展。要坚持守正创新,推动中华优秀传统文化同社会主义社会相适应,展示中华民族的独特精神标识,更好构筑中国精神、中国价值、中国力量。"对大学生进行中华优秀传统文化教育,要以"爱国主义为核心的民族精神和以改革创新为核心的时代精神"作为主要内容。民族精神是指"一个民族在长期共同生活和社会实践中形成的,为本民族大多数成员所认同的价值取向、思维方式、道德规范、精神气质的总和",其核心是爱国主义。新时代背景下,以爱国主义为核心的民族精神和以改革创新为核心的时代精神交相辉映,为"中国精神"注入如新的时代元素。引导学生将"讲仁爱、重民本、守诚信、崇正义、尚和合、求大同"的中华优秀传统文化时代价值和思想精华融入认知和创作中,渗透到专业知识和能力培养中,弘扬中国精神,增强大学生民族认同感和进取奋进精神(图5-3和图5-4)。

图5-3 "伟大抗疫精神"在"民间剪纸"工艺中的渗透(剪纸工艺课件图片)

(三)道德熏陶,助力成长

1. 培养社会公德,促进"德艺双馨"

社会公德,是指存在于社会群体中间,与国家、组织、集体、民族、

图5-4 "冬奥中的传统色"在"百衲布艺"文化中的融入（布艺工艺课件图片）

社会等有关的道德，包括文明礼貌、助人为乐、爱护公物、保护环境和遵纪守法。它是"大学生要遵守和践行的最基本的道德要求"。[135] 遵守社会道德关系到整个社会的安定团结，是一个社会精神文明发展水平的重要标志。当代大学生承担着民族复兴和国家繁荣的使命责任，因此大学生个体社会公德素质的高低不仅关乎个人发展，更和国家发展进步有紧密联系。高校以立德树人为育人根本任务，社会公德教育是重要组成部分。新时代要实现全面发展，"五育"并举，重视学生"德艺双馨"建设目标，实现"思政＋美育"同向同行，将社会公德元素教育寓课程知识传授和能力培养中。

2. 坚守"工匠精神"，弘扬职业道德

职业道德具体包括爱岗敬业、诚实守信、办事公道、服务群众、奉献社会和素质修养。近年来，非物质文化遗产和传统手工艺复兴得到了国家高度重视，随之产生的"工匠精神""职业精神"也受到关注。2016年，政府工作报告中，李克强总理说："要鼓励企业开展个性化定制、柔性化生产，培育精益求精的工匠精神。""工匠精神"是一种职业精神，它是职业道德、职业能力和职业品质的体现，是从业者的一种价值取向和行为表现。传统工艺是中国工匠精神的物质载体，课程教学中，通过对经典工艺历史溯源、制作技能和人文精神的认知理解，引导学生体验"工匠精神"。例如观看纪录片《我在故宫修文物》，引导学生深入感受故宫文物修复专家"一生只为一事来"的职业热爱和奉献精神。

3. 以品德修养人格养成为主要内容的个人品德教育

个人品德，是"一个人在道德行为过程中所表现出来的比较稳定的心理特征和一贯的道德特点倾向"[136]。修养通过人的知识、文化、善良等特质综合体现出来的，是一个人的美德和力量。个人品德是"内在的法"，社会公德和职业道德等最终实现都要诉诸个人品德。它主要涵括正直善良、勤奋刻苦、自立自强、见义勇为等。课程教学中，教师要深挖传统文化中德育素材，结合学生耳熟能详的热点事件，"润物细无声""潜移默化"进行道德目标培养，引导学生养成正确的道德认知，养成自觉道德行为，形成积极道德实践。

第三节 教学设计与实施——以"传统工艺美术鉴赏创作"课程为例

一、课程基本情况

课程"传统工艺美术鉴赏创作"是艺术设计专业大一开设的美育专业选修课，理实一体化课程，共36学时，总计2学分，平均每期学生30～35人，目前为止已开设6期。课程作为"专业课程审美化"教育，凝练美艺（彩陶、青铜和瓷器）、民艺（皮影、剪纸和布艺）两条主线，"天人传统自然美""礼乐传统社会美"和"人文传统艺术美"三个模块（图5-5）。

围绕"融美育精神，道中国文化，传技能匠心，担时代使命"课程核心主线，实现"美育＋思政"协同育人（图5-6）。旨在提升学生审美能力和人文素养，塑造全人教育。课程内容实质是中国历代劳动人民思想观念的发展和演变史，通过每个文化阶段的演变，让大学生熟悉典型工艺文化的起源发展、艺术特点和美学规律，了解中华千年文明孕育出民族精神气节、文化责任和家国情怀；新时代下将社会主义核心价值观、中国梦、中华传统优秀文化、职业道德和个人品德等思政元素融入课堂教学和项目实践、思政主题创作。通过"游于艺"，实现"成于乐"，统一方法论为主的工艺技能教育和价值观为主的艺术人文教育，培养真善美的"生活艺术

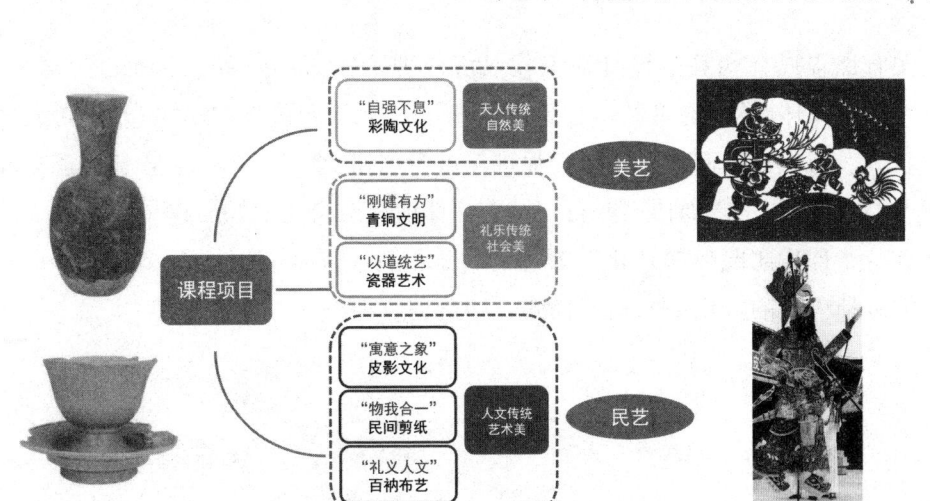

图 5-5 课程项目

家";树立文化自信;提升审美和人文素养,促进全人教育(图 5-7)。本课程是浙江省首批课程思政示范课程,校级混合式和 MOOC 课程。依托混合式教学实践改革,教学资源呈现多样化,构建促进学生深度学习的高校

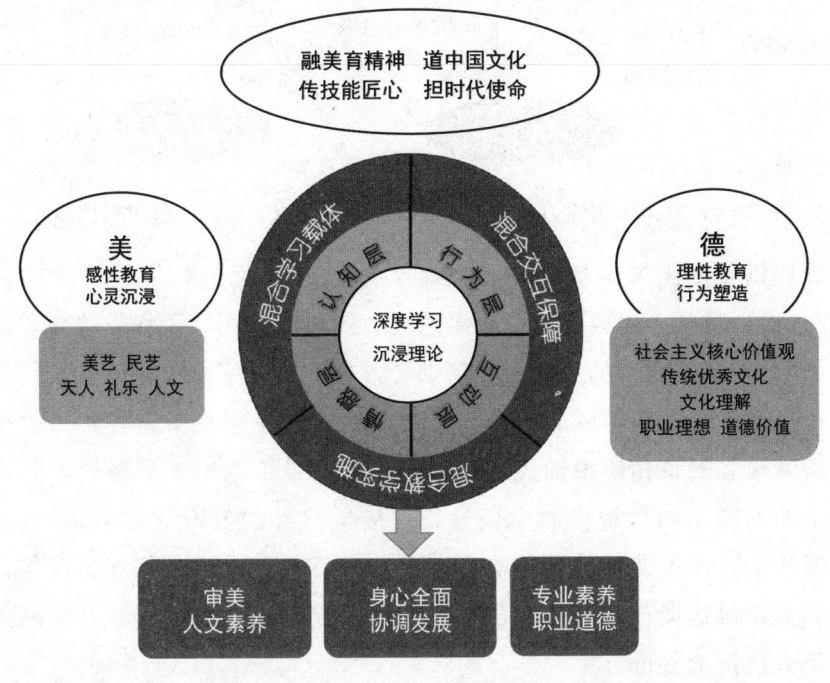

图 5-6 基于"美德并行"的"美育+思政"协同育人模式

美育课程混合式教学设计研究，以沉浸理论作为研究基础，通过"情境""互动""体验""反思"核心要素，围绕学习共同体交互投入实现学习认知投入、行为投入和情感投入，促进深度学习；"教学主体""教学资源"和"教学环境"三方面协同并行，结合"课前线上自主认知＋课中教学做一体深化＋课后实践拓展外化"渐进式教学结构，形成"课内人文研学＋课外服务地方"的分层分类培养模式，塑造创新型人才。

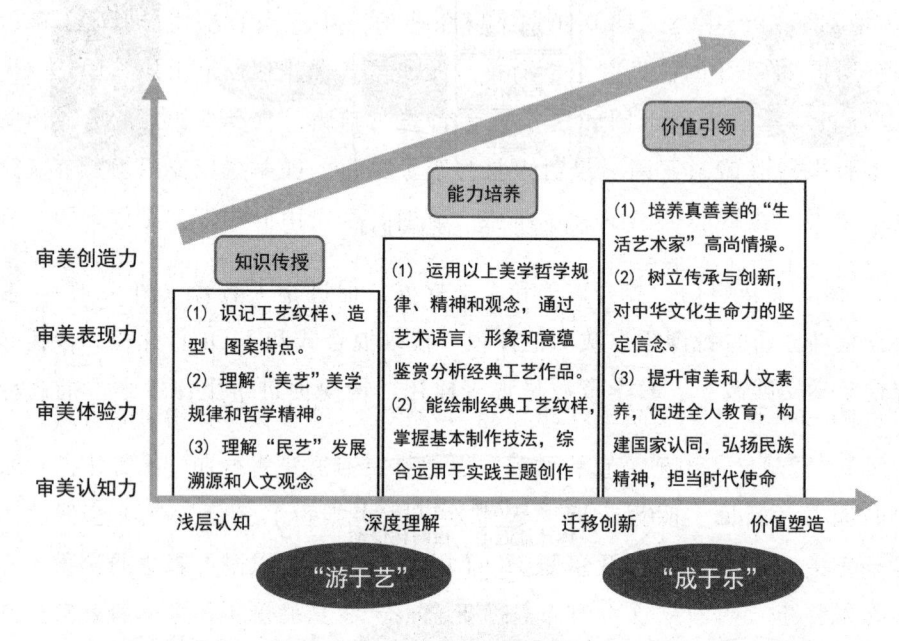

图 5-7 基于审美能力和人文素养的课程"知识—能力—价值"框架

课程以弘扬优秀传统文化，彰显文化育人特色为目标，教学团队以"专业（群）教师＋思政导师＋手工艺人"等协同育人、课程思政教学模式创新、"育人者先行"的思政教学培训等方式，邀请宁波市非遗名录代表传承人进课堂，讲传承弘匠心；参与工艺项目，切身感受工艺精神。根据混合式教学模式配备相应教辅人员和信息技术人员：教辅人员通过人际面授和线上非面授相结合提供教学辅导，包括学习方法策略等教学相关内容，通过通信手段提供课程教学相关内容互动交流或个人问题指导建议等；技术管理人员包括课程研发员和信息媒体技术专家，为混合式学习的网络平台提供人员技术支持。

二、教学逻辑思路

按照"知识能力目标—教学内容创新—思政元素挖掘—价值目标确定—教学活动设计—学习评价设计"流程（图5-8），往复循环实现课程育人效果。具体步骤内容如下：

（1）确定课程知识和能力目标。通过知识传授和技能培养，达到"游于艺""熟练掌握一定物质技巧技能"，获得审美能力，培养审美趣味。

（2）融合课程内容，挖掘思政元素。设计美艺和民艺两条内容主线，包括彩陶、青铜、瓷器、皮影、剪纸和布艺项目，通过"耳目之美""心意之美"和"神志之美"感受中华优秀传统文化"天人""礼乐"和"人文"精神内涵。围绕时代主题"建党精神""抗疫精神"和"冬奥精神"，培育践行社会主义核心价值观，从"自我意识""高尚品行"和"审美观念"三方面打造课程思政。

（3）塑造价值目标。基于"游于艺"的技能学习和掌握，实现"成于乐"的艺术人文价值观塑造，即"从心所欲不逾矩"。通过"全面掌握客观规律性"，实现"个体自由发展"，新时代下"五育融合"实现学生德、智、体、美、劳全面发展。

（4）教学活动设计。基于沉浸理论和DOK理论，通过学习投入四要素促进深度学习和心流体验，实现个体身心和谐发展。以混合式教学交互为手段、多载体育人为途径，围绕"美育核心要素"从"认知—行为—情感"开展基于"探究—交互"的"溯—研—技—创"教学活动模式，实现课程全方面育人。

（5）学习评价设计。紧密贴合课程知识、能力、素养目标，以"提升审美能力和人文素养"为指向，"核心素养"为指引，从审美认知、审美感知、审美技能、审美创造和审美素养实施评价要点，通过"美育质量测评"数值公式实现对学生美育学习效果的质性和量化评价，促进美育课程评价的标准化和个性化、主观化和客观化、过程性和终结性统一。

三、教学环境资源

（一）实施环境——三类课堂协同育人体系

课程教学环境包括：传统形态的硬环境和实体环境，即理论课教室和

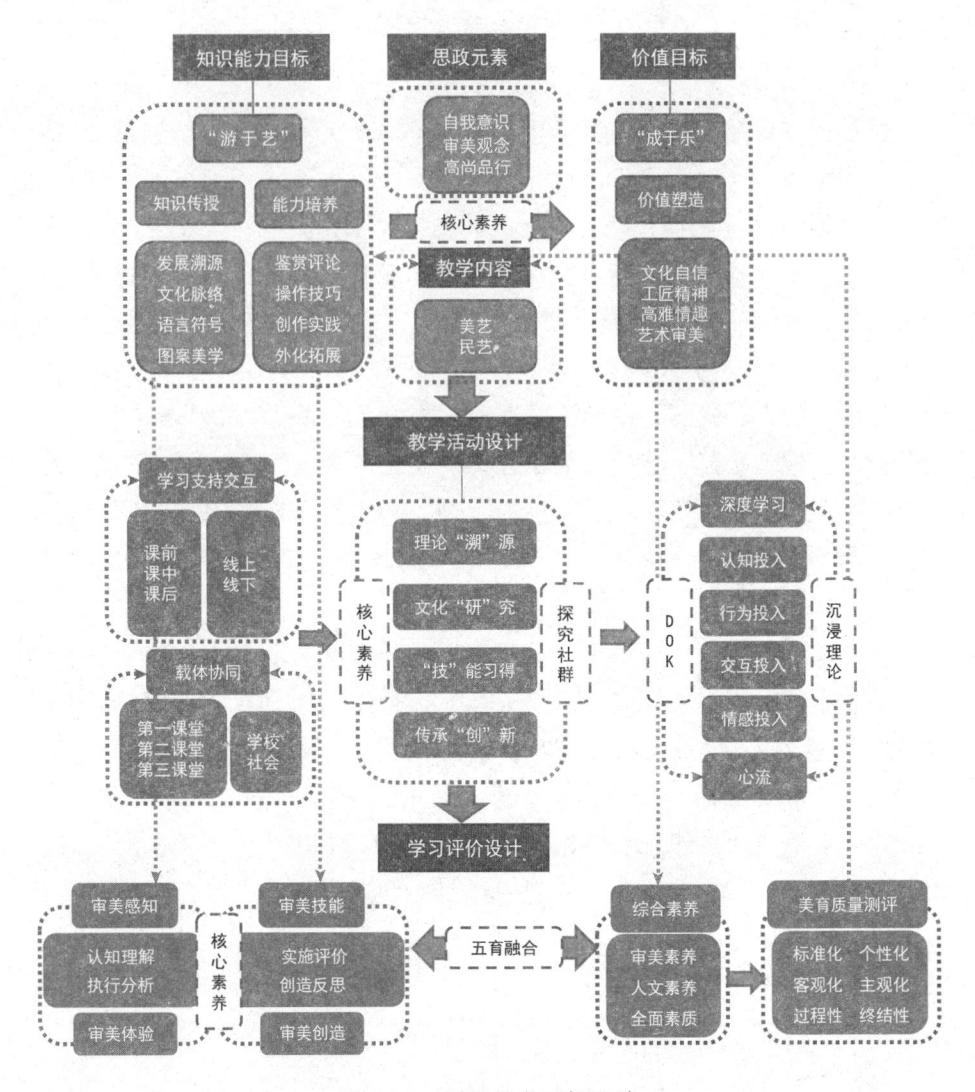

图 5-8 课程教学逻辑思路

专业实践教室等校内环境；新形态下的大环境、软环境和虚拟云环境，即社会实践基地、校外文艺活动和网络环境等。通过第一课堂、第二课堂和第三课堂作为课程实施载体展开，将理论认知、能力培养和价值塑造综合融入三类课堂协同育人体系（图 5-9）。

第一课堂：混合式线上线下互动教学开展，构建学习通为平台的课程虚拟在线环境和钉钉为载体的通信设施环境，完成在线章节教案上传分享、教学通知、作业提交、考试发布、主题讨论、小组协助、生生互评、学习进度和完成度查看、学习督导、评价和反馈、课程数据统计汇总等教与学活动一体化。混合式教学的课堂教授活动在专业智慧教室环境实现，智慧教室环境具有无线网络、多屏展示、课堂交互、灵活分组、工艺实践、作品点评、课程录播等功能，可利用Wi-Fi、智能手机等移动终端设备，将物理课堂环境和虚拟网络环境连接，实现"环境—资源—情境"互动式、人性化美育课堂环境，为完成合作探究教学提供环境和资源支持。

第二课堂：通过校内校外，打通"学校＋社会"的美育资源，组织和引导学生积极参加各类工艺实践活动。第二课堂通过结合校园文化品牌、美育社团开展美育作品校园展、艺术沙龙讲座等，此部分除了课程教学团队外，还需学工部门、教务部门等综合协调开展。校外通过情境体验、参展考察、社会调研、志愿服务、专业实践、展示竞赛等多种方式进行实践教育，课程实习基地包括宁波鄞州非遗馆、宁波羽度文化发展有限公司和宁波东钱湖211创意园区等。

第三课堂：以互联网信息技术、新媒体平台为基础，提供学生丰富网络产品和信息，以自主探究学习为主，它是渗透在第一课堂和第二课堂教学中的一种无形的精神情感教育，旨在以情感人，对学生的精神世界进行熏陶和感化，引导学生培养良好的媒介素养意识，包括认识媒介、使用媒介和反馈反思，选取经典和网络时代优秀作品，达到激励教育、感染教育和榜样作用等。例如建立课程公众号平台，推送展示优秀作品，学生作品心得和感言发表，提升学生学习趣味。

（二）线上平台教学资源

本课程依托"学习通"平台创建混合式教学"传统工艺美术鉴赏"课程（图5-10），作为学生在线学习资源的支撑环境，该平台功能模块包括通知、学习资源与资料、讨论、活动、作业、统计等，平台功能能够全程支持线上认知和线下能力的混合式教学实施。

（1）通知区。本区域主要用于教师发布和管理教学通知、任务公告等（图5-11），结合钉钉班级群共同帮助学生了解每个工艺项目的课程教学安排，提醒学生课前自主认知、课后拓展等学习进度，发布学习任务单，并进行教学反馈评价等。

（2）学习资源与资料区。本区域主要为学生提供各类在线学习资源

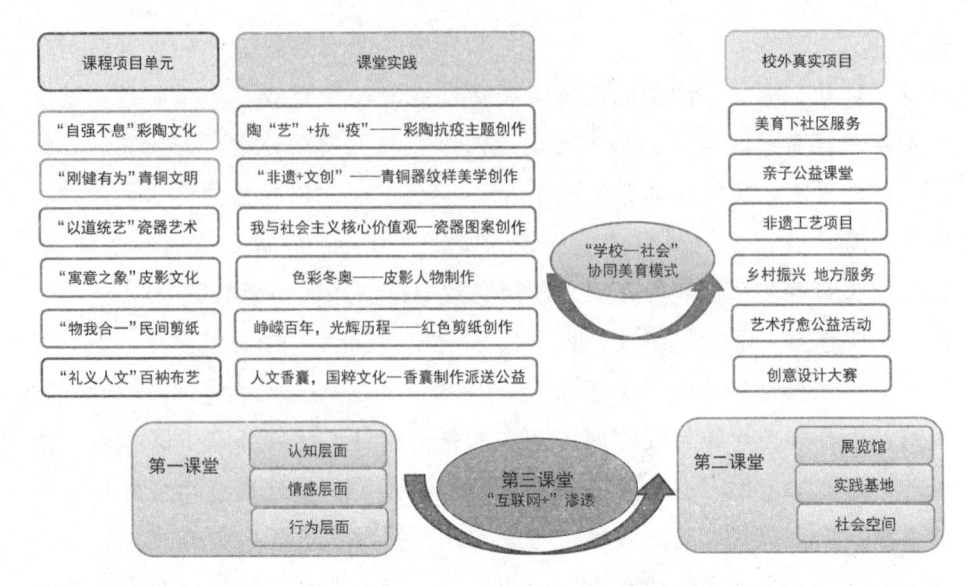

```
课程项目单元              课堂实践                                   校外真实项目

"自强不息"彩陶文化      陶"艺"+抗"疫"——彩陶抗疫主题创作        美育下社区服务
"刚健有为"青铜文明      "非遗+文创"——青铜器纹样美学创作          亲子公益课堂
"以道统艺"瓷器艺术      我与社会主义核心价值观—瓷器图案创作        非遗工艺项目
"寓意之象"皮影文化      色彩冬奥——皮影人物制作                    乡村振兴 地方服务
"物我合一"民间剪纸      峥嵘百年，光辉历程——红色剪纸创作          艺术疗愈公益活动
"礼义人文"百衲布艺      人文香囊，国粹文化—香囊制作派送公益        创意设计大赛
```

                    第一课堂 认知层面   第三课堂   第二课堂 展览馆
                              情感层面   "互联网+"渗透   实践基地
                              行为层面   社会空间

图5-9 课程三课堂协同育人联动体系

图5-10 "传统工艺美术鉴赏"课程学习通主页

（图5-12），主要包括工艺赏析、微课、教学课件、学习任务单、技能操作视频等多种类型学习资源，支持学生课前认知和课后拓展在线自主学习。

（3）讨论区。本区域主要用于在线交互活动开展（图5-13），包括主题讨论、案例鉴赏分析等，师生可以发帖、回复和点赞等，实现师生和生

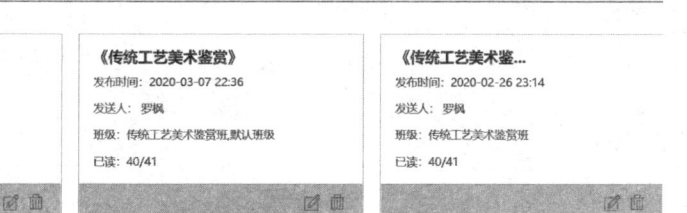

图 5-11 课程通知区

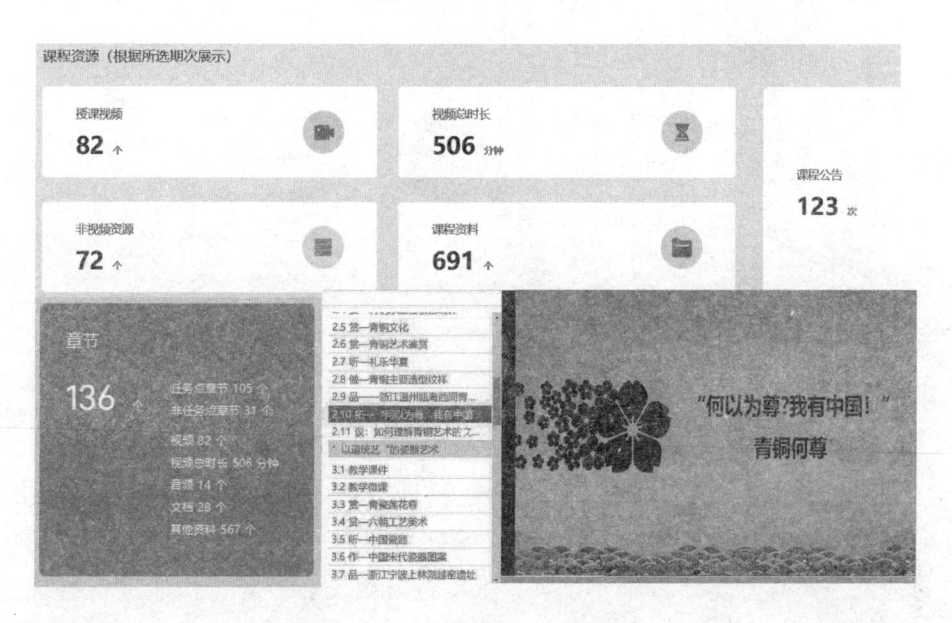

图 5-12 课程资源与数据统计

生之间互动交流和教师反馈答疑等。

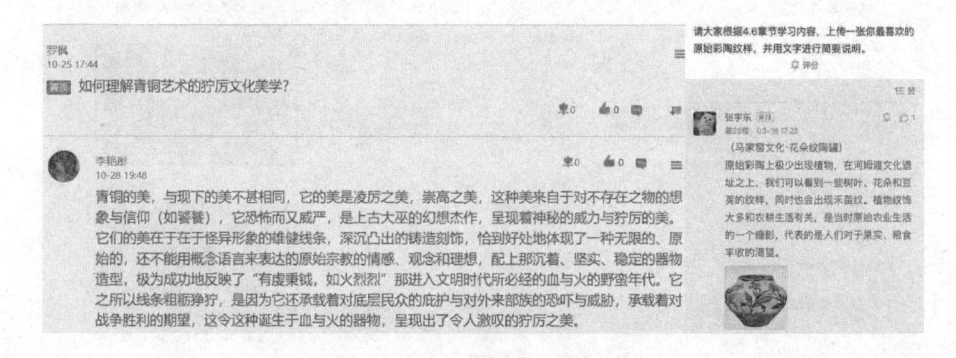

图 5-13 课程在线讨论区

（4）活动区。本区域主要用于教学活动的设计和实施（图5-14），实现教师根据教学要求开设的签到、投票、选人、抢答、主题讨论、随堂练习、评分、分组任务、活动库等活动，主要支持教师在线和课堂教学学习互动活动。

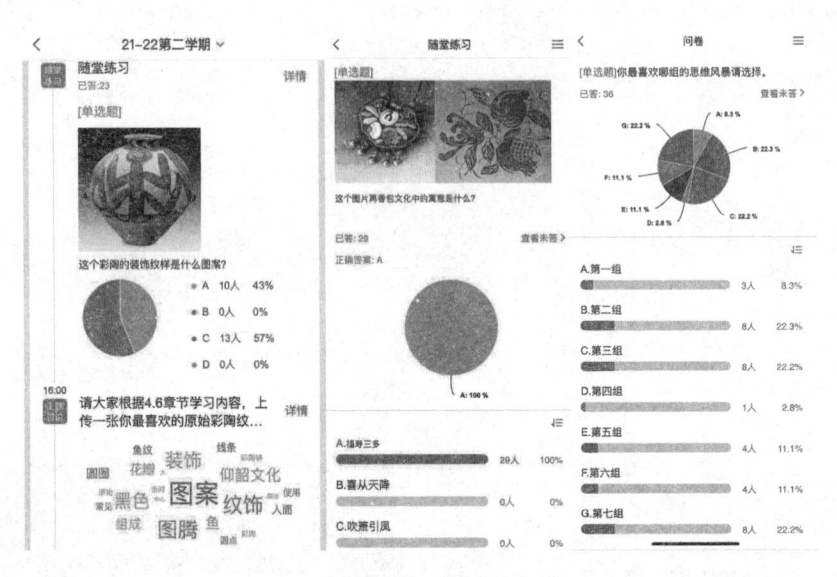

图5-14 课程在线活动区

（5）作业区。本区域主要用于单元项目作业管理（图5-15），包括作业发布、作业提交、教师评价、学生互评、作业统计等功能，教师根据项目理论和实践需要发布作业要求，学生按时提交，教师对作业进行打分、评价和反馈，适时组织学生互评。

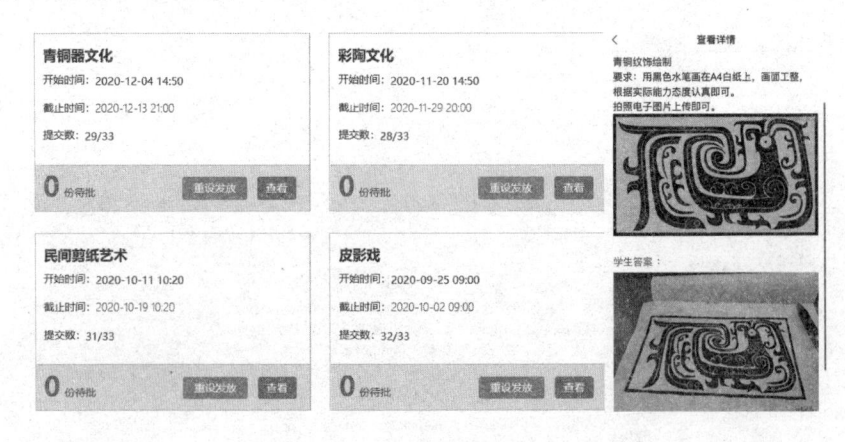

图5-15 课程在线作业区

(6) 统计区。本区域主要用于学生学习活动数据的统计、分析和查看（图 5-16），包括基础数据、课堂报告、学情统计、学生成绩和学生监控。教师可以整体了解每个学生的学习进度和状况，学生也可以查看学习情况等。

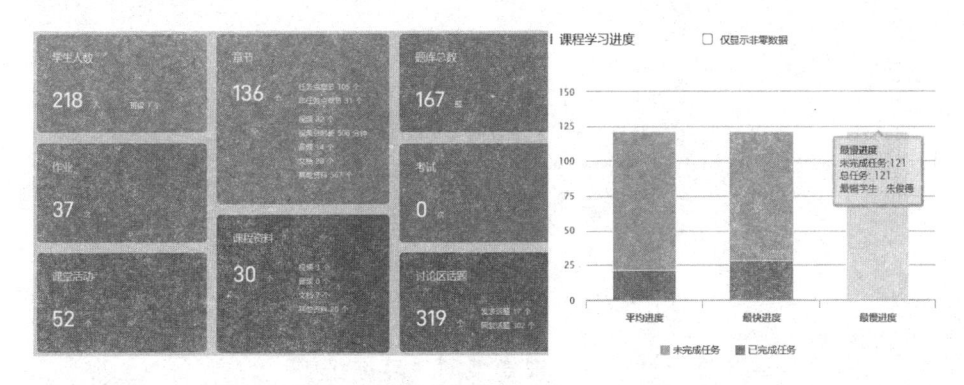

图 5-16　课程在线学生学习活动数据统计区

四、教学过程

课程以工艺内容为依托，混合互动多元教学方法为载体，学习投入为手段，"细挖""深融""外化"思政元素，"深度化""温度化""力度化"贯穿教学始终，"润物细无声"价值观熏陶感化，实现立德树人。具体内容如下所述。

（一）"细挖"思政元素——学科内容"深度化"

课程通过知识传授和能力培养，从内容、时点、方式、方法等，结合工艺文化特色，合理设计、梳理和重造课程内容，围绕中华美育精神，深入挖掘工艺文化中所蕴含的思政元素。通过"认知""情感"和"行为"三层面，涵括"自然美""社会美"和"艺术美"，以"美艺"和"民艺"两条工艺主线，围绕时代主题，从自我意识、高尚品行和审美观念三方面挖掘思政目标，实现"五育融合"下学生全面发展（图 5-17）。

从政治引导、思想引领和道德感化设计基于知识和能力的思政元素，紧跟时事热点，与时俱进，充分挖掘课程人文内涵，结合教学步骤"理论溯源—文化研究—技能习得—传承创新"，从"认知—情感—行为"实施育人目标，具体思政元素（图 5-18）如下所述。

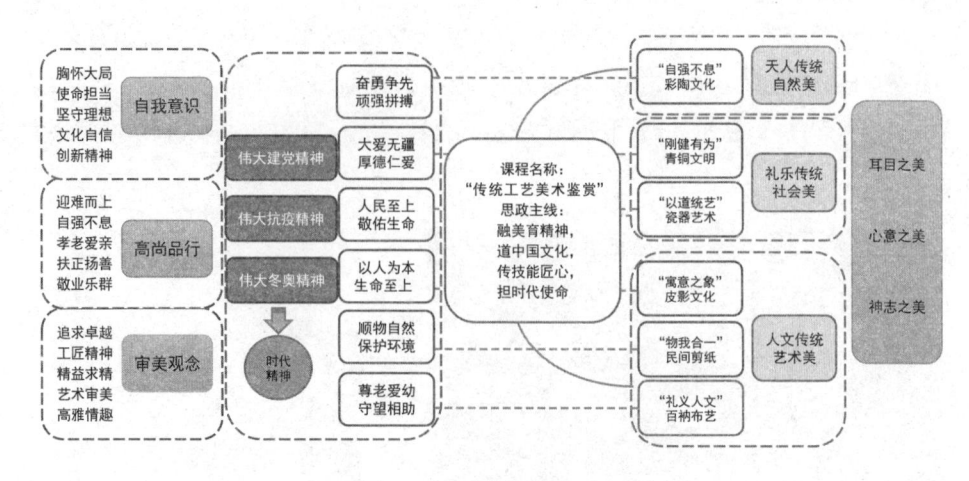

图 5-17　课程思政元素

（二）"深融"教学过程——课堂氛围"温度化"

通过"课前＋课中＋课后"三阶段，运用情景式、案例式、讨论式、探究式、启发式、对话式等多元教学方式，设计"溯—研—技—创"教学步骤（图 5-19），实现"做中学、学中悟、悟中立""学"中感受家国民族情怀，"做"中感受文化魅力工匠精神，"悟"中立使命责任。思政元素有效融入知识传授、能力培养和价值塑造中，通过核心素养中"眼、手、心、脑"的贯通，深化"艺术捕捉和创造"。当"美"的教育遇上"混"的教学，激活新的教学场景，获得"美"的心灵沉浸和"德"的行为塑造双赢成效。

项目单元	学习投入要素	思政元素要点
"自强不息"的彩陶文化	认知	1. 通过陶的发明、陶器的形成，感受原始先民制陶过程中从无到有、再到用的实践探索精神；体会中华民族在漫长历史发展中走向强大的精神财富； 2. 从彩陶时代背景，了解先民空间和生死观念，引导学生对生命的意义及价值进行思考； 3. 引导学生感受以马家窑等经典彩陶文化为"载体"的浓缩华夏文明发展过程中的深刻内涵，体会中华民族勇于创造、自强不息的精神气魄
	情感	1. 通过"最美逆行者"彩陶作品赏析，引导学生感受中华民族自强不息的优良传统、积极进取的人生态度、勇往直前的斗争精神； 2. 通过彩陶纹饰内涵理解，引导学生感受远古先民丰富想象力，感受人们在享受物质生活的同时，在精神层面的探索和追求； 3. 浙江上山文化被誉为"彩陶世界第一"，让学生"身临其境"了解当地传统，提升"文化自信"
	行为	1. 通过彩陶纹样摹绘引导学生感受原始文化中人与自然和谐生态美学观； 2. 通过自主设计，培养学生认真细致、勇于探索的创新精神以及苦于解决问题的实践能力； 3. 通过主题彩陶实践创作，引导学生关注时事，厚植爱国情怀，树立历史责任感和爱国主义情怀； 4. 通过主题作品展示表述，进一步引导学生感受中华传统优秀文化精髓，展现出青春激昂的风采和中华民族的希望； 5. 通过对彩陶时期历史自然灾害和当下疫情感受，引导学生提高危机意识和应急处理能力

图 5-18（一）　课程部分项目具体思政元素

项目单元	学习投入要素	思政元素要点
"刚健有为"的青铜文明	认知	1. 通过青铜文化历史溯源，引导学生感受意识形态"大一统"的中华文明，感受民族向心力凝聚力； 2. 通过青铜器功能演变史，感受中华"礼乐"文明； 3. 通过分析青铜艺术造型和纹饰特点，引导学生挖气中国古代文物背后蕴含的泱泱大国的上国风范和家国大义的民族精神
	情感	1. 作为中国人民对联合国的美好祝福的"世纪宝鼎"赠与案例讲解，引导学生感受中国和中国人民求和平、谋发展、促合作、图共赢的愿望和信念；结合"中国支持全球抗疫"讲授引导学生感受"亲仁善邻、协和万邦"文化底蕴和"人类命运共同体"理念； 2. 誉为"中国考古史上重大发现"的瓯海西周青铜器案例引入，激发学生对家乡历史文化的求知欲
	行为	1. 通过对青铜纹样摹绘，引导学生体会先民"尚中"思想以及中华"和"思想，感受独特而多彩的中华民族视觉文化； 2. 通过将青铜器纹饰提取运用到现代文创产品中，表现出产品的古典美，引导学生融传统文化于现代设计，提高文化传播力和影响力，提升文化自信； 3. 通过自主创作，培养学生认真细致勇于探索的创新精神以及善于解决问题的实践能力； 4. 通过对作品展示和点评，进一步激发学生"何以为尊，我有中国"的民族自尊心、自信心和自豪感，坚定文化自信和使命担当； 5. 通过对青铜器时期历史自然灾害和当下疫情感受，引导学生提高危机意识和应急处理能力

项目单元	学习投入要素	思政元素要点
"物我合一"的民间剪纸	认知	1. 通过抗疫精神主题剪纸《静待花开》《血脉情深》《医者仁心》等作品赏析，引导学生感受中华民族"一方有难、八方支援"大爱精神； 2. 通过剪纸作为"人文历史融合"理解，感受民间艺人创作中自然物象与人相结合的韵味，体会"物我合一"生态伦理情怀、人与自然的相互融合以及"万物不伤"的生态爱护观
	情感	1. 通过观看视频，引导学生感受"剪纸映民心，代代永相传"的历代手工艺人的坚守信念； 2. 通过欣赏《驰援武汉》《中国速度》《歌唱祖国》《封不住的爱》等主题系列剪纸，引导学生感受中国精神，华夏儿女团结奋斗的家国情怀； 3. 感受"国家级非物质文化遗产"之一的乐清细纹剪纸之美，融地方特色文化于思政教育中，培养学生爱国爱乡情感
	行为	1. 通过对剪纸技法深入了解，引导学生树立对专业的执着，将一丝不苟、精益求精工匠精神融入创作环节和剪刻作品每个细节中； 2. 通过对抗疫主题剪纸创作，引导学生将抗疫精神和剪纸工艺美术相结合，融艺术关于思想美中； 3. 通过对作品展示和设计主题表述、评价和反思，引导学生更深入感受中华人民众志成城、全民抗疫的决心和意志，激发历史责任担当和民族自信

项目单元	学习投入要素	思政元素要点
"礼义人文"的百衲布艺	认知	1. 通过对百衲文化的布艺图案和色彩构成、缝制技法、象征意义的认识，引导学生感受传统布艺是男耕女织为标志的古代中国农耕文化的产物，是越生年而余绵未泯的中国传统文化的遗存和再生； 2. 通过百衲布艺——香囊文化理解，引导学生感受抗疫中彰显的"老吾老以及人之老，幼吾幼以及人之幼"、守望相助的人文关怀
	情感	1. 通过从战国到明清的百衲布艺形式、色彩和材料等鉴赏分析，引导学生感受百衲布艺文化寓意中蕴含的"敬天惜物"等中华优秀传统文化思想观念、人文精神，感受历代劳动人民对美好生活的向往和追求，体会百衲所包涵的中华民族传承千年的生活态度和哲学智慧； 2. 通过了解中国传统色的文化和溯源，引导学生体会色彩中的东方审美和哲学智慧；引导学生感受中国优秀文化基因，树立弘扬和传承中华民族优秀传统文化责任担当
	行为	1. 通过对百衲布艺香囊的设计制作，引导学生感受以香囊为代表的中国非遗文化在抗击疫情中的正能量，体验非遗传承"文化守正创新""见人见物见生活"的应有之义；引导学生挖掘中医药与香文化的民俗文化价值； 2. 通过"冬奥中的传统色"百衲布艺日用品创作缝制，一针一线中感受"迎难而上、追求卓越、共创未来"的伟大冬奥精神； 3. 通过对百衲布艺作品的展示、互评和反思，引导学生进一步深入感受中华优秀传统文化深厚的内涵和底蕴，树立传统文化的创新与发展责任担当

图 5-18（二） 课程部分项目具体思政元素

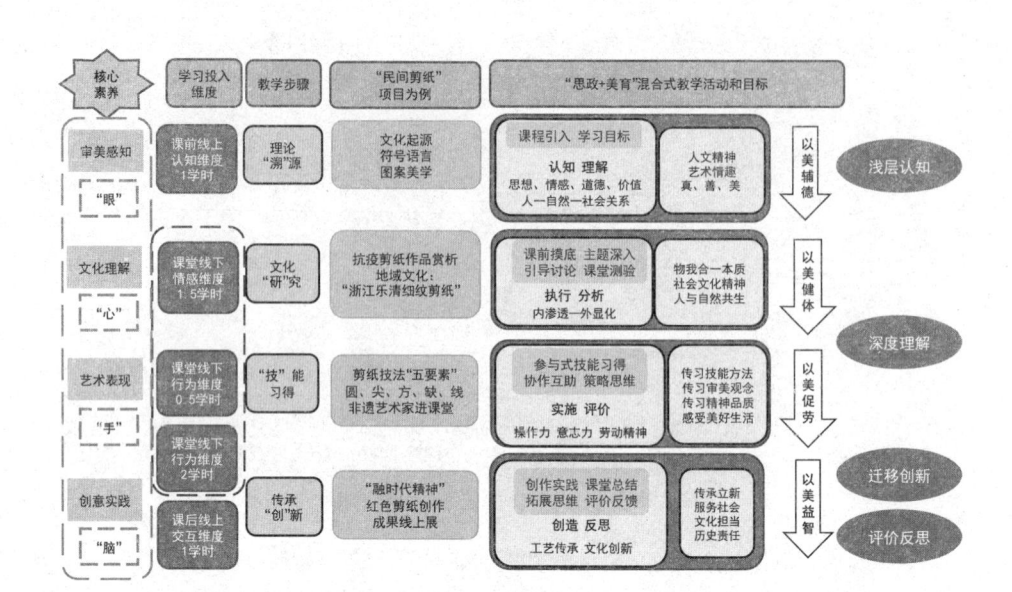

图 5-19 "民间剪纸"项目"溯—研—技—创"教学步骤

（1）课前，"认知"维度自主学习。激发学生与艺术作品的人和物产生情感共鸣，追溯、认同作品主题意义和创作者情感诉求，实现健康审美观塑造。运用沉浸式教学中的叙事认知，充分调动学生视觉、听觉感官功能，依托"学习通"平台"耳听""眼赏"和"心思"教学环节（图 5-20），学生通过在线观看视频、图片案例完成"学习任务单"对应知识点；教师在线督导助学，提供交互情感支持，激发维持学生学习动机；通过主题讨论实现"心思"，促进学生产生浅层意识，继而丰富感官产生沉浸思维循环，深入理解工艺文化形式美感和内涵意蕴。通过"事实性知识"和"概念性知识"浅层"识记"和"理解"，以及沉浸式的五官体验，初步达到学生审美情感的心灵融入和释放。

（2）课堂，"情感"维度巩固内化。课堂中深讲精讲工艺文化，获得美的高深知识。通过学习互动、讨论、随堂测验、技能习得和实践创作。通过有效提问引导师生对话式互动教学，帮助学生形成系统知识结构和高阶思维能力，建立知识和情感间的有效深入联结。通过对"程序性知识"和"元认知知识"的"执行"和"分析"，强调学生对经典艺术作品的主观评价，促进学生与艺术品产生深度共情，实现"思悟"。围绕"美育核心素养"，教师安排"心""脑"融合的教学环节，设计"精赏"和"深读"教

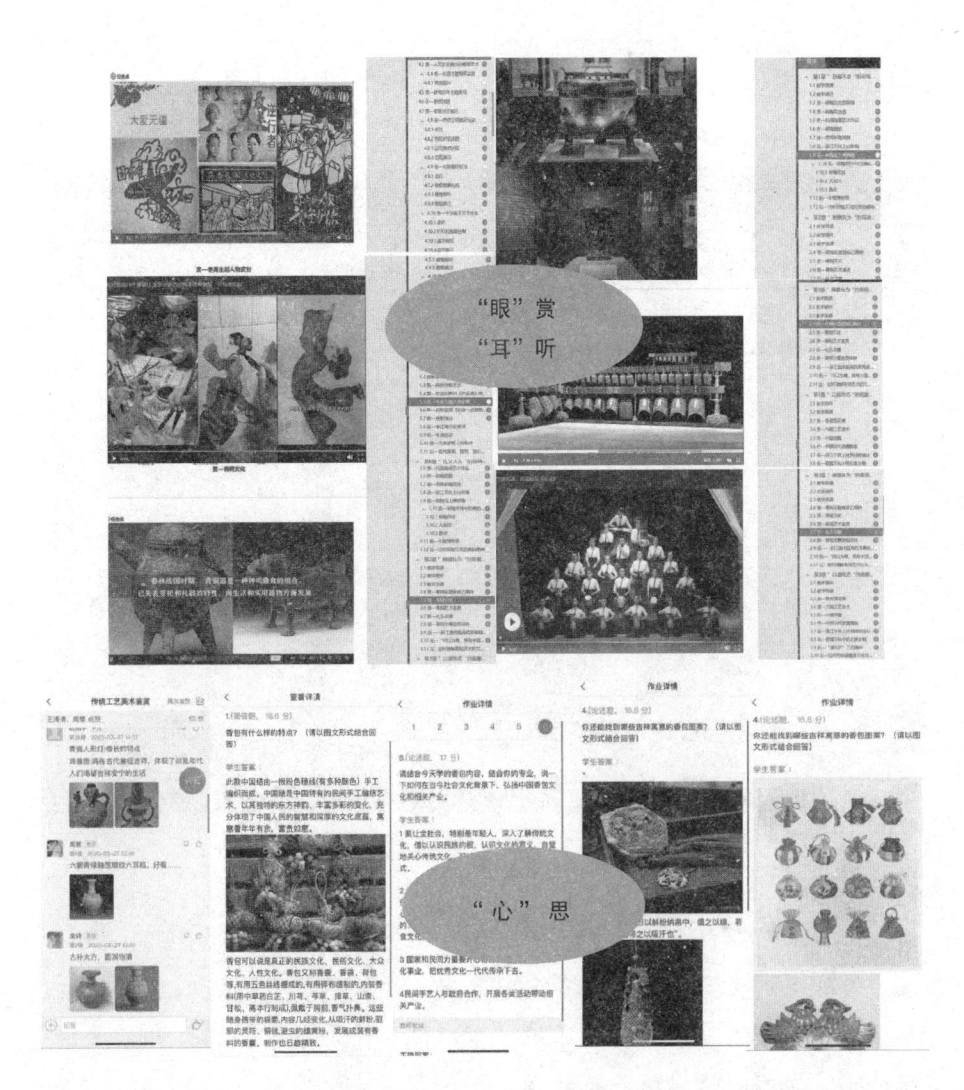

图 5-20 依托"学习通"平台"眼"赏、"耳"听和"心"思教学环节

学活动（图 5-21），让学生沉浸式享受"美"和创造式感受"悟"。引导学生通过经典作品的形式美感，进入艺术观层面，深入解读人文历史和哲学意蕴。比如在"民间美术剪纸"项目中，引导学生对剪纸文化"深读"和现代剪纸作品"精赏"，让学生为我国亘古流传的工艺剪纸作品以及人文精深的民俗艺术之美所倾倒；提出"当代大学生如何在新时代下弘扬和传承传统剪纸文化"主题研讨，学生从"校内民俗技能比赛"到"社区美育志愿服务"，从"传统剪刻技法传承"到"定格动画媒体技术融合创新"等方

181

面提出独特见解,实现生理感官引起的心理"美感"与民族自豪感、责任感等融会贯通,达到深入沉浸体验效果。

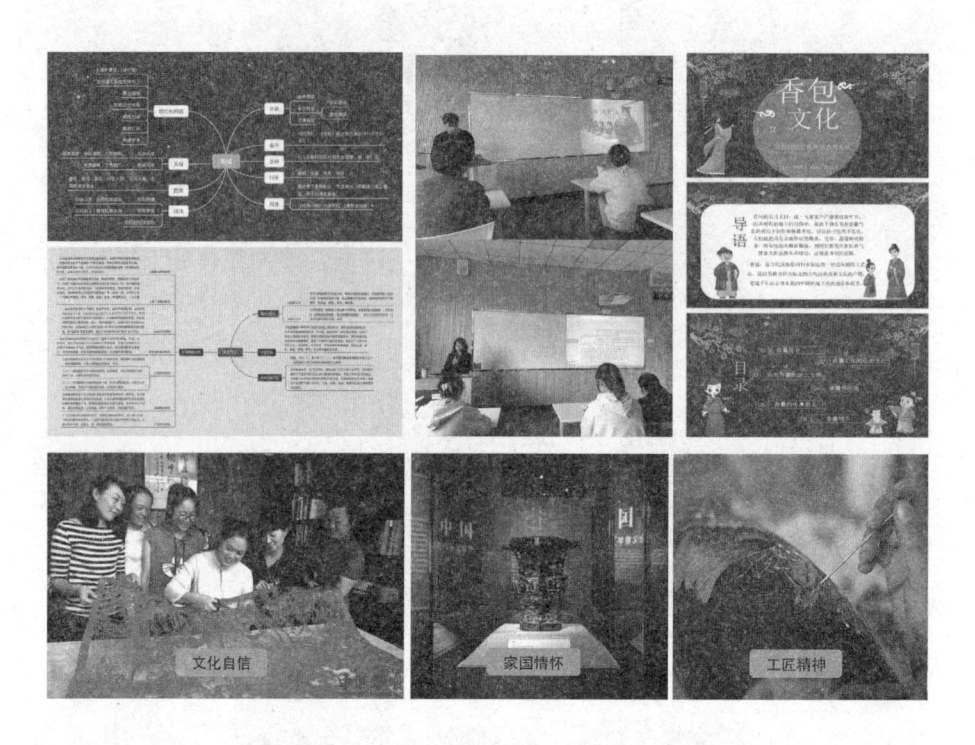

图 5-21 基于课堂"情感"维度的"心""脑"融合的教学环节

（3）课堂,"行为"维度应用迁移。"行为"维度实现能力应用迁移,通过"讲评练"实现教学。深度学习要求学生对所学知识有效变通,运用情境迁移能力解决复杂问题,通过"策略性思维"的"实施"和"评价",实现情感目标和价值观塑造。开展自主探究、小组协作、讨论交流、技能习得,"沉浸式"融合社会热点,用新时代元素替代传统理论文字,用耳熟能详的生活情境替代传统教材,弘扬传统优秀文化美学基因,使价值观在审美享受中得到传播与认同。通过技能习得和创新创造实现沉浸体验（图5-22）,学生将工艺材料、工具运用与创新向内转换形成自我感受,通过物的移情将三者融合,形成心手合一、身心融合情境和场域,学生内心沉浸专注产生浑然忘我的"心流"体验。课程根据项目设计"陶（瓷）艺抗疫彩陶创作""青铜器纹饰文创设计""众志成城抗疫人物皮影绘制""剪纸中的百年党史创作""我与社会主义核心价值观""'助力抗疫'中药香囊制作派送""'冬奥中的中国传统色'百衲布艺日用品制作"等，创作过程中教师引导学生在前期"叙事认知"和"情感共鸣"活动基础上，进一步体味传统技艺的魅力，学生通过文艺创造对传统工艺文化的体验从浅层技能上升至深度理解创新，获得对课程认同感，完成深层知识的加工和高阶思维能力的塑造。

图 5-22 课堂学生技能习得和创新创造沉浸体验

（4）课后，"交互"维度评价反思。课后将课程思政持续融入，通过在线研讨研学（图 5-23）、提交作品，作品展览（图 5-24）、同学互评等方式结合教师评价反馈等深化意识，实现自我反思、小组反思和评估反思。引导学生学以致用，把所学的工艺知识点、技能点和艺术人文价值内化于心、外化于行。通过第二课堂打造校内文化环境和校外实践项目拓展，把课程思政从课内拓展到课外，塑造创新性人才培养。"入脑入心"完善核心素养，获取高层次心智技能，实现全人教育。

（三）"外化"实践创作——思政教育"力度化"

美育是一种特殊的"润物无声"的育人方法，是心育和情育"潜移默化"渐进的过程。在第一课堂基础上，结合第二课堂实践创美和第三课堂网络育美，利用实践空间场所的实体环境以及美育"云平台"的虚拟方式，突破教育场域局限，营造轻松自由的非结构化学习方式（图 5-25）。马克

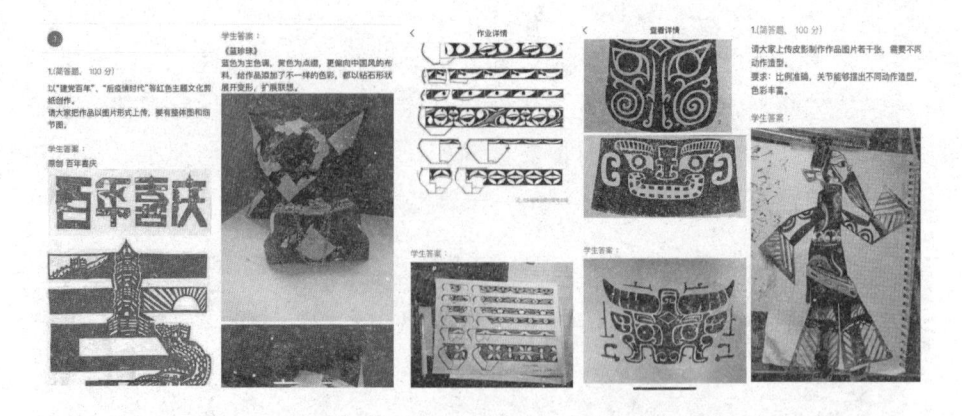

图 5-23　课程课后在线研讨研学

图 5-24　"百衲布艺"项目"冬奥色彩"主题拼布展

思指出："全部社会生活的本质是实践的。"让课程思政走出校园进入到更广阔的社会大课堂，真正践行"大美育"理念。教师要注重培养学生审美实践创作能力，"着眼于促进个体的审美发展，激发生命活力，提升情感境界、培养创造力，最终与其他教育一起服务于人的全面发展目标"。

图 5-25 学生参观工艺美术展

一方面，以奋斗时代为背景，丰富思政美育载体。紧扣全员、全程、全方位协同育人导向，在课程教学中以"工艺美术"为载体，确立课程思政融合育人目标，利用"宁波博物馆""金银彩绣工艺展馆"等机构平台，展开人与自然、人与造物对话；以美育为视角，展现"传统工艺"物的传承和审美，充分发挥社会主义核心价值观、中华优秀传统文化等思政元素在美育中的作用；构建第一课堂、第二课堂协同运行机制，开展第一课堂主题"融时代精神，传剪纸文化"红色剪纸版画工艺创作项目（图 5-26）和第二课堂协同育人"新时代青年眼中的党史瞬间"剪纸版画工艺活动（图 5-27）；探索基于沉浸式教学内容和方法改革创新，参观"上山文化考古成果"等展览，充分发挥美育隐性空间功能，推进课程思政建设；发挥社会资源，加强校外"鄞州非遗馆""宁波羽度文化有限公司""东钱湖211创意园区"实践基地建设；打造校内美育沉浸文化氛围，开展"同心抗疫"彩陶工艺创作、"传承'五四'精神，点亮青春色彩"布艺扎染工艺游园会、"廉政文化"工艺海报大赛、"冬奥中的中国传统色"百衲布艺日用品大赛等系列校园文化品牌，开展"非遗艺术家讲工艺"等艺术沙龙和讲座活动，培养学生审美情趣和创造能力。

另一方面，以地源性美育为资源，拓展思政美育实践。习近平总书记指出，"美术、艺术、科学、技术相辅相成、相互促进、相得益彰。要发挥

图 5-26　第一课堂创作项目"融时代精神，传剪纸文化"红色主题工艺展

图 5-27　第二课堂协同育人"新时代青年眼中的党史瞬间"剪纸版画工艺学生作品展

美术在服务经济社会发展中的重要作用，把更多美术元素、艺术元素应用到城乡规划建设中，增强城乡审美韵味、文化品位，把美术成果更好地服务于人民群众的高品质生活需求。"塑造"行走的思政课"，积极构建课内外、校内外相结合教学体系，打造实践性和创新型复合人才培养。打通社

会美育和学校美育，引导学生用"美"塑造城市，践行"美就是创造力"，提升服务社会能力。开展艺术进社区、进基层系列活动，通过服务宁波"温故·非遗展""曙光公益课堂""百衲布艺，美遇社区（图5-28）""艺术治愈"项目，引导青年学子关注社会；设置实践锻炼岗，开展美丽乡村改造"深溪计划""美丽新桥"地方服务实践活动；组织学生参与"裕农杯"大赛，用传统手工艺赋能乡村振兴；依托线上平台，开设"云课堂""云端展"，结合红色主题以剪纸、布艺、版画等工艺展览推进思政美育资源深度下沉；通过美育课程微信公众号开展讨论、展示作品等，拓展感受美、鉴赏美、体验美和创造美的广度。

图5-28 课程校外拓展项目"百衲布艺，美遇社区"美育下社区系列活动

五、课程教学评价

（一）学生学习效果评价

课程目标和课程内容是课程质量测评的两大支点。围绕"美育核心素养"制订评价内容，培养审美认知力、审美体验力、审美表现力和审美创造力。课前线上的"理论溯源"培养审美浅层感知；课堂线下"文化研究"获得文化深度理解，"技能习得"掌握艺术技能；课后线上线下"传承创新""评价反思"实现知能迁移运用和综合创新。根据课程内容和教学活动，围绕核心素养目标，融合线上线下双载体，详细设计评价内容。融合形成性和终结性评价，详细分类评价等级，充分体现认知层次性、技能等

级性和创新创意性,并在其中渗透人文素养、专业素质、职业能力等综合因素考核点。根据"美艺"和"民艺"工艺项目的不同性质和特点,前者侧重认知和高阶思维能力,后者侧重实践技能和创新创意,设置不同打分比例,融合凸显"理论和实践相结合",充分体现"以学生发展为中心",实现"知情意行"合一(图5-29)。

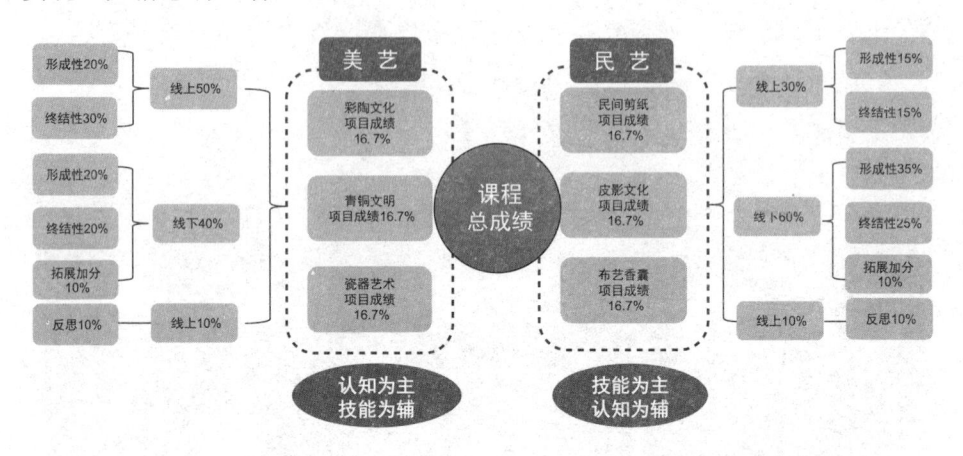

图5-29 基于"认知+技能"的"线上+线下"课程项目分值比例

"线上认知表现+线下行为创造"相结合,构建立体化测评方式。根据混合式教学工具资源多元化,相应改革教学评价考核方法。结合成长评价,采用表现性评价和档案袋评价,探索以线上浅层认知表现为依据,以及线下深度学习、实践技能和拓展创新综合评价。体现学生的参与度和表现度,以学生线上识记、理解和线下分析评价、能力迁移、解决综合任务能力为主。结合"线上+线下"教学活动对应审美能力目标,制订教学活动详尽评分明细;以学习通平台为载体,结合客观自动化线上评量系统,每个工艺项目分为形成性评价和终结性评价,设置课程考核点、考核类型、评价方式和权重比(表5-1)。

(1)过程评价具体指标包括学生学习态度、在线章节学习、学习兴趣、完成作业、知识掌握、分析问题能力、解决问题能力、批判性思维能力以及项目前后发展成长变化情况等,建立试题库,发布主题讨论,以单元知识测验、项目主题讨论等形式体现。

(2)终结性考核主要考查学生学习课程后的创造能力、政治思维能力、社会主义核心价值观的建立、审美能力和人文素养的提升,主要以传统工

表 5-1　课程混合式教学考核指标、考核内容、评价方式和权重

指标分类	评价方法	评价内容	评价等级分类和说明			评价方式	比例	汇总
线上	形成性	沉浸式数字资源学习（赏听品）	完成度<70%	完成度70%~90%	完成度90%~100%	平台评价是否完成	10%	30%
	形成性	其他因素（考勤、线上交流、互动等）	未按要求完成	按要求完成动作	非常主动积极规范	平台打分+教师审核	5%	
	终结性	按要求完成主题讨论或认知论文（议）	简单识记陈述	理解解释推断	引用分析评价	主题讨论：点赞置顶小论文；教师打分点评分享	15%	
		高阶主题小组认知（讨论、协助、汇报、展示）	未按要求完成	按要求完成动作	态度好频率高意识佳	组组互评教师点评 组内互评组互评教师点评	10%	
		随堂认知测验	正确率<70%	正确率70%~90%	正确率90%~100%	平台自动计分	5%	
线下	形成性	工艺技能习得	未能完全掌握	完全掌握	完全掌握且有拓展	教师点评	5%	60%
	形成性	项目实践创新创作（初步）	未符合形式情感表现	基本达到形式情感统一	融合时代主题，具备形式情感创意和谐美	学生互评+教师总结调整	10%	
		其他因素：基本动作、考勤、互动、态度；综合素养：专业素质、人文素养等	未按要求完成	按要求完成基本动作	非常主动积极规范	平台打分教师调整	5%	
	终结性	项目实践创新创作（完善）	及格	标准	优秀	教师打分	25%	
	拓展性	外化拓展	结合课程工艺内容参加第二课堂，各类比赛等外化拓展	基本达到形式情感统一	融合时代主题，具备形式情感创意和谐美，社会服务	教师情育加分	10%	10%加分
线上	反思	评价反馈反思指导（评价区反思总结深度学习任务书）	简单陈述	深入解释	综合分析	教师打分	10%	10%

艺项目主题创作，创造性实践操作项目和主题小论文等形式体现。

（二）教师教学评价——基于具身认知的审美沉浸教学评价

一方面，从具身认知出发。本课程通过个体感官认知获得核心情感，经过脑区激活形成审美判断；运用高阶思维形成深度体验，获得审美意象；并进而掌握客观规律进一步融合审美情感，最终实现行为创造的审美高峰。这是一个从"审美快感"经由"深度理解"获得"审美美感"的过程，它促进个体从表层认知深化到深层高阶思维，通过情境化实现能力迁移和创新应用，获得对美育学习的体验和感悟，实现高阶思维的发展和审美能力的获得。

另一方面，结合沉浸体验。沉浸理论着眼点是主体完全投身于行动中而不受外界干扰，并从中获得喜悦感与满足感。沉浸核心要素下的教学模式从知识（认知层）、能力（行为层）和价值（情感层）展开，教学聚焦学生沉浸情境体验，全方位参与和发展激发学生内在动力，有助于学生提升学习效率，具身特征的沉浸美育教学既不同于单纯的情境渲染也不同于常规的综合实践，而是将两者合一，学生在一定的情境之中参与活动，产生"心流"并伴随着高涨愉悦的情感体验，实现知情意行的全面发展。

基于上述，课程设计基于认知的审美沉浸教学评价，根据个体沉浸体验程度设计"反馈式"美育课程教学评价内容。从"身体"和"大脑"，即身心两个方面，分为感官沉浸、行为沉浸、思考沉浸和情感沉浸四个角度，结合调查问卷，从认知、行为、情感围绕交互因素对课程学习有效性、课程知识建构合理性、媒介人支持服务人性化、课程混合式交互性、学习共同体互动性等方面沉浸式教学前后对比，通过学生对课程体验评分数据高低体现学生积极、平淡和消极感，判断沉浸教学在美育课程中的高效、一般和低效，教育者对此做进一步改进提升，有效助推育人效果（图5-30）。

（三）问卷数据分析

通过设计调查问卷来统计实验班对本课程审美沉浸体验教学效果评价。本次研究共发放35份问卷，回收有效调查问卷35份。具体分析如下：

（1）学习感知层面。认知合理性，对应调查问卷本层面的1~2题；理解反思性，对应本层面3~4题；操作人性化，对应本层面5~8题。数据显示，绝大多数学生通过课程教学，能完成浅层感官认知学习，并通过理

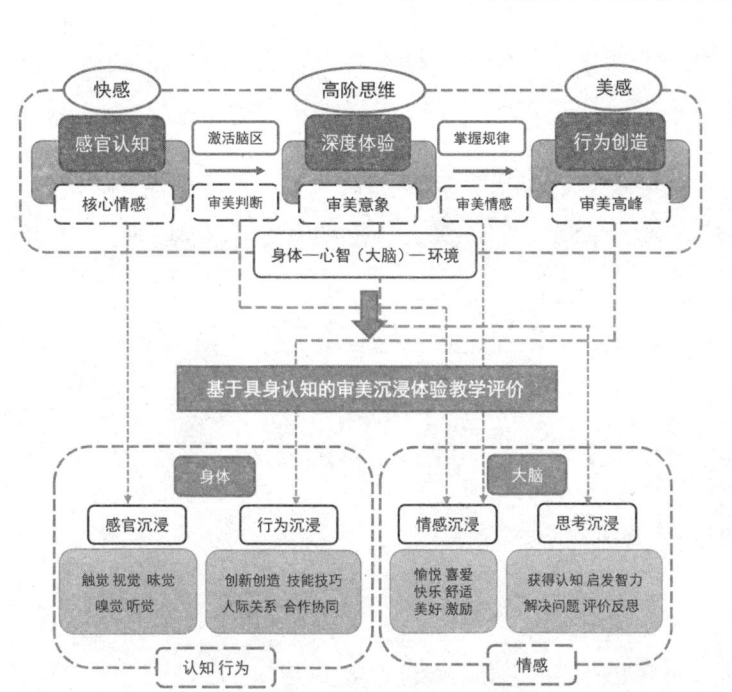

图 5-30　基于具身认知的课程审美沉浸体验教学评价

性思维的参与进行评价和反思，运用知识迁移能力完成新知识的获得和应用（图 5-31）。

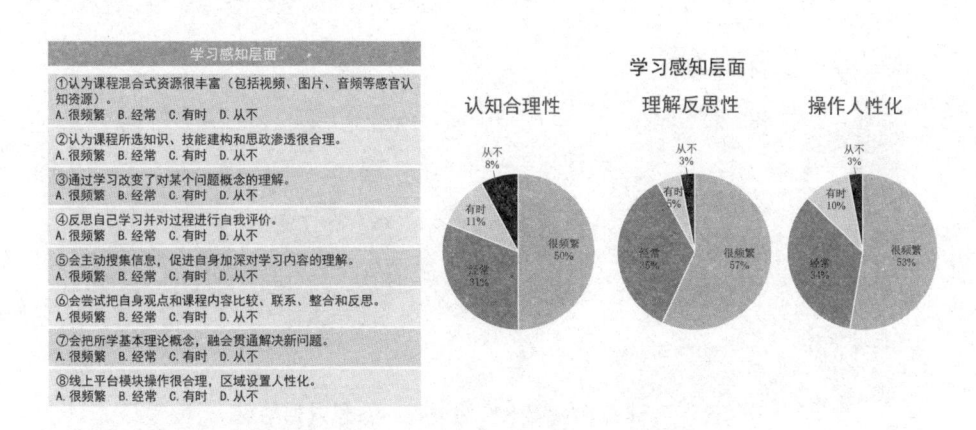

图 5-31　课程学习感知层面调查问卷和数据结果

（2）学习行为层面。混合适应性，对应本层面的 1~3 题；社群交互性，对应 4~6 题；迁移运用性，对应本层面 7~8 题。数据显示，绝大多数学生在行为广度上，能保持学习过程中的专注参与性、按时按质完成常规动作；在行为深度上，能通过学习共同体有效交互，获得技能技巧掌握和创作创新实践，实现深度行为参与（图5-32）。

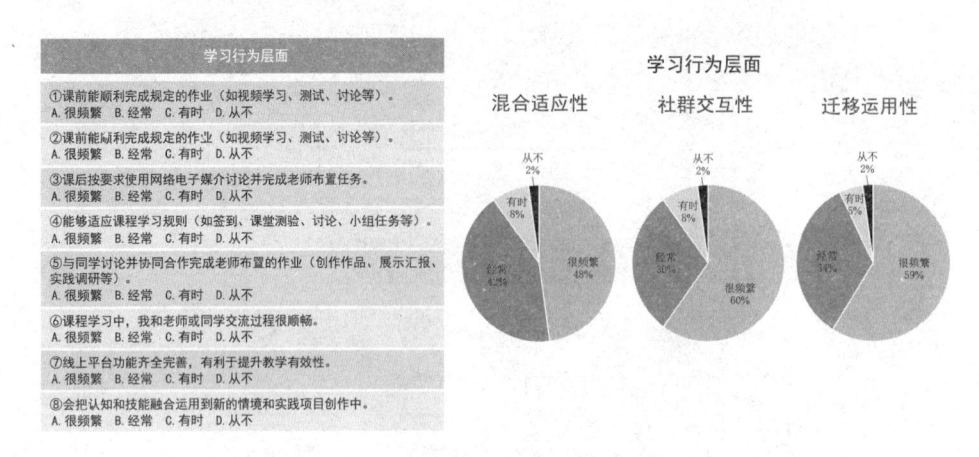

图5-32 课程学习行为层面调查问卷和数据结果

（3）学习情感层面。身心愉悦感，对应本层面的1~2题；创新体验性，对应3~4题；价值意义感，对应5~6题。数据显示，绝大多数同学能通过课程学习获得审美愉悦感，通过教学活动对个体和社群产生价值感、信任感和责任感，并通过这种正向价值激发其学习求知欲，在认知和情感上予以全身投入（图5-33）。

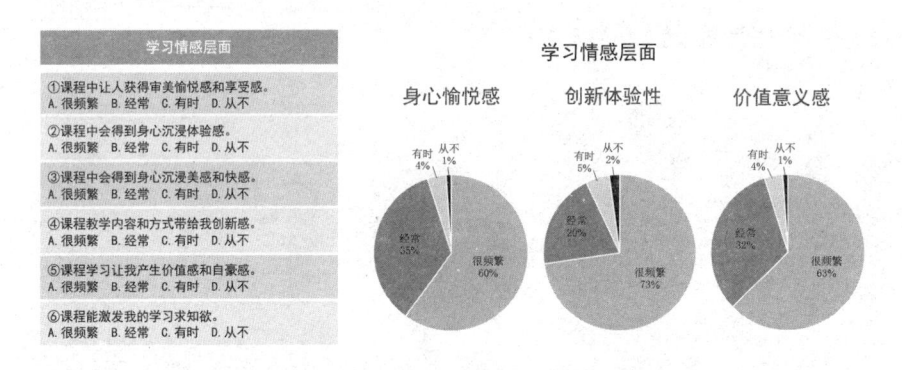

图5-33 课程学习情感层面调查问卷和数据结果

六、课程特色创新

如果说思政元素是"盐"，美育课程是"汤"，那么混合式教学则是促进"盐溶于汤"的催化剂，它开阔了课程思政价值引领和塑造的途径和方法，从教学前期准备、教学互动开展、教学评价反思等课程教学各个阶段对课程思政有效实施发挥重要作用。本课程特色创新点具体如下：

（1）构建促进深度学习的混合式"支持载体—交互保障—教学实施"体系。以交互支持为保障，逆向教学设计；以大概念引领，确定教学目标，设定评估证据，设计学习任务；组织混合式教学，实现深度学习，完善核心素养。

（2）打造基于"身心沉浸"的"认知—情感—行为"美育课程学习模式。实现高阶思维认知，应用能力迁移和塑造创新型人才；获得文化情感认同，"知情意行"合一践行"美就是力量"；运用具身认知，围绕"身体"和"大脑"从"感官认知""深度体验"和"行为创造"开展审美沉浸混合式教学评价；打造线上线下、第一课堂和第二课堂、学校美育和社会美育融合立体式教学空间。

（3）共建共享"思政＋美育"协同育人模式。将"思政融入课程，美育贯穿教学"，探索同向同行、美德并行，"知情意行"合一践行"美就是力量"，提升大学生审美和人文素养，促进身心协调全人教育。

参 考 文 献

[1] 施良方. 课程理论：课程的基础、原理与问题［M］. 北京：教育科学出版社，1996：2-10.

[2] 中国大百科全书编辑部. 中国大百科全书·教育［M］. 北京：中国大百科全书出版社，1985：207.

[3] 赵伶俐，温忠义. 互联网＋大美育课程论［M］. 北京：北京师范大学出版社，2016：26.

[4] 谢冉. 大学课程：回顾、反思与视角转换［J］. 现代大学教育，2014(1)：14.

[5] 高有华. 大学课程基本问题研究［M］. 镇江：江苏大学出版社，2010：17.

[6] 季诚钧. 大学课程概论［M］. 上海：上海教育出版社，2007：5-6.

[7] 薛天祥. 高等教育学［M］. 桂林：广西师范大学出版社，2001：232.

[8] 袁振国. 当代教育学［M］. 北京：教育科学出版社，2004：132.

[9] 刘寿祺. 教育学［M］. 长沙：湖南教育出版社，1980：295.

[10] 叶学良，查有梁. 大学美育：大学生诗意人生的设计与达成［M］. 成都：四川人民出版社，2003.

[11] 中国社会科学院语言研究所词典编辑室. 现代汉语词典［M］. 4版. 北京：商务印书馆，2003：864.

[12] 王道俊，王汉澜. 教育学［M］. 北京：人民教育出版社，2004：414.

[13] 赵伶俐. 大美育实验研究［M］. 重庆：西南师范大学出版社，1996：60.

[14] 钟仕伦，李天道. 高校美育概论［M］. 北京：中国社会科学出版社，2006：7.

[15] 叶碧. 审美渗透论：高校人才培养中的审美渗透研究［M］. 杭州：浙江大学出版社，2012.

[16] 姚军. 大学美育新论［M］. 上海：上海人民出版社，2003：3-4.

[17] 朱光潜. 西方美学史［M］. 北京：人民文学出版社，1979：641-661.

[18] 李泽厚. 美学四讲 [M]. 武汉：长江文艺出版社，2019：47-53.
[19] 叶朗. 美学原理 [M]. 北京：北京大学出版社，2009：82.
[20] 孙玉丽，袁华立. 教育的美学目的论 [J]. 教育探索，2000 (10)：32.
[21] 席勒. 美育书简 [M]. 徐恒醇，译. 中国文联出版公司，1984：116.
[22] 王国维. 王国维哲学美学论文辑佚 [M]. 上海：华东师范大学出版社，1993：252.
[23] 蔡元培. 蔡元培美学文选 [M]. 北京：北京大学出版社，1983：174.
[24] 金雅. 中国现代美学名家文丛·王国维卷 [M]. 杭州：浙江大学出版社，2009：45.
[25] 中共中央马克思恩格斯列宁斯大林著作编译局. 马克思恩格斯选集（第1卷）[M]. 北京：人民出版社，1995：81-82.
[26] 刘建明，王泰玄，等. 宣传舆论学大辞典 [M]. 北京：经济日报出版社，1993：3.
[27] 中共中央马克思恩格斯列宁斯大林著作编译局. 马克思恩格斯选集（第4卷）[M]. 北京：人民出版社，1995：320.
[28] 中共中央马克思恩格斯列宁斯大林著作编译局. 马克思恩格斯全集（第39卷）[M]. 北京：人民出版社，1975：63.
[29] 马克思. 1844年经济学哲学手稿 [M]. 北京：人民出版社，1979：200.
[30] 朱立元. 美学大辞典 [M]. 上海：上海辞书出版社，2010.
[31] 柏拉图. 文艺对话集 [M]. 北京：人民文学出版社，1963：64.
[32] 索非亚·罗兰. 女性与美 [M]. 北京：中国文联出版公司，1982：6.
[33] 高钰琛，韩青，李鑫，等. 从埃菲尔铁塔现象看建筑与科学、艺术之间的关系 [J]. 建筑学报，2010（S2）：176-179.
[34] 潘公凯. 造型艺术的意义 [J]. 中央美学院学美术馆，2010（9）.
[35] 赵伶俐. 论美育目标及目标分类体系 [J]. 西南师范大学学报（哲学社会科学版），1995（3）：61-67.
[36] 赵伶俐. 以目标与课程为支点的美育质量测评：为有效实施《国务院办公厅关于全面加强和改进学校美育工作的意见》[J]. 华东师范大学学报（教育科学版），2017（5）：87-99，161.
[37] 韦希. 美育与高校创新人才培养 [J]. 艺术百家，2012（1）：194-196.
[38] 秦臻，张春香. 以美育建构大学生和谐人格策略研究 [J]. 河南科技学院学报，2011（9）：119-122.
[39] 冉祥华. 大学美育课程的设计与操作 [J]. 黑龙江高教研究，2008

(9)：177-178.

[40] 顾建华. 大学美育课程建设论纲[J]. 北方工业大学学报，1998，10(2)：77.

[41] 卢政. 大学美育课程建设浅谈[J]. 美与时代（下），2011(9)：112.

[42] 李益. 关于大学美育目标的思考[C]//中国高教学会美育专业委员会组. 高校美育优秀论文集. 北京：北京高等教育出版社，2012：121.

[43] 张燕. 大学美育教学模式和教材体系研究[J]. 高等教育研究，2003，24(3)：90.

[44] 郭彦霞. 审美教育课程对大学生人文知识影响的实验研究[J]. 复旦教育论坛，2006，4：24.

[45] 金雅. 中国现代美学名家文丛·朱光潜卷[M]. 杭州：浙江大学出版社，2009：211.

[46] 顾明远. 教育大辞典[M]. 上海：上海教育出版社，1998.

[47] 冯友兰. 三松堂全集（第4卷）[M]. 郑州：河南人民出版社，2001：496-500.

[48] 谷衍奎. 汉字源流字典[M]. 北京：语文出版社，2008：329.

[49] 王振鹏，刘凤彪. 河北省职业教育发展研究报告[M]. 保定：河北大学出版社，2018：253.

[50] 李聪睿，陈彩玲. 教师素养新修炼[M]. 天津：天津教育出版社，2018：152.

[51] 石中英. 教育哲学[M]. 北京：北京师范大学出版社，2007：140.

[52] 巢宗祺. 高中语文课程标准解读[M]. 武汉：湖北教育出版社，2002：35.

[53] 张吉良，刘明敏. 人文素质教育教程[M]. 济南：山东人民出版社，2013：8.

[54] 朱光潜. 朱光潜全集（第4卷）[M]. 合肥：安徽教育出版社，1987：143.

[55] 金昕. 当代高校美育新探[M]. 北京：商务印书馆，2013：71.

[56] 廖哲勋，田慧生. 课程新论[M]. 北京：教育科学出版社，2003：182-183.

[57] 何永红. 化学课程内容选择与生成研究[D]. 上海：华东师范大学. 2007.

[58] 仇春霖. 大学美育[M]. 2版. 北京：高等教育出版社，2005：17.

[59] 王军莉，高立雄. 民俗文化融入地方师范院校校本美育课程研究[J]. 渭南师范学院学报，2017，32(22)：48-52.

[60] 王敏，曾繁仁. 高校大美育体系的现代化建构[J]. 中国高等教育，

2017 (7): 9-10.

[61] 李智萍. 与时俱进, 加强普通高校美育课程体系建设 [J]. 华东交通大学学报, 2005 (22): 87.

[62] 张占国. 试论高校美育课程体系建设及教学问题 [J]. 北方工业大学学报, 2002 (2): 43-46.

[63] 伯顿·克拉克. 高等教育系统: 学术组织的跨国研究 [M]. 王承绪, 等, 译. 杭州: 杭州大学出版社, 1994: 313.

[64] 约翰·S. 布鲁贝克. 高等教育哲学 [M]. 王承绪, 等, 译. 杭州: 浙江教育出版社, 2001: 2.

[65] 薛俊义, 韩沛伦. 理性思维与大学美育 [J]. 河南社会科学, 2007 (6): 120-122.

[66] 彭琛, 马春明, 周松竹. 大学艺术鉴赏 [M]. 北京: 北京工业大学出版社, 2013: 11.

[67] 斯托洛维奇. 审美价值的本质 [M]. 北京: 中国社会科学出版社, 1984: 163.

[68] 彭吉象. 艺术学概论 [M]. 北京: 北京大学出版社, 1994: 54.

[69] 孙丽倩. 高等学校艺术教育的作用及模式 [J]. 兰州大学学报, 2006, 2: 154-156.

[70] 赵峰. 高校艺术教育的多元化与大学生人文素质的培养 [J]. 兰州大学学报 (社会科学版), 2012, 6: 161-164.

[71] 罗丹述·葛赛尔. 罗丹艺术论 [M]. 傅雷, 译. 傅敏, 编. 北京: 中国社会科学出版社, 1999.

[72] 蒋林. 新时代学校美育应回归初心再出发 [J]. 中国教育学刊, 2018 (6): 74-77.

[73] 李艺, 钟柏昌. 谈"核心素养"[J]. 教育研究, 2015 (9).

[74] 林崇德, 杨治良, 黄希庭. 心理学大辞典 [M]. 上海: 上海教育出版社, 2001: 1093.

[75] CSIKSZENTMIHALYI M. Flow: the psychology of optimal experience [M]. New York: Harper & Row publisher, 1990: 4.

[76] 陈琦, 刘儒德. 当代教育心理学 [M]. 北京: 北京师范大学出版社, 2007: 198.

[77] 罗跃嘉, 吴婷婷, 古若雷. 情绪与认知的脑机制研究进展 [J]. 中国科学院院刊, 2012 (27): 31-41.

[78] 胡俊. 神经美学视角下的快乐与审美体验 [J]. 文艺理论研究, 2021, 41 (3): 107-109.

[79] 李泽厚. 美学三书［M］. 天津：天津社会科学院出版社，2003：491-500.

[80] 滕守尧. 审美心理描述［M］. 成都：四川人民出版社，1990：355-357.

[81] 山东师范学院中文系文艺理论教研室. 中国现代作家谈创作经验［M］. 济南：山东人民出版社，1980：241-242.

[82] 何克抗. 从 Blending Learning 看教育技术理论的新发展［J］. 电化教育研究，2004（3）：1-6.

[83] 汤勃，孔建益，曾良才，等. "互联网＋"混合式教学研究［J］. 高教发展与评估，2018，34（3）：90-99.

[84] 李克东，赵建华. 混合学习的原理与应用模式［J］. 电化教育研究，2004（7）：1-6.

[85] 曾芳. 混合式教学支撑系统的设计与实现［D］. 西安：西北大学，2011.

[86] 吴南中. 混合式学习视域下的教学设计框架重构：兼论教育大数据对教学设计的支持作用［J］. 中国电化教育，2016（5）：18-24.

[87] 杨鑫. 基于混合式学习的学习活动设计研究：以教学媒体的理论与实践课程为例［D］. 兰州：西北师范大学，2016（5）.

[88] 刘名卓，王永玲. MOOCS 学习活动分类研究与设计分析［J］. 开放教育研究，2016（4）：103-113.

[89] 谭庆芳. 混合式学习活动设计及应用研究［D］. 武汉：华中师范大学，2011，（5）.

[90] 黄荣怀，马丁，郑兰琴. 基于混合式学习的课程设计理论［J］. 电化教育研究，2009（1）：9.

[91] 朱文辉. 指向深度学习的反转课堂教学设计［J］. 教育科学研究，2020（5）：72-83.

[92] HOUGHTON W. Engineering subject centre guide: Learning and teaching theory for engineering academics［M］. Lough-borough: Higher Education Academy Engineering Subject Centre, 2004: 20.

[93] 格兰特·威金斯，杰伊·麦克泰格. 追求理解的教学设计［M］. 2版. 闫寒冰，宋雪莲，赖平，译. 上海：华东师范大学出版社，2017：92.

[94] 曾明星，李桂平，周清平. MOOC 与翻转课堂融合的深度学习场域建构［J］. 现代远程教育研究，2016（1）：41-49.

[95] 何克抗. 深度学习：网络时代学习方式的变革［J］. 教育研究，2018（5）：111-115.

[96] 郭华. 深度学习及其意义［J］. 课程·教材·教法，2016（11）：26.

[97] SCHAUFELI W B, SALANOVA M, GONZALE Z. The measurement of engagement and burnout: A two sample confirmatory factor analytic approach [J]. Journal of Happiness studies, 2002 (1): 71-92.

[98] FREDRICKS J A, BLUMENFELD P C, PARIS A H. School engagement: Potential of the concept state of the evidence [J]. Review of Educational Research, 2004 (74): 59-109.

[99] PASCARELLA E T, SEIFERTS T A, BLAICH C. How effective are the NSSE Benchmarks In Predicting Important Educational Outcomes [J]. Change the Magazine of Higher Learning, 2010 (1): 16-22.

[100] 兰迪·加里森, 诺曼·沃恩. 高校教学中的混合式学习: 框架、原则和指导 [M]. 丁妍, 高亚萍, 译. 上海: 复旦大学出版社, 2019: 6.

[101] 张楚廷. 高等教育学导论 [M]. 北京: 人民教育出版社, 2010: 82.

[102] SAETTLER P. The Evolution of American Educational Technology [M]. Englewood, CO: Libraries Unlimited, 1990: 15.

[103] 左明雪. 人体解剖生理学 [M]. 2版. 北京: 高等教育出版社, 2009: 107-114.

[104] JONASSEN D. Evaluating Constructivist Learning [J]. Educational Technology, 1991, 31 (10): 28-33.

[105] 叶浩生. 具身认知: 认知心理学的新取向 [J]. 心理科学进展, 2010, 18 (5): 706.

[106] 克努兹·伊列雷斯. 我们如何学习: 全视角学习理论 [M]. 孙玫璐, 译. 北京: 教育科学出版社, 2010.

[107] 陈丽. 远程学习的教学交互模型和教学交互层次塔 [J]. 中国远程教育, 2004 (3): 24.

[108] 柴少明, 李克东. CSCL中基于对话的协作意义建构研究 [J]. 远程教育杂志, 2018 (4): 19.

[109] 格兰特·威金斯, 杰伊·麦克泰. 追求理解的教学设计 [M]. 2版. 闫寒冰, 宋雪莲, 赖平, 译. 上海: 华东师范大学出版社, 2017.

[110] 周文叶. 表现性评价: 指向深度学习 [J]. 教育测量与评价, 2018 (7): 3.

[111] 周文叶, 陈铭洲. 指向深度学习的表现性评价: 访斯坦福大学评价、学习与公平中心主任 Ray Pecheone 教授 [J]. 全球教育展望, 2017, 46 (7): 5-11.

[112] MITCHELL I, CARBONE A. A typology of task characteristics and

their effects on student engagement [J]. International Journal of Educational Research, 2011, 50 (5-6): 257-270.

[113] 黄湄, 徐平. 从天下大同到人类命运共同体: 费孝通"文化自觉"的新时代回声 [J]. 中南民族大学学报 (人文社会科学版), 2021 (5).

[114] 杨秀治. 全人教学研究 [M]. 北京: 人民教育出版社, 2017: 35.

[115] 斯宾塞. 斯宾塞教育论著选 [M]. 胡毅, 王承绪, 译. 北京: 人民教育出版社, 2004: 47-224.

[116] 四川省教委. 高校体育 [M]. 成都: 四川大学出版社, 1998: 16.

[117] 鞠玉翠. 基于真实情境问题的评价何以促进五育融合 [J]. 中国电化教育, 2021 (1): 14-19.

[118] 卢晓东. 劳动教育与创新: 从工具视角开敞的意蕴 [J]. 华东师范大学学报 (教育科学版), 2021 (1): 94-106.

[119] 闫若婻. 以美育为视角的"五育融合": 价值转向与实践逻辑 [J]. 中国电化教育, 2021 (7).

[120] 巴拉诺夫, 等. 教育学 [M]. 北京: 人民教育出版社, 1979: 39.

[121] 林崇德, 杨治良, 黄希庭. 心理学大辞典 [M]. 上海: 上海出版社, 2003: 170.

[122] 阿尔伯特·爱因斯坦. 爱因斯坦文集 (第一卷) [M]. 北京: 商务印书馆, 1976: 284.

[123] 李泽厚. 华夏美学 [M]. 天津: 天津社会科学院, 2001: 81.

[124] 鞠玉翠. "立美教育"再探 [J]. 教育研究, 2018 (9).

[125] 中国社会科学院语言研究所词典编辑室. 现代汉语词典 [M]. 北京: 商务印书馆, 1997: 1568.

[126] 辛继湘. 论教学的审美品格 [J]. 高等教育研究, 2006 (6): 93-97.

[127] 蔡元培. 蔡元培教育文选 [M]. 北京: 人民教育出版社, 1980: 197-197.

[128] 娄淑华, 马超. 新时代课程思政建设的焦点目标、难点问题及着力方向 [J]. 新疆师范大学学报 (哲学社会科学版), 2021 (5).

[129] 张增田, 靳玉乐. 论新课程背景下的对话教学 [J]. 西南师范大学学报 (人文社科版), 2004 (5): 9.

[130] 雅斯贝尔斯, 邹进. 什么是教育 [M]. 北京: 北京三联书店出版社, 1991: 3.

[131] 靳玉乐. 对话教学 [M]. 四川: 四川教育出版社, 2008: 8.

[132] 高艳. 基于建构主义学习理论的支架式教学模式探讨 [J]. 当代教育科学, 2012 (19): 62-63.

[133]　中国大百科全书总编辑委员会. 中国大百科全书政治学［M］. 北京：中国大百科全书出版社，2002：501.

[134]　邱杰，张瑞，左希正. 大学生政治认同教育研究［J］. 社会科学家，2014（7）.

[135]　邹秀春，杨良子. 新时代大学生社会公德状况调查与分析［J］. 学校党建与思想教育，2021（3）.

[136]　李晓兰，刘雨姝. 论大学生个人品德建设的四个维度［J］. 思想政治教育研究，2014（4）.